本研究成果为北京师范大学国家新闻出版署出版业科技与标准重点实验室"出版业用户行为大数据分析与应用重点实验"阶段性研究成果。

THE MARKETING RULES

OF BESTSELLER

IN THEME PUBLISHING

主题出版
畅销书商法

秦艳华 ｜ 编著

中国出版集团有限公司
研究出版社

图书在版编目 (CIP) 数据

主题出版畅销书商法 / 秦艳华编著. -- 北京 : 研
究出版社, 2023.10
　　ISBN 978-7-5199-1570-4

　　Ⅰ.①主… Ⅱ.①秦… Ⅲ.①畅销书 – 出版工作 – 案
例 Ⅳ.①G23

　　中国国家版本馆CIP数据核字(2023)第181456号

出 品 人：赵卜慧
出版统筹：丁　波
责任编辑：寇颖丹

主题出版畅销书商法

ZHUTI CHUBAN CHANGXIAOSHU SHANGFA

秦艳华　编著

研究出版社 出版发行

（100006　北京市东城区灯市口大街 100 号华腾商务楼）

北京云浩印刷有限责任公司印刷　新华书店经销

2023 年 10 月第 1 版　2023 年 10 月第 1 次印刷

开本：710 毫米 ×1000 毫米　1/16　印张：17.25

字数：219 千字

ISBN 978-7-5199-1570-4　定价：68.00 元

电话（010）64217619　64217652（发行部）

本书专题探讨主题出版图书的"畅销书商法",可以说是《数字时代畅销书商法》的姊妹篇。

我们都知道,图书是一种特殊商品,主题出版图书当然也不例外。

既然主题出版图书是商品,就具有价值和使用价值,那么主题出版图书的价值和使用价值体现在哪些方面呢?

要回答这个问题,首先需要明确什么是主题出版。

2003 年国家新闻出版总署开始实施主题出版工程,并指出主题出版即"围绕国家政治、经济、社会、文化等方面的工作大局,就党和国家发生的一些重大事件、重大活动、重大题材、重大理论问题等主题而进行的选题策划和出版活动"。自此以后,中宣部和国家新闻出版总署每年都下发关于做好本年度主题出版工作的通知,一系列"通知"日益丰富了主题出版的内涵。党和国家高度重视,出版单位积极响应,主题出版得以高速发展,取得了突出成就。党的十八大以来,中国特色社会主义进入新时代,主题出版的概念和内涵得到进一步完善,主题出版的地位更加突出。2021 年,国家新闻出版署发布了《出版业"十四五"时期发展规划》。"规划"第一次将"做优做强主题出版"作为专节予以论述,明确要求"把学习宣传贯彻习近平新时代中国特色社会主义思想作为长期重大政治任务,及时策划、编辑、出版、传播党的创新理论读物，打造文献精编、权威读本、理论专著、通俗读物等多层次作品体系，推动党的创新理论更加深入人心、落地生根。坚持围绕中心、服务大局，打造更多培根铸魂、启智增慧的出版精品，更好为全面建设社会主义现代化国家统一思想、凝聚力量"。

正因为主题出版是围绕党和国家的一些重大理论与现实问题、重大事件和重大活动而进行的出版工作，因而它必然肩负着塑造理想信念、凝聚社会共识、宣传政策主张、弘扬核心价值观、激励人民群众昂扬向上的重要作用和功能，主题出版的价值由此体现出来。

那么主题出版的使用价值何在呢？同其他类型的出版一样，主题出版的使用价值在很大程度上是由现代出版文化的和商业的二重逻辑来体现的。众所周知，现代出版有两个基本逻辑，一个是文化的逻辑，另一个是商业的逻辑。这两个逻辑的存在是恒定的，也是动态的。所谓恒定的，是基于出版的文化产业的特点，它不仅要创造文化价值，还要创造商业价值；所谓动态的，是指出版主体对两个逻辑的理性意识孰消孰长的倾向程度。主题出版体现着现代出版的基本规律，同样遵从商业性和文化性的二重逻辑，并且适应特定的社会环境、时代需求不断进行着自我调适，努力寻求二重逻辑间的平衡，并由此实现文化性与商业性的高度统一，从而推动自身不断发展壮大。

从这个意义上说，主题出版在坚持正确政治方向、出版导向、价值取向的前提下，只有以其鲜明突出的主题、丰富生动的内容、灵活多样的形式来满足人民文化需求，才能真正实现它的使用价值。《出版业"十四五"时期发展规划》反复强调要"打造一批高质量、影响大的主题出版精品""打造一批双效俱佳的主题出版精品""打造标杆性主题出版精品"，这就不难理解，只有不断打造"精品"，才是主题出版发展的根本；也只有"精品"，才能最大限度地满足人民的文化需求、增强人民的精神力量，也才能实现社会效益与经济效益相统一。

如果认定畅销书是出版经营中最高程度的成功类型，那么出版者就不能狭隘地理解主题出版，而应把主题出版看作一项重大出版经营活动，看作一个需要大力开发的出版市场。主题出版反映的是国家之需、民族之需和时代之需，出版者需要从国家的发展、时代的变迁、社会和文明的演进等视角挖掘主题出版选题资源，打造主题出版精品，着眼于立得住、传得开、留得下，在充分认识和把握畅销书内在属性和基本规律的基础上，对主题出版精品展开多渠道、多方位、多层次的营销活动，推动生成主题出版畅销书，使主题出版也能实现市场轰动效应，这才是主题出版发展的大道、正道。

本书以个案研究的方式分析了 22 个主题出版畅销书案例。个案研究是社会研究领域中广泛应用的一种研究方法，尤其是在社会科学以及评估研究等实践领域。个案研究的意义并不局限于描述某一客观存在，而是通过深入、细致、全面、详尽的考察和研究，来达到对这一个案的最好的认识和理解。个案往往既具有其独有的、在某些方面与其他个案不同的特性，即个性；也具有与其他个案之间在一些方面的相似性，即共性。从本书可以看出，这些主题出版畅销书虽内容各异，体裁不一，但无一例外都是经过了精准策划、精心打造的主题出版精品，而且也无一例外成了既叫好又叫座的主题出版畅销书。本书从图书简介、市场影响、编辑策划、案例分析和案例启示等多个方面，聚焦特定个案与其他个案的相似之处，通过呈现个案所具有的共性，来发现主题出版畅销书生成的基本规律。因而，本书汇集的这些个案研究，不属于缺乏理论深度的"收集事实"的经验主义方法论范畴，它的价值在于通过解剖"麻雀"，从中抽象出一般性的命题，既能为后续总体性、系统性的研究提供理论依据，又能从中总结或提取普遍性原理，使之成为具有一定的推广效用的实践应用。

比如"编辑策划"，主题出版发挥着记录历史、宣传真理、资政育人的功能，也是唱响主旋律、传播正能量的有效载体，编辑策划必然要围绕党和国家的工作大局，围绕党和国家发生的重大活动、重大事件、重大题材、重大理论问题发掘选题资源；同时，把作者当成主题出版的核心要素，将那些在相应的专业领域具有权威性、创新性、引领性的大家、名家作为首选作者对象，使图书的内容品质得到可靠保证；要善于用"小切口"表现大主题，将生动性、新颖性、丰富性融入讲故事的叙事策略中，用精彩生动的故事、真实丰富的细节、鲜活细腻的叙事方式，唱响主旋律，展现大主题……

比如"案例分析"，几乎每一个案例都谈到了多媒体营销对于主题出版畅销书生成的作用：运用各种多媒体手段全方位、多角度展现作品本身的特色，将纸质图书电子化、有声化，面向全网用户进行有效推广；利用微信公众号，通过多层级的用户将宣传推广文稿转发到微信群、朋友圈拓展覆盖面，从而形成大规模、大范围的传播；短视频具有强大的即时互动性和易用性特点，这既能为出版方和读者提供直接的交流渠道，为读者解惑，又能让自媒体达人，尤其是图书领域的意见领袖用简洁的语言向粉丝推荐图书，进而提升图书的知名度；直播因其互动性、在场感和情感属性获得了用户的青睐，"直播＋图书"的营销模式使得出版方和作者更容易"让图书找到读者"，打造图书引流新入口……

主题出版所承载的思想、传达的知识，要被更广大的读者所接受，打造主题出版畅销书不失为一个很好的策略。本书将研究的视角转向个体，将研究的路径向深度开掘，把一个个主题出版畅销书案例的故事发掘出来，呈现出来，给人以思考，给人以启示，使人们在建设中国特色社会主义现代化强国的新征程上做好主题出版，肩负起新时代出版者的神圣职责与使命，这才是我们进行这项个案研究的意义所在，也是我们编著这本书的初衷。

秦艳华

2023 年 9 月

目　录

《苦难辉煌》　　　　　　　　　　　　　　　　　/ 001

《中华文明的核心价值——国学流变与传统价值观》/ 012

《一百个孩子的中国梦》　　　　　　　　　　　/ 026

《红星照耀中国》　　　　　　　　　　　　　　/ 041

"大中华寻宝记"系列图书　　　　　　　　　　/ 054

《海边春秋》　　　　　　　　　　　　　　　　/ 065

"中华人物故事汇"系列丛书　　　　　　　　　/ 073

"共和国脊梁"科学家绘本丛书　　　　　　　　/ 085

"这里是中国"系列　　　　　　　　　　　　　/ 096

《我心归处是敦煌》　　　　　　　　　　　　　/ 108

《为什么是中国》　　　　　　　　　　　　　　/ 121

《写给青少年的党史》丛书　　　　　　　　　　/ 129

《文献中的百年党史》　　　　　　　　　　　　/ 140

《火种：寻找中国复兴之路》 / 154

《靠山》 / 164

《长津湖》 / 171

《觉醒年代》 / 181

《二十四节气七十二候》 / 192

《三江源的扎西德勒》 / 201

《我用一生爱中国》 / 210

《下庄村的道路》 / 221

"中国关键词"系列图书 / 233

附录 2012—2021年主题出版研究综述 / 245

《苦难辉煌》

一、图书简介

　　《苦难辉煌》是金一南于 1994 年开始创作、历时 15 年完成的一部作品，2009 年由华艺出版社首次出版。此后金一南又发掘了许多新的史料，对初版进行了修订，修订本于 2015 年由作家出版社推出。此书是一部用战略思维、战略意识点评历史的图书，是一部把中国共产党早期历史放在国际大背景下解读的图书，也是一部可以作为大散文欣赏的历史图书。

　　《苦难辉煌》书写的时间跨度为 1917 年俄国十月革命消息传入中国至 1936 年西安事变前，通过对 20 世纪二三十年代中国社会错综复杂、恢宏壮阔历史进程的剖析，生动再现中国共产党自成立、创建人民军队到抗日战争爆发前 10 多年间艰苦奋斗的历程。与其他同类书不同的是，书中并没有用大量的笔墨描写我们党在历史上取得的伟大胜利，反之却用很大的篇幅写了一次又一次的失败和在失败中的不屈不挠、勇于向前，这更引读者深思，进而备受震撼与鼓舞。书中对中国共产党众多领袖、名将，以及国民党和其他政治力量中的各种人士进行了细致的刻画，同时对许多无名英雄进行了描写，涉及人物多达 300 余人。在写这些人物形象时，不仅有具体活动的介绍和生动的细节描写，而且有客观的分析评价，书中详细分析了历史人物的革命意志、牺牲精神与人性弱点，将人物刻画得立体饱满，使读者在阅读时体会到历史的真实。

二、市场影响

《苦难辉煌》作为一部描述中国共产党早期艰难发展历程的政治类长篇纪实作品，出版至今获奖颇丰。2010 年获"全军优秀党史军史读物特等奖"和"第三届中华优秀出版物奖"；2011 年 1 月获"第二届国家图书出版奖"，同年 3 月获"中国出版政府奖"。此书还受到党政机关和党员干部的青睐，被中组部和中宣部联合向全国党员干部推荐阅读，并在 2013 年"最受中央国家机关干部欢迎的 10 本书"中位居榜首。还在《中国新闻出版报》《新京报》等组织的多个图书销售排行榜上高居榜首，也成为诸多企业家必看书目之一。

《苦难辉煌》的出版在社会上引起了强烈反响。在当当网上，一度位于军事类小说销售量排行榜榜首，被评为五星级图书。据当当网调查显示，98.8% 的读者喜欢这本书，94% 的人认为看了这本书"受益良多""过瘾""感动""开心"。一些读者发出了"这比小说还要好看"，"我们的先辈是创造奇迹的一代"的感叹。有不少读者对此书赞赏有加，如某豆瓣网友写道："作者用共产党、国民党、日本帝国主义三个视角，一个片段、一个片段地再现历史，有种电影大片的感觉。描写与论述非常到位，一气读完酣畅淋漓，不觉感叹，中国共产党一路走来殊多不易。"

《苦难辉煌》自 2009 年 1 月出版发行后，仅 3 年时间发行量便已突破 110 万册。截至 2022 年底，这本书已修订 6 次，印刷 50 多次，各种版本销售超 300 万册。这本书不仅在国内读者中备受追捧，在海外也拥有极高的影响力。美国前国务卿基辛格 2013 年访华时，点名想要看《苦难辉煌》，但遗憾的是此书在出版之初并未考虑过外文版本，当然也没有英文翻译版本，有关部门只能拿出同名纪录片的字幕翻译给基辛格看。[①] 为了满足海外读者的阅读需求，2020 年，外文出版社推出了《苦难辉煌》的英文版。目前，此书的俄文版、日文版、法文版等外语版本，都在与出版社协商筹备过程中。

三、编辑策划

图书获得市场认可和受读者欢迎离不开图书编辑与作者的协同合作，这既需要编辑提前谋划，充分调研市场，掌握同类图书的写作风格、读者反馈等，真正倾听市场呼声，又需要编辑尽可能提前介入作者的写作过程，将市场信息及时传达给作者，并与作者确定好图书的叙事方式和写作风格。此书在策划过程中便实现了"两个提前"，即提前开展市场调研、提前介入写作过程，加上书中独具特色的叙事视角和语言风格，这些因素让《苦难辉煌》策划大获成功，真正实现了"叫好又叫座"。

（一）总结同类图书特点，在充分调研基础上自成风格

党史类作品大多在写法和叙事方式上过于严肃，一般是粗线条、概念化的，宣教意味浓厚，可读性偏差，使不少读者敬而远之，无法真正起到应有的宣传引导作用，不能达到让广大群众了解历史、厚植爱党爱国情感的目的。为了解决此类颇具历史价值的图书被读者束之高阁的困境，《苦难辉煌》的编辑对市场进行了长时间的调研，总结梳理了优秀党史、军史类图书的策划营销经验，并对目标读者群的喜好与口味进行了认真研究，还听取了数十位经销商对党史、军史类图书的销售建议。在市场调研的基础上，图书编辑确定了此书的策划理念，即从客观、公正的角度为大众呈现历史真实。

---

① 李煦：《金一南〈苦难辉煌〉为何长盛不衰》，https://www.163.com/dy/article/EDDF42AQ053469 LN.html，2019–04–22。

敲定图书叙事视角后，作者进一步形成了独具特色的叙事风格，将枯燥单调的革命历史讲述得引人入胜，这正是此书吸引诸多读者的重要原因。作者本着对革命历史和英雄先烈高度负责的政治责任感，精心筛选、甄别各种史料，对重大事件的发展脉络和人物变化过程进行了真实勾勒，使这部以历史事件和人物呈现为主的党史、军史著作在最大程度上贴近史实，将历史事件与历史人物呈现得更立体饱满，可读性强。另外，作者紧紧围绕若干重大事件，采取跳跃式、全景式、议论式相结合的方式设计篇章结构和内容组合，运用具有一定文学色彩的语言文字，使形象描述与理性分析、忠于历史原貌与提高文史著作可读性达到有机统一。

（二）编辑与作者深入沟通，相互信任并形成共识

推出经得起市场检验的图书，既需要合适的作者，又需要出色的编辑，二者缺一不可。金一南是国防大学战略教研部教授，少将军衔，曾赴美国国防大学和英国皇家军事科学院学习，在党史、军史领域颇有建树。此外，他连续三届被评为国防大学"杰出教授"并获多项军队领域荣誉，如 2007 年当选全军英模代表大会代表，2008 年被评为"改革开放 30 年军营新闻人物"，2009 年被评为"新中国成立后为国防和军队建设作出重大贡献、具有重大影响的先进模范人物"等。扎实的专业知识、丰富的史料积累以及背景经历都使金一南成为最合适的作者。

图书编辑对作者的写作要全程关注，与作者共同确定写作体例、写作风格，这样便能够有效避免后期大幅度修改，对图书质量的提高起到事半功倍的效果。一部篇幅较大的图书，如果成稿后再提出关于写作风格、叙事方式等方面的意见，要求作者修改，其时间成本和工作量都是巨大的，尤其是党史军史类图书，其修改难度更大。因此，图书编辑提前介入写作尤为重要。

在《苦难辉煌》的写作过程中，编辑较好地做到了及时向作者反馈市场调研信息并提出建设性意见。编辑与作者金一南互相信任与配合，多次进行深入沟通，一起从读者的视角对作品进行审视，并达成写作共识，即这部作品中不仅要有历史事件，更要有鲜活的人物，将严肃的政治性与读者的阅读口味有机结合，为这本书走向市场、走进大众书架奠定了基础。2015 年，作家出版社出版修订本时，与作者沟通，增补了大量史料，作家出版社的修订本将首版《苦难辉煌》未能面世的数万字内容此次得以全面呈现，增补数十处罕见历史细节。

（三）坚持读者本位理念，叙事视角和语言运用新颖独特

在编辑前期市场调研并与作者充分沟通的基础上，《苦难辉煌》形成了独具特色的写作风格，让读者在流畅的阅读中学习历史、思索历史，为此颇受广大读者青睐。其特点：

一是尊重历史本色，实事求是、不预设政治立场地解读历史，避免了审美疲劳。此书对于叛徒与脱党者，不简单丑化；对于领袖与英雄，不简单神化。这是尊重历史本色的基本表现，也是历史唯物主义观点的实际运用，体现了对历史的高度尊重，让读者对党、对前辈和伟人更加崇敬，正如书中所写"我们总结自己的历史，辉煌是财富，教训也是财富，甚至是更值得珍惜的财富"。[①]作者指出：从来就没有救世主。毛泽东一生四次败仗，两次发生在四渡赤水；遵义会议后又差点丢掉前敌总指挥职务。中国共产党也不是始终团结如一的，张国焘的分裂是中国共产党历史上前所未有的分裂。中国共产党和工农红军面临因内部分裂而覆灭的危险。朱德曾经回忆说，从来没有

---

① 金一南：《苦难辉煌（全新修订增补版）》，作家出版社 2015 年版，第 309 页。

像那次那样心情沉重。毛泽东甚至做了给敌人打散、最后到白区做工作的打算。[①]又如，在分析红军第五次反"围剿"失败的原因时，以往书籍大多认为是"左"倾错误占上风、毛泽东在党内受排挤所致；此书则认为，第五次反围剿的失败，是由"左"倾错误和敌人过于强大两个因素共同造成的。历史是个复杂的多面体，没有经过刻意剪辑的历史会引发读者更多的思考，也更受读者欢迎。

二是语言富有诗性，增加了阅读魅力。全书文字表达以短句为主，具有诗性语言的灵动感，将厚重的历史与凝练的语言成功联结，渗透出独特的文本魅力。例如，在第一版前言中作者写道："我们从哪里来？所问像生命一样久远和古老。不仅是未来对过去的寻问。是大树对根须的寻问。是火山对岩浆的寻问。是有限对无垠的寻问。"《苦难辉煌》的诗性叙述贯穿于全书，从序言到最后的"狂飙歌"，哲理诗性的语言处处闪烁着激情与理性。

三是重现诸多历史人物故事，历史人物的形象更为饱满。如对时任中央军区参谋长的龚楚叛变的描写，生动而具体。当年在井冈山与毛泽东、朱德几乎齐名的龚楚，叛变革命，给党的事业造成无法估算的损失。作者追踪式叙述这位变节者的生平，为我们了解历史人物提供了丰富的视角。

四、案例分析

在营销推广时，《苦难辉煌》一书采用了对目标人群重点推广和对广大读者积极营销相结合的策略，向社会全面发行，取得了较高的市场销量。

[①] 金一南：《苦难辉煌（全新修订增补版）》，作家出版社 2015 年版，第 449—450 页。

（一）围绕目标受众开展宣传，线上线下营销相结合

《苦难辉煌》作为一本优秀的党史、军史类著作，是党政机关学党史、强信念的红色读物，党政机关单位便成为此书重点宣传推广的对象。党政机关党员读者往往具有一定的影响力和带动能力，对其开展针对性线上线下营销活动可以达到较好的预期目标。在宣传营销时，注重在《人民日报》《光明日报》《解放军报》等党员干部经常阅读的主流媒体及其公众号上刊发评论文章，在相关读书网站开展"《苦难辉煌》读书分享"活动。所刊发的评论性文章简洁深刻，让工作繁忙的目标受众迅速了解图书信息，进而引发对此书的关注。读者的分享和讨论吸引了更多受众，带动了市场销量。在线下活动方面，出版社采用赠书、开办研讨会、邀请作者举办上百场专业讲座等丰富多彩的活动为图书宣传推广。和党政机关合作，通过机关内部开展"阅读《苦难辉煌》，增强理想信念"等为主题的读书活动，号召领导干部阅读此书并撰写读书报告、分享心得感悟，极大地推动了此书在领导干部群体中的传播，进而潜移默化地带动了周围人群的广泛阅读。同时，这本书自身的通俗属性也充分激发了广大读者自主选择购买的热情，多重因素相互作用促成了此书不俗的市场销量。

（二）紧抓重大宣传契机，形成全方位不间断的宣传攻势

近年来，在国家系列政策的支持保障下，主题出版图书的市场空间巨大，受到了各出版社的重点关注。主题出版类图书具有较强的时效性，因而，对读者群体及其在特定时期的阅读需求进行精准把控是十分必要的，这既需要精准营销，又需要多管齐下，为营销造势。

《苦难辉煌》自出版以来，始终在全媒体渠道开展持续不断的宣传，保持

市场讨论热度，引发读者较高的参与热情和关注。全方位的宣传造势不仅在于重视传统主流媒体和新媒体的宣传推广和发表推介文章，还在于擅于抓住重点时间节点进行宣传。如在建党一百周年纪念日之际，出版社在主流媒体上连续推出《苦难辉煌》图书的重量级评论文章，引发讨论热度。在宣传造势下，为积极响应庆典号召，许多党政机关单位同步推出了"读《苦难辉煌》礼赞建党百年""百年建党路，苦难铸辉煌"等与此书有关的党史学习教育，通过阅读《苦难辉煌》引发读者对中国共产党百年艰苦历程的深思，实现了图书推广与主题教育的双重作用。

（三）多介质联动，借助跨界力量掀起新一轮市场热度

将优质图书资源进行影视化转化，是出版商对图书 IP 资源运营的常用模式，打通二者产业链，形成相互促进、融合发展的局面，充分发挥图书和影视剧间的内在联动作用。《苦难辉煌》出版以后广受赞誉，2013 年 5 月，中央电视台推出并播放改编的同名纪录片，该纪录片荣获第 27 届中国电视金鹰奖最佳电视纪录片奖。在这部历史文献纪录片的摄制过程中，主创团队坚持"尊重原著，但不照搬原著"的原则，力求以"正确的基调、准确的史实、精当的评论、精彩的制作"来再现历史。主创团队几次重走红军长征主要路段，寻访重大历史事件的踪迹，来追寻中国共产党的历史足迹。该纪录片最终以大量新发现的影像史料和众多生动感人的细节为观众再现历史场景、勾画历史人物、总结历史经验，形成了震撼人心的感染力量。优质的影视改编与纸质书的推广实现了双赢：影视剧可以通过原著图书的粉丝预先获得潜在观众，图书也能借助影视剧的播出覆盖更广大的受众。

《苦难辉煌》有声版于 2018 年 5 月在喜马拉雅上线，同年 8 月，在懒人听书、蜻蜓 FM 等有声平台上线。截至 2022 年 12 月 10 日，喜马拉雅播放量

近 800 万次，懒人听书播放量 641 万次，蜻蜓 FM 播放量 334 万次。有声书的播放扩大了纸质书的影响，激发了更多受众的关注。通过不同介质形式对内容的宣传，增强了《苦难辉煌》图书自身的影响力和知名度，出版社从中寻找、转化潜在的读者，借助跨界力量不断掀起新一轮的市场热度。

五、案例启示

主题出版做强做优，既是出版单位的使命所在，亦是出版业高质量发展的应有之义。打造人民喜闻乐见的主题出版物，需要出版社在选题策划、确定作者、内容撰写、营销宣传等环节全方面发力。

（一）充分开展调研，打造精品力作

推出受众喜欢的主题出版图书离不开前期充分的市场调研。增强主题图书的可读性、感召力，让主题图书更接地气，是在选题策划时必须要考虑的问题。随着时代的发展，受众的审美偏好与价值理念都发生了较大的变化，图书编辑不能闭门造车，而要扎根社会需求，精心策划满足读者阅读需求的图书产品，让图书走进读者视野、获得读者喜爱，这样才能确保准确的市场预测和图书出版后的畅销。但市场调研不仅限于对读者需求的分析，还要真正实现"知己知彼"：出版社需要找准自身优势，以多种介质呈现图书产品，尝试推出受众喜爱的电子书、有声书等，实现扬长避短；掌握其他同类出版社的核心优势、选题思路、发展方向，通过细分市场，获得差异化竞争优势。主题出版策划要精准把握当下热点，紧跟时代前进的脚步，推出有价值、有意义的内容产品，吸引受众关注，避免推出同质化的选题而丧失独特性竞争优势。

（二）紧盯名家新作，把握出版时机

出版的核心竞争力是内容，出版是以内容为中心的传播活动。优质内容的创作离不开具有扎实的理论基础、一定的权威性和常年从事写作、了解读者阅读偏好的作者，合适的作者才能确保内容准确、视角独特。当前，主题出版领域已有不少知名作者推出了深受大众喜爱的图书，因此对这些知名作家的持续"跟踪"是获取优秀主题作品的重要前提条件。此外，编辑可以提前介入写作过程，及时与作家进行沟通，传递市场信息，避免后续对图书的大篇幅修改。编辑作为图书的第一读者，要跳出传统思维，要有与作家平等开展对话的能力，取得作家的信任。此外，还要合理把控出版流程，找准出版时机，最终实现编辑与作者的相互成就。

（三）找准目标受众，开展针对性推广

在竞争激烈的图书出版市场，图书推广时必须有明确的核心理念，才能实现宣传效果。首先，根据图书种类找准目标受众，确定适宜的营销方式。如主题出版类图书受众多为党员干部群体，针对这类人群的宣传可选择其常看的报刊、电视节目，也可以在特定场合开办针对性讲座等，实现精准宣传，从而发挥重点受众的引领带动作用，通过口碑传播覆盖更广泛的读者群体。针对青少年受众的图书，可以采用线上销售、饥饿营销等模式吸引青少年关注；针对中老年受众，适宜采用实体书店配售的模式。其次，图书宣传推广还要根据受众需求优化宣传策略，要积极推进媒体深度融合。当前，以大数据、智能化推动媒体融合发展成为新闻传播的新趋势。主题宣传因其导向性、创新性、时代性等特点，为实现多媒体、多介质传播提供了独特的宝贵资源。未来，随着读者、用户越来越认可主题宣传，新闻机构应更加重视把主题宣

传作为媒体融合发展的重要资源进行开发、转化、使用，并以此形成融合发展的核心竞争力。[①]"宣传"并非是把图书产品内容灌输给受众，而是要为其提供知识服务，提升受众服务体验，提高受众忠诚度。同时，利用技术赋能，不断拓宽宣传渠道，建立与当下传播环境相适应的宣传矩阵。如善用"两微一端"及时更新图书动态，与主流媒体和有影响力的自媒体合作，提升图书宣传的影响力，探索使用 VR、AR 等新技术与读者开展互动。

（四）精心布局产业链，不断打造超级 IP

当前，传统出版业面临纸质图书生产成本高、读者阅读习惯改变等诸多挑战，顺应时代发展趋势、精心布局产业链，才能摆脱依赖纸质书出版的单一出版模式，真正走上产业一体化之路。近年来，IP 出版对传统出版行业产业链升级带来新的机遇和思路。IP 化运营的核心是优质原创内容及版权，出版行业掌握大量内容资源，可以充分发挥优势，对产业链进行重构。在开展图书 IP 化运营时，出版社要始终以优质图书内容为核心，结合大数据、物联网等相关技术开发衍生品，如打造同名纪录片、有声书等，形成"出版+"产业模式，为受众提供特色化、多样化的产品。与此同时，受限于技术和资金等多重因素的影响，传统出版企业在开发全产业链上存在诸多现实困难。因此，出版企业可以与相关产业合作，进行资源整合，以实现降低成本、合作共赢的目标。

（李一凡）

---

① 秦艳华：《做好新时代的主题宣传》，《人民日报》2018 年 6 月 15 日，第 7 版。

《中华文明的核心价值
——国学流变与传统价值观》

一、图书简介

　　《中华文明的核心价值——国学流变与传统价值观》（以下简称《中华文明的核心价值》）作者为清华大学国学研究院院长，清华大学哲学系教授、博士生导师陈来。这本书由陈来教授在国家新闻出版总署、"齐鲁大论坛"等平台及韩国等国家的学术演讲记录稿件整理而来，由生活·读书·新知三联书店于2015年4月出版，是国内第一部系统探讨中华文明核心价值的专著。

　　《中华文明的核心价值》主要包括4篇正文和3篇附录。正文4篇为《中华文明的哲学基础》《中华文明的价值观与世界观》《国学流变简说》《近代"国学"的发生与演变》。附录3篇为：《儒家思想与当代社会》《中华传统价值观的传承和发展》《现代儒学与普世价值》。全书主要涉及两个问题："一是中国传统价值观，讨论其哲学基础、传承与发展，关注其对当代社会的影响。将中华文明的哲学基础概括为关联宇宙、一气充塞、阴阳互补、变化生生、自然天理、天人合一。将中华文明核心价值有别于西方的特点概括为责任先于自由，义务先于权利，社群高于个人，和谐高于冲突等四点，解释了中华文明的核心价值所具有的延续性、包容性、独特性和传承性，这也是此书的最大贡献。二是国学相关问题，涉及国学概念、流变，国学的发展概况及近代国学研究的发展，国学名家与大师等。"①

《中华文明的核心价值》兼具学术性与通俗性，简单易读，是一本具有极高价值的普及类文化读物，是典型的"大家小书"。近年来，"国学热"方兴未艾，年轻人了解学习中华传统文化的热情高涨，有关传统价值观的问题受到关注，学术界亦不乏相关讨论。作为国内第一部系统探讨中华文明核心价值的专著，《中华文明的核心价值》对传统价值与国学问题做了有力解答，对中华文明核心价值的普及和对外推广作出了贡献。

二、市场影响

《中华文明的核心价值》上市不到1个月首印的一万册便售罄，至2015年8月上市仅4个月已实现多次加印。此书斩获多项奖项，并入选多家有影响力的榜单："中版好书"2015年度榜并位列榜首，第十六届输出版、引进版优秀图书推介活动输出版获奖书目，第六届中华优秀出版物奖，2020年"中国版权金奖"作品奖，第三届全球华人国学大典"全球华人国学成果奖"和中国出版集团优秀"走出去"奖等。

《中华文明的核心价值》在"走出去"方面颇有建树，版权输出覆盖欧美及"一带一路"沿线国家和地区，无论在翻译语种数量还是输出国家范围上都远超其他图书。至2019年，已签约输出英语、希伯来语、俄语、印地语、韩语、日语、罗马尼亚语、越南语、蒙古语、马来语和印尼语等20多个语种，已出版英语（施普林格版、以色列版）、俄语、法语、土耳其语、哈萨克语、越南语及繁体中文等十几个版本。其中，由施普林格·自然集团出版的英文版电子书下载量由2016年的17次增至2018年的1096次。

① 陈来：《中华文明的核心价值：国学流变与传统价值观》，《当代广西》2015年第11期。

三、编辑策划

（一）与时俱进，选择符合时代需求的选题

编辑对时代需求的准确把握，是《中华文明的核心价值》能够最终出版的主要原因。近十多年来，国内掀起"国学热"，社会各界对国学的学习热情高涨。而在国外则产生了了解中国文化的需要。中国的快速发展引发了国际社会对中国的好奇及了解中华文明价值观的需求，正如时任生活·读书·新知三联书店总经理的路英勇所说，"中国现代化成功后，世界上有一种期待，就是怎么能从中华文明中找到一些替代性的、适合今天世界需要的伦理原则"。"在当今全球化语境中，文化自信是一个国家、一个民族文化基因中所蕴含力量的外化。中国悠久的历史文明传统是中华民族的精神命脉，是我们在世界文化激荡中屹立不倒的根基所在。经过30多年的发展，中国已经从当年大量引进、学习西方科学技术和思想文化的时代，开始进入到一个自主创新、以我为主的时代，一个系统建立中国风格、中国气派的学术文化体系的时代"。[①]发展传承中华传统文化也一直为国家所提倡，习近平总书记指出："中华文明绵延数千年，有其独特的价值体系。中华优秀传统文化已经成为中华民族的基因，植根在中国人内心，潜移默化影响着中国人的思想方式和行为方式。今天，我们提倡和弘扬社会主义核心价值观，必须从中汲取丰富营养，否则就不会有生命力和影响力"[②]。出版讲述中华传统文化的书籍成为题中应有之义。

陈来教授曾在一次媒体的采访中言："《中华文明的核心价值》是一本无

---

① 张稚丹：《三联的好书气质》，《人民日报》(海外版) 2018年9月21日，第12版。
②《中国人有独特的精神世界（习近平讲故事）》，http://politics.people.com.cn/n1/2019/1031/c1001-31429527.html，2019–10–31。

心插柳的作品，并非刻意写就。"2003 年，江苏省委学习班请陈来讲解儒家思想和儒家文化，在这次学习班上，陈来讲授了儒家价值观，开始对中华文化价值观有了初步的思考。接下来的十几年间，陈来在我国及美国、韩国等多个国家做了涉及中华文化价值观的演讲。而在 2010 年，在中央国家机关读书论坛活动中，陈来开始采用比较的方法探讨中华文明价值观，尤其是中华文明价值观有别于西方等其他文明的特别之处。陈来对中华文明价值观探索多年，但这些稿子始终未结集成书出版。三联书店每年都会在春节前举办有几百人参加的作者聚谈会，2015 年 2 月，陈来在这次聚谈会上和三联书店编辑谈到自己十余年来在世界各地所做的演讲，这次交谈大约只持续了十分钟，但编辑已敏锐地意识到这是非常具有出版价值的图书选题，符合时代的需求与国家大政方针，便迅速邀请陈来将其演讲稿整理出版。一周后书稿便到了编辑手中，仅用了两个月的时间，《中华文明的核心价值》于 4 月 23 日世界读书日前出版上市。

（二）大家小书，与领域内权威专家合作

《中华文明的核心价值》是一本典型的"大家小书"。作者陈来教授为我国当代著名哲学家、哲学史家，是中国哲学领域的资深专家，身兼多种职务，兼具深厚的学术功底与社会影响力。在学术研究上，陈来教授师从国学大家张岱年先生与冯友兰先生，学术功底深厚，对中华文明核心价值观探索多年。1985 年，在张岱年先生的指导下，陈来教授完成博士论文并获博士学位，成为新中国首位哲学博士，之后他出版的《宋元哲学史教程》等奠定了其在宋明理学哲学领域的学术地位。20 世纪 90 年代以来，陈来教授开始重点关注传统文化与现代化问题，尤其是传统文化在当代的转化与创新性发展问题。《传统与现代：人文主义的视界》《孔夫子与现代世界》等都是这一视域下的思考

结晶。2003 年，陈来教授开始对中华文化价值观进行初步的思考并在国内外多个场合讲演，在一次次的讲演中不断深入思考中华文化价值观。在社会影响上，陈来教授担任多种职务，多次应国内外高校与相关部门邀请讲演，社会影响力广泛。陈来教授还曾荣获第三届全球华人国学大典 "全球华人国学成果奖" 和第四届全球华人国学大典国学终身成就奖。三联书店敏锐地意识到这一点，力邀陈来教授将几次演讲稿整理交由三联书店出版。从哲学上看，陈来的这本《中华文明的核心价值》从更广阔的中西比较视野，对中华文明的核心价值做出了清晰的学术概括，并明确了我们的中华文化和中华价值观的立场。该书是中国学者在新的历史条件下，坚持对中华优秀文化的传承和发展，保有中华文化应有的尊严，以平等、开放、包容的姿态，在与西方文化的交流互鉴中形成的创新性学术成果，反映了全球化大背景下出版者和学者的一种文化职责和文化担当。① 可以说，《中华文明的核心价值》是一本典型的 "大家小书"，既具有学术研究的严谨性、准确性，又不乏面对普罗大众的针对性、通俗性。

（三）有所取舍，围绕中心主题进行内容选择

在具体内容的选择上，由于陈来教授在国内外多个场合都对这一问题做了讲演，选择哪些内容出版成为编辑策划首先面临的问题。最初，书名命名为 "国学流变与传统价值观"，即现在书名的副标题，后来，由编辑改为更符合图书核心主题的 "中华文明的核心价值"，而全书也围绕 "中华文明的核心价值" 这一主题进行了内容取舍。陈来在《中华文明的核心价值》中提到："我们今天学习国学或中国传统文化，既要广泛了解自己文化的发生、成长、

---

① 路英勇：《建设 "精神家园" 增强文化自信》，《光明日报》2017 年 6 月 30 日，第 13 版。

发展的历史，认识自己文化的独特性、存在价值及其普遍意义，还要自觉学习吸纳中华文明的价值观，以此促进全民的文化自信，振奋民族精神，增强中华民族凝聚力和生命力，努力实现中华民族和中国文化的伟大复兴。"因此，在图书内容选择上，前两篇侧重于"中华文明价值观的特点内涵"，后两篇侧重于"了解中华文明价值观"，附录侧重于"传承中华文明价值观"。

具体来看，前两篇《中华文明的哲学基础》和《中华文明的价值观与世界观》选自陈来教授在韩国学术协会（KARC）与大宇基金会主办的 2012 年度"杰出学者特别演讲"系列演讲中所做的报告。这两篇报告由于面向韩国学术界，更加突出了中国文明与文化的特点，更具有民族特色，彰显出中华文化区别于其他民族文化的特别之处。在后两篇文章的选择上则考虑到近年来我国出现的国学热现象，选择两篇论述国学历史与国学概念的文章，帮助读者更好地了解国学及其流变。附录《儒家思想与当代社会》选自 2010 年 7 月陈来教授在国家新闻出版总署主办的中央国家机关读书主题论坛所做的讲演，《现代哲学与普世价值》选自 2013 年 4 月陈来教授在华东师范大学出版社、复旦大学思想史研究中心主办的《何谓普世？谁之价值——当代儒家论普世价值》新书讨论会上所做的发言，《中华传统价值观的传承和发展》选自2014 年 3 月陈来教授在"齐鲁大论坛"上所做的演讲。这三次讲演主要面向国内社会，因此更加侧重于中华文明价值观在当代的传承与发展，尤其是与当代社会主义核心价值观等价值理念的接轨。

四、案例分析

（一）第一阶段：多平台联动宣传营销

《中华文明的核心价值》于 2015 年 4 月出版，彼时京东、淘宝等电商平台带货等尚未成为图书宣传营销的"标配"，因此这本书最初在国内的宣传营销主要依托传统媒体，将图书出版信息最快、最广地传播至读者群体，并协同多平台联动宣传产生规模效应。首先是通过报纸、杂志等传统纸质媒体，刊登《中华文明的核心价值》的新书出版信息。包括三联书店旗下的《读书》杂志，《当代广西》《全国新书目》《学习月刊》《人民公交》等期刊，其中《学习月刊》三次推介《中华文明的核心价值》，分别是 2015 年第 8 期上半月、2016 年第 7 期下半月和 2016 年第 8 期下半月。其次是举办研讨会等线下活动。如《中华文明的核心价值》出版座谈会，由中国出版集团、三联书店于2015 年 5 月 19 日举办，起到了很好的宣传效果。正是在这次研讨会上，此书受到了各界的关注，得到了有关部委的认可与推荐。同时，由于陈来教授具有广泛的社会影响力，经常被邀请讲授中华文明的核心价值，使此书持续保持一定的曝光度。如陈来教授于 2015 年 12 月参加"比较哲学视野的中华文明核心价值"国际学术研讨会。再如，2022 年 8 月"和全国政协委员一起读书"社会读者群线下交流活动邀请陈来教授对"中华文明的核心价值"进行解读等。至今，陈来教授依旧在不同场合中不断讲授中华文明的核心价值，这有效地推动了此书的销售。最后是通过线上门户网站和微信公众号推送等，如人民网、搜狐、中国社会科学网、中国新闻出版广电网和光明数字报等，扩大此书的知名度。

（二）第二阶段：多种措施助力海外出版

1. 推广规划："点线面"与针对性相结合

三联书店的上级单位中国出版集团设立了"名家名作海外推广项目"，从2015 年开始，三联书店便将《中华文明的核心价值》确定为版权输出的重点图书，有意识地向海外推出。三联书店对版权输出采取了"分阶段，有侧重"

逐步推广的方法。第一阶段主要向欧美国家输出图书版权。作为我国知名的社科类图书出版机构，三联书店过去与剑桥大学出版社、施普林格出版集团和泰勒－弗朗西斯出版集团等欧美主流出版社建立了良好的版权引进合作关系，因此在版权输出初期，三联书店首先与这些出版社进行洽谈，在英、法、俄、韩等版本的版权输出上首批成功签约。第二阶段主要向"一带一路"沿线国家和地区输出图书版权。自 2013 年国家主席习近平提出"一带一路"倡议以来，中国与"一带一路"沿线国家深入开展政治、经济和文化等领域的合作，有着良好的合作基础。在此背景下，三联书店将此阶段对外输出的重点放在"一带一路"沿线国家，在这期间受到首批签约版本出版的正向影响，最终达到了由点到面的跨越，第二批成功签约哈萨克语、吉尔吉斯语和阿拉伯语等版本。第三阶段为"查漏补缺"的阶段。由于前两个阶段所覆盖的语种和国家范围已蔚为可观，在第三阶段三联书店主要致力于寻找新的合作伙伴，完善不同语种，真正做到"由点到线、以线带面"的"多语种全面布局"。第三批成功签约泰语和蒙古语等语种。①

　　在与各国洽谈版权输出时，三联书店十分注重"有针对性"地进行推广。首先，把《中华文明的核心价值》当成一部兼具学术价值与科普意义的哲学领域的作品，这样就可以与国外专业学术出版社寻找版权输出合作。其次，在说明此书的价值时也对国外读者做了分类。三联书店认为，国外读者对于中国的了解和认知存在明显的两极分化现象，学术界的国外汉学家对中国的了解颇为细致，三联书店会重点向其强调此书的学术价值，如向欧美专业学术出版机构重点强调此书是一本研究中国哲学的著作。而对于国外普通大众，其本身对于中国的了解有限，则需采用更为通俗易懂的方式使他们明白，引

① 孙玮、孙琳洁：《〈中华文明的核心价值〉：中国传统文化思想的学术表达》，《出版参考》2019 年第 12 期。

起他们的好奇心，如三联书店对外合作部主任孙玮在第二十五届北京国际图书博览会上谈道："为什么中国人的行为举止是这样的？就是因为中国人具有不同西方的价值观念，中国人的做事方式植根于中国哲学，比如'集体大于个人'，这么一说，国外普通读者就容易接受了。"这样有的放矢的推广策略获得了更佳的推广效果。

2. 积极参与国际出版活动

国际出版活动为国际出版界交流提供了桥梁，三联书店近年来积极参加国际书展、海外专家座谈会、汉学家交流会和出版交流会等国际平台活动，致力于推动《中华文明的核心价值》"走出去"。从 2016 年开始，三联书店每年都会在北京国际图书博览会上举办《中华文明的核心价值》海外推广活动：2016 年，三联书店与施普林格·自然出版集团举办了英文版签约仪式；2017年，三联书店与吉尔吉斯斯坦东方文学与艺术出版社有限公司举办了吉尔吉斯语、哈萨克语首发仪式；2018 年，作为走出去中的"版权精品"，《中华文明的核心价值》在展台上被集中展示。不仅如此，在此届书展上，三联书店举办了《中华文明的核心价值》丝路成果交流会，邀请施普林格·自然出版集团、俄罗斯尚斯国际出版集团和印地文版译者狄伯杰（B.R.Deepak）教授等国外出版方、译者等参加。在主动举办海外推介活动之外，三联书店还积极参与国际书展，尤其是影响力较大的法兰克福书展和伦敦书展等国际书展。2016 年，在第 68 届法兰克福书展上，《中华文明的核心价值》签约法语版并达成印尼语签约意向。2018 年，在第三十一届意大利都灵国际图书沙龙上，三联书店与多家意大利出版社洽谈《中华文明的核心价值》的版权输出事宜。

同时，陈来教授也多次亲赴国外向国际社会推介《中华文明的核心价值》，推动图书走向海外。应三联书店的邀请，陈来教授亲赴英国、土耳其和越南参加了一系列海外图书推介活动。在英国，陈来教授参加了多场英文和法文的推介活动，在伦敦大学亚非学院发表了题为"论儒家的实践智慧"的演讲，访问了牛津布鲁克斯大学孔子学院，并参加了第 48 届伦敦书展。在土耳其，陈来教授参加了红猫书店举办的《中华文明的核心价值》土耳其语版首发仪式，并发表了"孔子思想的道德力量"的主题演讲。在越南，陈来教授参加了越南社科翰林院举办的《中华文明的核心价值》越南语版首发仪式，并发表了"孔子思想的道德力量"的主题演讲。

（三）第三阶段：良好口碑助力长尾效应

《中华文明的核心价值》出版后，迅速获得了社会各界的一致好评，形成了强大的口碑效应，从而自发地为此书进行持续不断的宣传推介。一是官方的认可。《中华文明的核心价值》在出版后受到中央党校、全国政协、外交部和中纪委等的认可，中宣部推荐阅读。2015 年 6 月，人民网刊登了《为有源头活水来——〈中华文明的核心价值〉简评》的书评文章。2020 年 4 月 23 日，全国政协委员读书活动正式开展，《中华文明的核心价值》为社会读者群的共读书目之一，引发了读者们的热烈讨论。2022 年秋季学期，中央党校（国家行政学院）开办了"中华优秀传统文化名家讲座"，邀请陈来教授现场讲授"中华文明的核心价值"。二是学术界的认可。在中国知网上进行检索，能够发现学者们撰写了相当多的书评，如《论人文素质教育与汉语言文学的融合——评〈中华文明的核心价值：国学流变与传统价值观〉》《传承中华文明 捍卫核心价值——〈中华文明的核心价值——国学流变与传统价值观〉品析》等，对图书内容进行深入分析，抒发个人体悟。还有学者以此书为研究方法或研究对象进行学术研究，如《论网络文学传播社会主义核心价值观的优势——基于〈中华文明的核心价值〉的探索》《〈中华文明的核心价值〉：中国传统文化思想的学术表达》等。三是社会的认可。在图书出版后，各种媒体报道纷至沓来，如各微信公众号的荐书推送：深圳市书法院、中国文联文艺研修院、樊登读书、首都图书馆和 IMI 财经观察等。该书亦成为《总裁读书会》电视栏目的推荐图书，入选中宣部和广电总局的主题出版重点出版物，并获评中国好书等多项奖项。

五、案例启示

（一）"酒香不怕巷子深"：始终坚持内容为王

《中华文明的核心价值》畅销的本质原因是其立足于优质的内容之上，是一本典型的"大家小书"。为此，出版机构在进行图书选题策划时应始终坚持"内容为王"。《中华文明的核心价值》的作者陈来教授本身便是一位著作等身的优秀学者，学术功底深厚，加之其多年来不断进行中华文明价值观主题的演讲，对这一问题已有了深厚的思考与积累。从学术价值角度来看，《中华文明的核心价值》是国内首部系统探讨中华文明核心价值的专著，作者"将中华文明置于全球流变的背景中，从文明比较的视角，将西方近代文化价值观作为参照对象，指出中华文明的基本特点，全书用价值观的'多元普遍性'阐述中华文明的普遍价值，用价值观的'结构论'阐述中华文明的价值偏好，并重视传统价值观的'传承转化'，从而得出了极为深刻又简练的结论"①。从通俗性角度来看，由于此书是由陈来教授的几次演讲稿整理而成，尤其是前两篇演讲面向韩国学界，外国学界对于中国文化的认知水平参差不齐，作者抛弃了引经据典等晦涩难懂的表述方式，在文辞用语上追求简明易懂。此外，作者主要是从正面来阐述中华文化，并未遵循一般的学术体例而提及缺点弱

---

① 张二平：《中华文明的价值观自信　读〈中华文明的核心价值〉》，《中国宗教》2015 年第 12 期。

项。陈来教授认为"不同的文章、不同的著作作用不同……我这次摆脱了这种心态，正面阐述就是正面阐述"。因此，作者对中华文明价值观的深刻剖析，简明扼要，条理清晰，使得此书富有学理及人文关怀，兼具学术性与科普性，极具学术价值与海外输出优势。

（二）选题符合时代特点与国家导向

《中华文明的核心价值》图书选题符合国内国学热的时代趋势、世界了解中国的内在需求，是近年来国家着重倡导的主题出版选题方向，由此获得了海内外一致好评与官方民间的高度认可，为此，出版机构在进行选题策划时应侧重选择符合时代特点与国家导向的图书选题。符合时代特征的图书，更能满足读者内心的需要，也更能激起读者的读书兴趣。近年来不少主题出版图书给人以枯燥无趣之感，很多选题内容仅是作者想要写作的内容而非读者想要阅读的内容，往往陷入作者"自说自话"的境地，这样的作品很难"叫座"。另外，近年来国家高度重视弘扬和传承中华传统文化，此类选题符合国家导向。

而从此书的出版营销情况可以看出，获得政府有关部门认可对于图书的畅销起到了极大的帮助作用：一是可以获得相应的资金支持，降低费用开支。如《中华文明的核心价值》入选中宣部和原国家新闻出版广电总局的主题出版重点出版物，能够获得国家出版基金的资金支持；二是获得政府有关部门的认可能够在读者群体中起到极佳的宣传效果。如入选主题出版重点出版物的图书可将"主题出版重点出版物"字样标注在出版物封面或外包装上。同时，获得部委级别部门的推荐与认可使得此书具有权威性，被社会各界在购书时所参考，在党政机关和党员等特定群体中能够产生几乎为决定性的购买力量。

（三）有的放矢：制定符合图书内容的"走出去"策略

《中华文明的核心价值》在版权输出方面成绩斐然，其输出语种版权之多令人赞叹。之所以取得优异的成绩，一方面是由于图书本身内容优秀，另一方面则是因为出版社制定了符合图书内容的海外推广策略，并注重有针对性地进行版权输出。为此，出版机构在进行图书版权输出时，要有的放矢，制定符合图书内容的方案。第一，在版权输出国家的选择上，三联书店采用了循序渐进的策略，以点连线、以线带面，先是较为熟悉的欧美学术出版社，再是"一带一路"沿线国家，最后查漏补缺扩展到其他国家。从最为熟悉的出版社入手，能够有效减少版权输出的风险，同时先签约的版本也会对后续其他国家的签约产生正向影响。而版权输出"一带一路"沿线国家有相对优势，一方面我国在文化领域已与"一带一路"沿线国家逐步建立了良好的合作关系，出版社可以利用已有的合作基础进行版权输出，减少输出阻力；另一方面我国在面向"一带一路"沿线国家出版"走出去"方面多有资助，如经典中国国际出版工程和丝路书香工程重点翻译资助项目等，可以减少出版社版权输出方面的费用支出。第二，立足于图书内容，三联书店制定了合适的对外输出策略。《中华文明的核心价值》内容最为突出的特点即为兼具学术性与科普性，三联书店在海外推广时准确对接不同的出版社，针对不同的读者对象适配不同的营销方案。

（四）注重翻译：寻找合适的译者

对于学术图书，能否找到合适的译者、翻译出质量较高的译文，很大程度上决定了图书能否顺利输出至海外。首先是经费问题。一些国家因为经费紧张，在引进图书时较为看重翻译费用，如果我国出版机构能够补贴翻译费，则能够加快翻译进度，推进图书"走出去"。目前，我国已有丝路书香工程、经典中国工程和中外互译项目等工程项目对图书"走出去"进行经费资助。为此，出版机构应努力申请入选相关工程项目，争取项目资助。其次是翻译人才问题。对于学术书籍的翻译，译者要兼具专业知识与语言功底，目前有较多的译者具备较好的语言功底，但涉及专业领域的专业知识，合适的译者数量较少。为此，对于合适的学术图书优秀译者，不论国内外，出版机构应与其建立长久的合作关系，提供资金资助，尤其对于国内译者。出版社还可以进行校企合作，有针对性地提高译者数量和质量。合适的译者难求，与译者建立良好的合作关系也非一时之功，出版机构在"走出去"方向应及早布局，注重翻译质量，寻找到合适的译者。

（闫玲玲）

《一百个孩子的中国梦》

一、图书简介

　　《一百个孩子的中国梦》是一部典型的儿童文学图书，系 1986 年出版的《一百个中国孩子的梦》的姊妹篇，收录了 100 个短篇故事，一经出版反响巨大。这本书叙写了孩子们多元、有趣、温暖的梦境，展现了 4—15 岁孩子的所思、所想、所感，跨越国界、时间的限制，呈现了百科全书式的世界，涵盖了不同年龄段、不同民族甚至不同国别的孩子。

　　可贵的是，这本书写儿童而不局限于儿童，写梦而不局限于梦，全书致力于展现真正的现实，甚至包括不同孩子所面临的困境，同时将孩子的梦与"中国梦"结合起来，展现了几十年来中国社会、文化的发展和儿童成长环境的变化，扎根于中国传统文化，融入了时代精神，生动活泼而不失深刻。这本书也因此被评价为"梦幻现实主义"的萌芽。书中的故事，以介绍故事主人公的经历开头，中间篇幅集中写孩子的梦境，结尾又回到现实世界，点明"梦"，用梦展现现实，关照现实的"风雨与疼痛"和"儿童的原始思维和天性童真"[①]，想象瑰丽，文笔扎实。

　　同时值得一提的是，这本书是"在路上"写成的。作者与编辑团队前往全国各地采风，深入观察体会当地特色、环境和儿童的成长。经过这样的写

---

① 董宏猷：《一百个孩子的中国梦》(下)，二十一世纪出版社 2016 年版，第 846 页。

作积累，此书毋庸置疑地拥有独特的现实性。

二、市场影响

《一百个孩子的中国梦》是一本难得的"叫好又叫座"的儿童文学书籍，在销量和奖项上都获得了不俗的成绩，在读者中也有很高的口碑。时至今日，很多学校把这本书定为推荐或必读书目。

此书自 2016 年 1 月由二十一世纪出版社出版以来，仅 1 年多，销量就达到 30 万册，截至 2022 年 4 月，已印刷 15 次。目前彩绘书、注音书和原版书的总销量超过 100 万册。

《一百个孩子的中国梦》出版后，基本上包揽了当年所有童书奖项：入选中宣部、原国家新闻出版广电总局 2016 年主题出版重点出版物，入选 2016 年国家新闻出版广电总局向青少年推荐的百种优秀读物，荣获 2016 年"大众喜爱的 50 种图书"，荣获 2016 年《中国教育报》"年度教师推荐十大童书"，荣获 2016 年度"桂冠童书"。2017 年 8 月，该书荣获第十届全国优秀儿童文学奖；2017 年 9 月，荣获中宣部第十四届精神文明建设"五个一工程"图书奖；2018 年 1 月，荣获第四届中国出版政府奖提名奖等。2020 年 4 月，列入《教育部基础教育课程教材发展中心　中小学生阅读指导目录（2020 年版）》。

在译介及出海方面，此书主要翻译和销往越南等东南亚国家。

三、编辑策划

为了更进一步了解《一百个孩子的中国梦》的编辑策划，笔者对当时的责任编辑谈炜萍做了访谈。

这本书的策划要从 30 年前说起。《一百个中国孩子的梦》的成功和时代发展的要求构成了出版这本书的基本背景，而编辑联系作者、与作者沟通的方式，以及在高强度工作下四处采风、收集资料等构成了这本书独一无二的底色。

（一）策划原因

1.珠玉在前：《一百个中国孩子的梦》的成功

说起《一百个孩子的中国梦》，就不得不提起《一百个中国孩子的梦》这部作品。20 世纪 80 年代初，董宏猷在一次出版研讨会上主动提出要写作"孩子的梦境"，灵感来自他的孩子"梦见一台写作业机器"。他意识到梦境是反映儿童心理、儿童经历，甚至社会现实的一个独特窗口，于是收集了孩子们的梦境，书写了 4—15 岁孩子的不同梦境。

这是一次非同寻常的尝试，1986 年《一百个中国孩子的梦》出版后好评如潮，荣获中宣部第七届精神文明建设"五个一工程"图书奖、中国图书奖、中国作协全国优秀儿童文学奖，而且，在我国台湾地区出版后全票入选"十佳图书"，获得台湾优良童书金龙奖。此书还被国家新闻出版总署推荐，作为纯文学作品，参加国际儿童文学评奖。董宏猷的文风因此也与"梦幻体""梦幻现实主义"紧密地联系起来，成为国内少见的一种创作风格。

可以说，《一百个中国孩子的梦》的体裁、风格与素材选用，以及其折射的现实意义和文学价值，甚至创作目的，都为 30 年后《一百个孩子的中国梦》的再次创作出版埋下了伏笔。有鉴于此，责任编辑谈炜萍也说，30 年后出版的《一百个孩子的中国梦》，由于之前《一百个中国孩子的梦》的成功和董宏猷本人的创作能力，其在策划之初就具备了成为畅销书的潜质。

2.推陈出新：新时代的要求

2012 年，在参观《复兴之路》展览时，习近平总书记提出并阐述了"中国梦"。从那时候起，中国梦就成了中国社会发展的重要概念，广泛受到各界关注。在"中国梦"的阐述中，每一个人的命运、每一个家庭的命运都与整个国家息息相关、紧密联系在一起。4 年后的 2016 年，正是《一百个中国孩子的梦》出版 30 周年。出版社意识到了这一点，决定与董宏猷约稿，延续 30 年前出版的风格、体裁和内容，以 4—15 岁孩子为主体，再次出版一本与孩子梦境相关的书籍。

无论是作者董宏猷本人还是编辑谈炜萍，都一直在强调"中国梦"和"中国孩子的梦"的差别之大：首先，"中国梦"的题目已经点明这是一次主题出版的尝试，将孩子的梦境与中国梦的内核——每个人都与国家和民族相关联——联系起来，写的是中国梦的根、中国梦的源头。从出发点看，这与 30 年前完全定位于纯文学和儿童文学的策划并不完全一致。其次，"中国梦"具有非常强的时代感，这使得这本书与 30 年前的书有了很强的区分度。作品反映中国的社会变化，反映中国孩子的一个心理成长，谈炜萍提到："我们想到一个问题：30 年之后有什么变化呢？其实就是这样，30 年贯穿两个梦，也折射出一定的社会内涵。"因此，作者和编辑在协商中，也决定将故事的主人公扩展到外国小孩、民族地区小孩，希望尽可能多地展现出不同生活条件、生活境遇、文化背景下孩子的思想，全景式地描绘孩子在平时生活中接触不到的事物，营造一种"陌生化"的感觉。

也正是因为如此，谈炜萍在策划时并不担心选题和风格上的重复。在她看来，风格的一致正是董宏猷的特色，也能唤起读者的亲切感，尤其是对那些 30 年前还是孩子、30 年后已经是父母的读者来说，这样的风格化写作无疑是一种跨越 30 年的联结。而选题的"重复性"也是一个伪命题：30 年前后社会变化巨大，孩子的心理和经历也不尽相同，当代的小读者更希望读到与自己类似的孩子的故事，读到与自己生活在同一时代的孩子的生活，在这样的生活中，又将分岔出各种可能性，这是一种多元化的表达，也是《一百个孩子的中国梦》这本书 100 个孩子故事的迷人之处。

3. 儿童文学与主题出版的融合需求

2016 年，主题出版的概念并不普及，即使是出版社的编辑也并不都对此非常熟悉。对谈炜萍来说，这要求他们在策划时重新认识和定位主题创作："这要看我们怎么理解主题创作。如果把它作为一个反映时代、书写时代的大方向来做的话，所有的文学创作它都是属于主题创作的。"

由于策划的是童书方向，这本书相对成人报告文学的灵活性也更大。谈炜萍指出，"报告文学可能真的就是主题类的创作，因为它要承载很多国家的声音，但是童书不一样，童书要传达这种声音很难，首先考虑的是儿童性，考虑的是儿童的接受程度，一旦以这种轻巧的方式来呈现，那么在主题性、在读者的接受程度上难度就会下降"。《一百个孩子的中国梦》在策划时将主题出版的概念泛化了，相比于强调图书的主题性，更注意强调图书的纯文学性。由于图书的主题和立意已经确定为主题出版方向，谈炜萍认为，策划时不需要一直囿于所谓"主题出版"的概念。

秉持着这种策划理念，谈炜萍在之后的几本主题类型的童书策划中也获得了不错的成绩，在内容性、主旋律性与趣味性上做到了平衡，如《巴颜喀拉山的孩子》等。

因此，《一百个孩子的中国梦》也秉持了这一点，作者和编辑对此达成一致：写给孩子的文章，要融合很多写作方法，包括童话的写作方法，一些意识流的心理描写，还有作为梦幻的、浪漫主义创作方式的蒙太奇写作手法，更童趣，更诗意。

（二）作者选择

作为《一百个中国孩子的梦》的姊妹篇，二十一世纪出版社策划选题之初，就敲定了董宏猷作为这本书的作者。董宏猷著有《一百个中国孩子的梦》，还有长篇小说《少男少女进行曲》《十四岁的森林》《胖叔叔》及科幻小说《山鬼》等，是一个相对高产的作家，创作经验丰富，且成绩斐然。谈炜萍谈到对董宏猷的第一印象时反复提到"童趣"："因为他是个大胡子，看起来像内蒙古的粗汉子，应该是比较粗犷的艺术家的气质，但是其实你跟他深交之后，发现他特别有童趣，很有爱心，很幽默。"这和她多年来与多个儿童文学作家相处时的经验相符：他们中大部分人都幽默感十足，像个顽童。

在得知出版社的想法后，董宏猷最初有所顾虑，一方面，由于30年前已经出版过类似的书籍，在短时间内创新难度较大；另一方面，由于这本书属于典型的主题出版，对作者的要求也比较高。但在出版社多次沟通后，董宏猷很快同意了这次约稿，在2015年的这一年中他与编辑密切合作，最终创作出了《一百个孩子的中国梦》。

（三）策划过程

1."梦之队"：团队合作意识

这本书在策划之初面临着一个非常紧迫的任务：参评"五个一工程"奖。由于有效的策划时间只有一年左右，二十一世纪出版社对这本书的策划非常重视，成立了一个五人的编辑小组，专门跟随董宏猷，随时与他沟通，并做好资料查询和采风协助的工作。这本书与长篇小说不同，长篇小说人物固定，故事固定，可以一直深挖，但这本书定位是"百科全书式"的结合体，短篇中的不同人物、不同地域、不同文化都需要进行挖掘，有时甚至需要多线并行。这要求作者进行深入的调研和资料收集，难度很大，因此也需要多人协作，包括编辑之间、编辑与作者之间的紧密联系。董宏猷在后记中将这支编辑队伍称为"梦之队"，他十分珍惜那段与编辑团队相处的时光。

2. 资料整理：创作基石

谈炜萍在提及资料查询时举例说：要写一个故事，作者需要知道当地的风土人情，甚至说小到一棵树长什么样子，当地的植物有什么特点等。比如写《四个核桃树》的时候，当地喜欢咬核桃的一些小动物，当地一般家庭的构成等，都需要细致的资料查询。有些家庭是父亲出去打工，有些家庭是母亲出去打工，有些父母都不在，这都是不同的特点，每个地方都不一样。"作者说下次要写哪里的故事，我们就会上网查资料，整理好这些东西，交给作者。我们和董老师后来也是朋友了，对他的写作比较了解，因此也知道他可能需要什么样的素材和细节，基本上花一两天时间整理几万字交到作者手上，有时候是有用的，有时候完全用不上，之后还需要继续找，对编辑来说强度也很大，那段时间经常加班到晚上，大半年的时间都专注于这本书。"

董宏猷在后记中提到，除了时刻的思想交流与灵感碰撞之外，资料的查找也非常重要："……力求展现全景式画卷，大到宇宙星座的分布，小到一朵小花的花序排列，细节与资料的准确，至关重要。"[①] 从编辑和作者的描述中，可以看到资料查找是多么琐碎和困难。任何文学作品都源于现实，尤其是像这样的主题出版创作，更需要深厚的现实基础。可以说，大量的资料筛选与整理是创作这本书的基石，也是这本书不同于其他儿童文学书籍的独特之处：扎实的细节不仅是为事实的严谨性服务的，更是为了将读者带入一个足够真实和吸引人的环境中，这一点，空中楼阁式的想象和不合理的编造是不能达到的。

3. 各地采风：想象力的延伸

由于从网上搜索材料，无法使作家形成对具体画面的感知，也不可能形

---

① 董宏猷：《一百个孩子的中国梦》(下)，二十一世纪出版社 2016 年版，第 841 页。

成对具体人、具体文化的印象，这也大大阻碍了这本书的写作。董宏猷是南方人，对南方的文化和自然环境更为了解，写作时发挥、应用脑海中的记忆片段，比较容易激发灵感，促进创作。然而，为了体现整个中国孩子们的生活环境和心路历程，他不可避免地要接触到有关西北地区的写作，对于这部分的写作，他很难把握住其文化和生活其中的人的核心。因此，二十一世纪出版社决定，由编辑小组负责陪同作者，前往西北地区进行采风，包括陕西、宁夏、甘肃等地。

出发前，他们制订了大概的出行计划，与当地作协等单位联系，前往普通人家、学校等地方深入观察，与小朋友和家长聊天。团队选取的地方都可以表现当地特色：少数民族家庭、西北农村、窑洞等，都是半个多月采风中的落脚点。白天，编辑陪同作者在各个地方奔波采访，晚上，作者回来写采访日记，和编辑交流灵感。

编辑与作者共同采风、深入合作的创作模式并不常见。首先，尽管是"梦幻"的风格、"梦"的题材，其中仍然处处可见现实的影子，全书并非凭空创造，而是有着丰富的观察、交流作为支撑。董宏猷的许多灵感也是在采风路上生发的，在与编辑聊天时，他们共同决定哪一个题材适合写，再由资料来充实细节。可以说，没有这次采风，这一百个故事中有很多不会成型。在描述孩子的梦境时，作者因地制宜，借鉴了许多当地的民谣、神话传说和历史典故，以期尽可能贴近当地孩子的真实生活。

4. 书籍设计：体现童趣童真

在编辑和作者前往各地采风、闭关写作的时候，出版社的其他编辑人员负责装帧、书籍设计等同样非常重要的内容。由于时间紧迫，当时并没有设计插画。为了弥补这一遗憾，二十一世纪出版社之后也陆续出版了针对低龄儿童的注音版和彩绘版图书。

目前市面上的纯文字版本共有上下两册，考虑到主要的受众群体是孩子，封面的设计着力体现童趣童真。这本书以深蓝色为封面底色，书名不同于成人文学，文字的颜色设计比较大胆丰富，字体也是稚嫩的儿童手写体。底衬的插画通过手绘形式，以"深夜"表现梦境，符合儿童的审美趣味，充满活力，也具有吸引力和冲击力。

四、案例分析

（一）纵向挖掘：深入修订，精益求精

《一百个孩子的中国梦》出版后，反响热烈。二十一世纪出版社决定趁热打铁，于半年后着手策划该书的修订版，整个修订过程持续了大半年。出版社先后与浙江师范大学儿童文化研究院、中南财经政法大学文学院儿童文学创作与研究中心合作，召开了两次作品研讨会，同时开展了多次"有梦最美 希望永随"的校园演讲，在此基础上，集中讨论作品的不足和可改进之处。初版时由于时间紧张，很多故事没有来得及打磨，有些故事情节略显单薄。修订和研讨会是一次契机，促使作者替换了先前写得不够完善的6篇，将更完整、更精致的文章展现给孩子。另外，还有7篇进行了大篇幅的修改，在目录编纂上，也进一步考虑了不同年龄段孩子们的心理特点和阅读需求，对一些故事的顺序进行了调整。

董宏猷在后记中提到了自己修订这本书的另外一个愿望："谈起成人文学，大家的标准非常清晰，几乎不计较发行量……好像儿童文学就不需要坚持文学品格了，就仅仅只是市场的消费品了。"[1]他在修订本中寄托了儿童文学也能精益求精、避免精品边缘化情况出现的希望，而这也使得他在修订时着

---

① 董宏猷：《一百个孩子的中国梦》（下），二十一世纪出版社2016年版，第845页。

重强调这次创作的主题：直面孩子们生活中的苦难和欢乐，而不仅仅是提供扁平的、简单的感官消费品。

（二）横向推广：多版本持续发力

考虑到读者主要是儿童，二十一世纪出版社针对儿童的阅读需求进行了后续策划，主要包括插图书、注音书和彩绘书三种。多样的版本弥补了最初纯文字版书籍的缺憾。目前，插图版共一版四册，于2016年5月出版，考虑到初版图书没有插图，出版社在修订时邀请业内高水准的插画师重新作画；注音书共一版三册，于2016年6月出版，精选了原著故事进行出版。

插图版之后的版本无论是注音版还是彩绘版，都在原插画版的基础上，选取了更具儿童化的手绘美术风格，这与此书天真烂漫、天马行空的梦幻基调相匹配，全书也因为大胆鲜亮的色彩搭配，更容易抓住小读者的注意力。

在主题选取和编纂方向上，谈炜萍提到，在制作节选版本的时候，首要考虑的是小读者的接受程度，向低龄化市场发力。标题也同样体现了这一特点，无论是全本还是节选版本，都选择了最具有代表性、吸引人的标题作为每册书的封面标题，事实上，这也是每本系列书的主题。比如：在全六册彩绘本里，《花儿与少年》着力体现儿童的梦想和想象空间；《我和地球一起玩》强调儿童的"玩耍"；而注音版的《星星梦》则主要选取那些描绘孩子与家庭关系的篇章，包括留守儿童、孤儿等，每一篇之间的联系都较为紧密。

在与编辑的访谈中，谈炜萍提到，相较纯文字版而言，彩绘版、插图版和注音版的销量确实更胜一筹。这也是儿童文学与成人文学不同之处，书籍装帧和美术设计是不可缺少的一环，风格也要向受众靠拢。

（三）宣传营销：多平台协同

《一百个孩子的中国梦》出版时的 2016 年，新媒体尚且处在起步阶段，全平台、多样化的营销手段也还在构建当中，当下时兴的直播带货、博主推广等方式在那时也相对不成熟。这本书的宣传营销正是当时整个童书市场营销转型的一个缩影。线上营销主要以媒体推广为主，线下营销则主要以见面会、主题讨论或演讲为主。

1. 线上营销，扩大知名度

《一百个孩子的中国梦》的推广与宣传主要以借力和自力两个方面为主。在借力方面，主要借助媒体宣传和各大网店销售。网店销售是最为基础和必要的一环，能够提高图书在线上用户中的曝光度和搜索率。在媒体宣传方面，《一百个孩子的中国梦》出版后光明网、中国作家网、长沙晚报网、《长江日报》等均对此书进行了简要报道，同时也有不同的微信公众号对其进行了宣传，这为此书营销初步打下了基础。在此书获得中宣部精神文明建设"五个一工程"图书奖后，即获得各大媒体关注，曝光量迅速增长。

在自力方面，二十一世纪出版社主要依靠微信公众号推文对《一百个孩子的中国梦》进行宣传，尤其是获得"五个一工程"图书奖后，出版社抓住宣传时机，责任编辑谈炜萍在多平台发表文章，讲述策划和作者写作背后的故事以及相关策划经验，这也不失为一种好的宣传手段。

2. 线下宣传，拉近距离

此书出版之后，编辑和作者多次前往线下实体书店和各个校园与读者见面，发表演讲，组织讨论会。谈炜萍提到，董宏猷知名度较高，且他本人对和小读者聊天、交流非常感兴趣，也乐意表达自己的创作和经历。"他的亲和力很强，小朋友都叫他大胡子叔叔，我们办的见面会都挺受欢迎的。"这种宣传方式是一种传统但有效的营销方式，同样也拉近了图书与读者、作者与读者的距离，将抽象的书籍内容转化为幽默风趣而不失深度的面对面交流。

（四）口碑效应

此书与其他书籍的不同之处在于，《一百个孩子的中国梦》有30年前《一百个中国孩子的梦》和作者本人知名度的双重加持。董宏猷作为儿童文学的积极创作者，为中国儿童文学贡献了许多高质量的书籍，是著名的童书作家。因此30年后，当相似的书再次出版时，必然会唤起人们对董宏猷、对《一百个中国孩子的梦》的印象，可以说，这本书在出版之初就拥有大基数的读者群体。

此书还请到著名作家高洪波作序。名人作序也是一种传统的图书营销手段，可以有效地使读者对书籍内容产生信任感和进一步的好奇心。此书出版后，文学评论家李朝全等人对书籍进行评论和宣传，从而实现了名人效应的叠加。

另外，此书出版后获得了诸多奖项，谈炜萍在接受访谈时提到"获得这些奖项就是最大的宣传"。一方面，媒体针对各种图书奖进行报道时，不可避免地会提到这本书的内容和作者，是一种间接宣传；另一方面，此书由于获奖提高了知名度后，媒体视此为重要选题进行报道，叠加了宣传力度。

更为重要的是，一些教育机构、权威媒体针对"五个一工程"奖、"主题出版重点出版物"、"教育部推荐图书"等奖项列出童书书单，这对有购书需求的家长群体来说是一种参考标准，进而拉动了图书的销售。直到今天，仍然有很多学校将其列为特定年龄段的推荐阅读书目，这种宣传是稳定且最有效的。

（五）跨界融合：IP 开发与推广

此书在 IP 开发上主要有两方面的尝试：有声书和微电影。

1. 有声书

有声书版本主要在喜马拉雅上线，共 12 辑。截至发稿时，总播放量 19 万次，单集 1 万次左右。除了 5 个原著中的故事外，还有 7 个是董宏猷的其他作品。有声书是出版社对于多媒体营销和推广的一次尝试，但也暴露出了很多制作和营销的不足。

有声书制作初期的想法是对标小读者"听故事"的需求，但后期在运营中没有获得理想的效果，因此很快就停止更新了。有声书在内容制作上，尽管音乐舒缓，讲述者声音亲切专业，但这可能并不符合小读者的需求，而只能作为"陪睡"的背景音乐。主要问题在于以下几点：更新速度慢，音乐和旁白非常单一，缺少对话感和互动感，单向地根据原著内容读故事，缺少针对有声书这一形式进行的独特创新，因此很难抓住小读者的注意力，相对于书本趣味性较低，听众的完听率可能较低，也很难在听众间形成自发推广链条，因此，有声书的引流效果和转化率没有达到预期。

2. 微电影

2016 年，网络电影刚刚起步，微电影的热度也比较高。同时，中国的儿童电影市场一直存在空白，非动漫的儿童电影缺少代表作品，市场需求也相对可观。二十一世纪出版社选取了几个有代表性、适合影视化的短篇，如围绕汶川地震后孩子的故事拍摄了时长为 20 分钟左右的微电影。在后期选择出品方和合作平台时，由于没有挑选到合适的合作对象，出版社搁置了上线微电影的计划，现在这个微电影系列成了"内部材料"，也是编辑们感到遗憾的一点。

高质量的文本内容如何在全媒体平台上进行推广，是此书在营销过程中未能解决的问题。相对而言，该书扎实的文本内容和名人效应促使了图书的畅销。从最终营销效果上来看，全媒体营销仍属于"锦上添花"的部分，并不属于此书营销的核心。

五、案例启示

（一）"快时代"的"慢出版"

诚然，由于有作者知名度和30年前姊妹篇的加持，此书的策划出版带有天然的优势。然而，在策划过程中，《一百个孩子的中国梦》为我们指明了一种"慢出版"路径。"慢出版"并非无谓地消耗时间，而是在把握图书核心主旨的基础上，加快节奏，高效利用时间，精益求精，提高图书内容的广度和深度。这就要求编写者在前期调研时，要通力合作、群策群力。

图书质量是营造口碑的最重要因素之一。在策划选题时，要考虑到作者的实际需求和时代的实际要求，尽可能贴近生活，扎根于生活，这样才有可能真实地反映时代的变迁和民众的思想转变。唯有这样，图书的质量才能够得到保证，才能进一步打开市场。

（二）"泛主题出版"

选题方面，"主题出版"可以通过小切口反映大主题，小人物折射大时代。

由于某些出版方向的专业性（如科普类、非虚构类、儿童文学类），在策划过程中需要具体考虑读者需求和出版内容的质量，不应将"主题出版"虚化、架空为一种读者面目模糊、图书内容缺乏严谨性、趣味性和特殊性的出版物。比如：有些主题出版图书虽然紧扣时代需求，但却在书中大量堆砌报告材料，造成内容前后脱节，无视了书籍本身的逻辑和文学性；再比如一些报告文学或非虚构图书，对事实考证不够，写作时主观性过强，一味歌颂一个并不扎实的主人公形象，这也会给读者造成不良印象。主题出版图书要实现精品化、市场化的长效目标，首先要保证书籍本身的口碑和竞争力。

（三）IP 开发尚存空间

受到现实因素限制，这本书在媒体融合方面仍有提升空间，包括影视、电子书、游戏、文创、旅游等的 IP 开发不足，多元形式的营销整合仍有不足。IP 开发和全媒体应用应该在图书策划之初就纳入编辑的策划流程中，避免后期营销出现由于战线过长，读者兴趣点转移、无法配合宣传的问题。

另外，在利用其他媒介形式再次推介图书时，要考虑到特定媒介的个性及其制作的专业性，由专业团队负责打通各媒介渠道，尽可能挖掘全媒体形式的营销潜力，为图书营销锦上添花。

（张沁萌）

《红星照耀中国》

一、图书简介

《红星照耀中国》是一本由美国记者埃德加·斯诺撰写的纪实类文学作品，英文版标题为 *RED STAR OVER CHINA*。作者斯诺曾于 1936 年随军追踪报道红军长征，历时 4 个月记录下当时中国西北革命根据地的红军战士与红军领袖的故事。在战争这一大背景下关注到人的个性、经历、命运，是这本书最重要的特点。

二、市场影响

1937 年 10 月，《红星照耀中国》在英国伦敦首次面世，由英国出版商 Grove Press 出版，随即在全球范围内引起关注，被翻译成 20 多种文字，畅销全球。1938 年 2 月在我国首次发行的"复社"版中译本《西行漫记》，在短短 10 个月内重印 4 次。随后几十年间，各大出版社相继出版不同版本的《西行漫记》，中文版不下 60 种。① 由人民文学出版社重新策划并于 2016 年推出的新版《红星照耀中国》，一年多时间销量达 300 万册，成为现象级畅销书。2017 年《红星照耀中国》被收入教育部新编语文教科书指定书目，同年，《红星照耀中国》（青少版）由人民文学出版社出版。至 2022 年，《红星照耀中

---

① 孙利军、高金萍、闫维佳：《从畅销到经典：〈红星照耀中国〉的出版史考察》，《出版发行研究》2022 年第 2 期。

国》已发行 1300 万册，据开卷网数据，《红星照耀中国》在 2022 年长期位列实体书店非虚构类销量前 10 名，可见此书上市 6 年后依然热度不减。

从全球读者评价看，《红星照耀中国》在亚马逊 Kindle 商店中获得 4.7 星评价，在手机应用 Goodreads 中获得 4 星好评。在国内，此书更是收获极佳口碑，进入豆瓣榜单"热门中国史图书 TOP10"，在豆瓣书籍评论页面，《红星照耀中国》评分高达 9.2。在哔哩哔哩、快手、抖音、小红书等新媒体平台，众多网友、官方账号纷纷发布此书的推荐视频或导读视频，此书的流量效应十分显著，成为红色主题出版领域的头部产品。

三、编辑策划

主题出版近年来不断受到国家的重视与重点扶持，但落实到出版社具体工作时，会遇到两个无法绕开的关键问题：一是如何从主题出版物的自身特点出发，策划出同时满足读者阅读需求和符合主题出版价值导向的图书，破解主题图书"叫好不叫座"的困局。二是如何从市场的竞争性特征出发，通过前期选题策划，让作品在首印阶段就从庞大图书市场中脱颖而出，形成市场优势。在选题策划环节，《红星照耀中国》的责任编辑主要抓住了以下几方面。

（一）政策红利释放，主题出版热度持续上扬

党的十八大以来，主题出版的价值日益凸显，主题出版工作越来越受到国家关注。中宣部、国家新闻出版署相关部门每年都会组织主题出版重点出版物的征集和评审。2012 年"迎接党的十八大重点主题出版物"选题征集的开展标志着主题出版走向成熟。出版社的选题策划和出版活动围绕国家的重大事件、重大活动、重大题材、重大理论等主题展开。随着主题出版热度持

续攀升，对红色历史内容的记录成为主题出版的重要组成部分。《红星照耀中国》聚焦抗战期间的长征题材，记录了中国西北革命根据地的中国工农红军以及许多红军领袖、红军将领 1936 年 6 月至 10 月的情况，因而受到关注。

（二）聚焦红色叙事，充分挖掘外籍作家资源

一本好书的真正价值永远源自其优质的文本内容。《红星照耀中国》不仅内容质量在非虚构类作品中具有很强的竞争优势，还因作者是一位外籍作家，因而广受关注。作者埃德加·斯诺曾任北平燕京大学新闻系讲师，是第一个采访红区的西方记者，不论是写作经验还是采访经验，斯诺都具备权威性。埃德加·斯诺本人在"二战"期间对中外交流、维护中美关系发展作出了突出贡献，其著作体现了其一贯思想。《红星照耀中国》是斯诺受到学界和业界广泛认可的代表性作品。对新闻客观性的坚持、对采访问题的探究意识与追问意识，使这本书经受住了历史的考验。优质内容带来了学术研究价值。其后，一批中外学者、翻译家探究此书与作者，每年都会召开"斯诺研讨会"，截至 2021 年，国内已成功举办十九届。北京大学还设有中国埃德加·斯诺研究中心，作为非营利性学术研究和对外友好合作交流机构。

（三）迁移编辑经验，密切追踪图书市场

选题灵感离不开编辑对市场的敏锐洞察力，人民文学出版社脚印工作室一直密切关注《西行漫记》的国内出版动态。2000 年左右脚印工作室最初接触到《西行漫记》时，这本书并不畅销。时间再向前回溯，《红星照耀中国》中译本最初引进国内是在抗战时期，曾引发轰动效应，随后市面上出现众多节译本、选译本，如《西行散记》《中国的新西北》《西北角上的神秘区域》，这些译介本使"红区故事"本身的知名度迅速扩散，达到了战时宣传的目的。

改革开放后，1980 年左右，中国掀起了译介外文作品的风潮，各大出版社相继翻译出版《西行漫记》。同类型图书在同一段时间内密集出版容易引起消费者的审美疲劳。此后，《西行漫记》沉寂了一段时间。2006 年，红军长征胜利 70 周年，人民文学出版社脚印工作室敏锐地观察到社里出版的《长征》一书销量不错，感受到读者在这个时间节点对红色书籍的关注普遍提高。《西行漫记》也同属红色题材图书，题材接近的图书和出版时机结合，具有相互带动的销售作用。2016 年，红军长征胜利 80 周年时，脚印工作室再次萌发重新出版《西行漫记》的想法，但随之而来的是面临复杂的翻译版权沟通问题。脚印工作室积极接触译者家属，向对方真诚地表达出版愿望，最终克服困难，获得了翻译版权授权。

（四）回归原作文本，拓展表达新空间

人民文学出版社决定策划《红星照耀中国》时，需要直面旧书"难卖"的市场现状。编辑部在内容编校、排版形式等多个方面推陈出新。一是回归全本，重启"旧"题。最初在战时为了克服发行流通的障碍，胡愈之等人将原版标题 RED STAR OVER CHINA 译为《西行漫记》后，一直沿用至今。人民文学出版社出版时，则采用 1979 年三联书店出版的董乐山译版标题《红星照耀中国》，该标题为英文直译，更贴合作者原意，且更富有动感。在内容方面，董乐山译本还校正了胡愈之版本与英文原本的资料错漏，内容更加翔实可靠。二是回归现场，增补旧照。在人民文学出版社出版的新《红星照耀中国》中，收录了 50 余幅埃德加·斯诺拍摄的历史图片，是所有图书版本中图片资料最丰富的版本，为此书附加了独特的收藏价值。三是创新装帧，吸引读者。《华尔街日报》调查统计显示，在书店里读者平均只花 8 秒钟注视封面。因此与同类产品竞争，图书封面不仅要令人惊艳，还要有助于推销

内容。人民文学出版社在封面设计上，使用红色与白色的搭配提亮封面，更加突出其中举着喇叭的人物形象，并放大加粗英文标题，同时英文标题中的"CHINA"中最后一个字母的空白为星状，与中文标题相呼应。这样的图书封面使此书在茫茫书海中更容易突出，让消费者眼前一亮。作者埃德加·斯诺的签名被印于《红星照耀中国》书封中部，封面采用磨砂 UV 工艺，使消费者在最初接触这本书时获得多维体验。

（五）把握主题出版时机，与重大事件同频共振

主题出版对时机的选择要求较高，出版节奏需要根据选题类型做好短期、中期、长期的策划。重大主题的出版物更是如此，如果不具备敏感的时间意识，则会贻误最佳市场投放时机。2016 年，是长征胜利 80 周年，也是斯诺采访中国工农红军 80 周年。一般来说，国家每十年举办一届的红军长征胜利纪念大会有固定时间节点，也即该年的 10 月。《红星照耀中国》选准时机在 2016 年 6 月进入图书市场，这样不会因出版时间过早更容易淡出消费者视线；也不会因为出版太晚，比如 10 月底后出版，错过各大媒体在纪念大会举办时的最佳报道时机；同时还会有较为充裕的时间举办各种活动，做好宣传营销。

四、案例分析

《红星照耀中国》因系旧书再版，在发行初期并不占据市场竞争优势。人民文学出版社在发行营销环节深度运营，努力将作品推向市场，实现了"畅销"与"长销"。

（一）权威名家推介积攒初期口碑

主题出版物的营销应与学界、评论届紧密合作，形成合力，扩大图书影响力。出版社最初在《红星照耀中国》的宣发环节并未进行过多的投入，而是利用名家的力量，通过名家见诸报端的文章吸引读者关注。《红星照耀中国》一经出版，脚印工作室就带着此书参加斯诺研讨会，向专家推荐此书并与他们交流。专家学者、评论家纷纷为《红星照耀中国》撰文，向大众介绍这本书的出版历史、翻译历史、学术研究历史，使这本书更具历史厚重感，在一众长征主题图书中脱颖而出。名家权威的背书为《红星照耀中国》积累了初期口碑，图书推出后打出"畅销八十年的长征经典"的标语，更为媒体宣传奠定基础，各大媒体随后争相跟踪报道。

（二）延伸编辑部后台，搭建读者沟通桥梁

人民文学出版社积极使用互联网平台对《红星照耀中国》进行宣传，并搭建互动社群。在微信平台，编辑部建立"红星照耀中国"合集，一是用更贴近互联网传播形式的选题，引导大众接受红色主题内容。比如通过节选书中经典片段进行宣传营销，采用暗含悬念型标题吸引读者注意力，题名为"毛泽东：我索性撇开你的问题，把我的生平告诉你"的阅读量就达 2.2 万次。二是变换人称，吸引读者眼球。比如巧妙地将埃德加·斯诺的姓名隐去，用第二人称引起读者阅读兴趣。三是传授相关知识，做读者的贴心人。比如出版社的公众号还以《红星照耀中国》为例，告知受众该如何鉴别正版书和盗版书，在推文中声明人民文学出版社拥有董乐山译本的独家出版权，从封面到内文为读者详细对比《红星照耀中国》盗版与正版两种样品，这在增加"红星照耀中国"曝光量的同时，也培养树立了读者的版权意识。另外，编辑

还通过直播平台与读者沟通，分析图书的魅力与当代价值。有了直播技术的加持，信息可以及时触达消费者，图书责编可以直接进行资讯分享，传播内容更具权威性与说服力。

（三）线上＋线下多渠道营销，"内容＋消费"引爆口碑

一是出版社内部联动。2016年此书上市后，同一编辑室的图书《长征（修订版）》上线宣传，二者在发行和宣传上联动效应显著。此外，在抖音平台上，依托人民文学出版社抖音号，进行主题出版专题的短视频内容制作，推荐相关书目。

二是与主流媒体联动。主题出版图书的文本内容常常是主流媒体制作视听媒介节目的重要参考资料，这些改编为影视版的作品一经推出，即引发受众关注，进一步助推图书的营销。作为"纪念红军长征胜利80周年"重点电视剧项目，《红星照耀中国》同名电视剧于2016年登陆湖南卫视，广受好评。2019年同名电影上映，获得第15届中美电影节评委会"金天使奖"。2021年央视新闻领读《红星照耀中国》，被国家级媒体报道后，斯诺书写的故事进入更多人的视野。

三是借力新媒体推动。短视频平台的用户流量与算法推荐机制，更容易提高图书曝光率，"照片式短视频＋原书金句"是在图书品类中比较常见的传播方式。人民文学出版社注重以短视频为主的互联网平台的推广，广泛借力自媒体账号与官方账号。其中"央视国家记忆"账号，以斯诺本人和国家领导人之间的友好关系为切入点策划短视频，单条点赞量达19.4万次。

四是积极开拓电商渠道。《红星照耀中国》线上销售平台的成绩十分亮眼，当当网在人民文学出版社该商品的图片页加上"当当领读2022"标志，并在标题栏链接团购电话，此类细节设置能有效提升书籍购买率。此外，人

民文学出版社在相关微信推文末尾或短视频内容底部为读者附上购买链接，缩短用户下单购买时间，促进图书销售。

五是与相关实体单位合作。2018 年是《红星照耀中国》中文版出版 80 周年。《红星照耀中国》英文版于 1937 年在英国面世后，1938 年，首个中文全译本在上海出版。人民文学出版社利用 80 周年这一纪念日，与中国语言学会联合主办"红星耀中国　经典长流传——纪念《红星照耀中国》中文版出版 80 周年座谈会"，并向来自北京、河北的七所初中赠送了此书。人民文学出版社还与图书馆等文化单位合作，举办《红星照耀中国》推介会，扩大此书的影响。

（四）优化 IP 体系，依据使用场景动态满足读者需求

一是发行多版本纸质书。学生群体是图书市场中的重要受众，继 2016 年推出普通版《红星照耀中国》后，同名图书的青少版于 2017 年出版发行。该书的青少版以"知识链接"的形式在书的最后附上此书的出版经历，便于更多青少年读者了解这本书从采访写作到出版发行的传奇过程，为激发读者的阅读兴趣提供了另一维度的历史视角。2020 年出版的《〈红星照耀中国〉〈长征〉导练一本全（教辅专用）》、2021 年推出的原作版导读图书《大家一起读〈红星照耀中国〉》，联系语文教育专家担任主编，组织语文教育界一线教研员、教师担任编写工作，是专门为中小学生打造的教学、学习参考读物。这些图书既帮助青少年读者群体更好地搭建历史、语文的学习知识框架，又为广大语文教学作者提供了适合实际教学场景的工具。

二是开发有声书。《红星照耀中国》有声版本在喜马拉雅等平台投放，广受好评，其中不乏学生群体。该书入选教育部"部编本"教材后，学生读者数量激增，以音频版的形式为学生提供知识服务，方便学生在课余时间收听，

更容易被青少年读者接受。此外，该栏目的第一条音频标题还附有平台助手微信联系方式，方便读者反馈需求。

（五）主题价值推动社群情感传播，想象共同体作用下的"口碑辐射"

《红星照耀中国》的口碑发酵，离不开互联网平台中读者群体间情感传播的溢散效果。比如，此书"又红又专"的标题与"不红不专"的文本内容之间形成的强烈反差，引起《红星照耀中国》的豆瓣评论区的激烈讨论。读者围绕对年轻红色政权的重新认识、对红色文学刻板印象的颠覆等话题展开讨论。在互联网环境中，读者间的联系更加多元立体。通过社群内部的横向沟通，扩散主题出版物传递的核心价值观；通过社群互动提供的情感纽带，让读者对内容形成更加深刻的印象，沉淀书中传递的社会主义核心价值观。

一万个读者心中有一万个哈姆雷特，不同读者会因为人生经历、兴趣爱好、教育程度、阅读目的等的不同，对同一个艺术形象产生不同的解读。"体验个性化"在阅读一般书的场景中更为常见，在阅读主题出版物时，读者相互之间更容易产生共鸣。因此，在制定营销策略时，可以通过文案编排、产品设计等手段，引导核心读者群体的内部、核心读者与潜在读者之间的情感传播。一方面可以借助情感传播打动消费者，塑造图书品牌的良好口碑，构建"想象的共同体"；另一方面也能吸引潜在读者注意力，使读者范围进一步扩大，助推主题出版物的"破圈"。

五、案例启示

《红星照耀中国》的畅销，既存在必然因素，也有偶然因素。除了大环境利好之外，《红星照耀中国》的出版策划与营销还有许多令人深思之处。

（一）编辑部：强化个体能力，打造具有出版社特色的主题书系

主题出版物在政治导向上的明确性与特殊性，使选题策划工作相较于一般出版物而言对编辑的个人能力提出更多要求，需要编辑建立"学习型"工作模式，提高对主题的把控力。

首先编辑需提高自身的选题感和方向感，这主要通过三方面实现：一是保证充分的阅读。只有依靠广泛的阅读，才能形成对"好作品"的初步判断，培养对优质文本的高度敏感性。对于新编辑而言，需要尽快找到自己熟悉的编辑领域，搭建个性化知识网络，学会在被动阅读中采取主动策略。在主题出版领域这一大类目下，也可以找寻感兴趣的细分领域深耕，如纪实类、小说类、历史类、儿童类等。二是密切关注业界最新动态。面对越发激烈的市场竞争环境，编辑需要通过长期追踪图书市场，建立起好的方向感，在此基础之上寻找选题策划突破口，仅靠个人审美选书是不够的。此外，还可以通过问卷调查等量化形式辅助市场调研，使选题依据更具科学性。三是密切关注学界动态。编辑应主动与本领域的学者、作者联系，保持良好的人脉关系，不定期地联系学者，以加强研究与出版的合作。总而言之，编辑个人完善的知识结构与良好的人脉关系有助于形成好的选题感与方向感。

其次编辑要有较强的执行能力。编辑行动能力的高低直接指向选题能否落地。编辑要对选题的可行性进行思考，对可能遇到的障碍进行预设。不同选题会遇到不同困难，如版权沟通、编辑与作者的意见冲突、编辑部内部沟通等，要对具体问题具体分析。

最后策划编辑也需要加强掌握有关版权贸易的知识。2018年，《红星照耀中国》的版权风波牵扯出三家出版社，其中包括人民文学出版社。这就提醒出版人在前期选题策划时就应将版权沟通纳入思考范围，尤其涉及跨国版权

交易、IP 改编等领域时更需要注意。

（二）推广：以主题事件为核心，制定整合营销传播策略

目前，相对大众类图书而言，主题出版图书的销售渠道更偏向实体店，制定与互联网平台相适应的整合营销策略仍具有较大发展空间。

一是借势营销。借势营销可以作为一种重要的宣传策略，用于主题出版物。从时间角度看，除发布会、主题讲座等传统图书宣发方式外，每到重大宣传节点，社会各界都会对某一事件进行密集的报道与宣传。出版社可以与媒体人员保持密切联系，配合媒体宣传议程，抓住重要时间节点积极推介主题书目。从渠道角度看，出版社不仅可以通过传统发行渠道如实体书店、图书馆、分销商等向市场供应图书，还可以根据主题出版物的特性，向学校、政府机关等组织定向营销，打开销售渠道。

二是口碑营销，主动造势。网络口碑、周边推荐都是影响用户阅读的重要因素。出版社可以选择与主题图书相关的自媒体账号、意见领袖合作，拉动新宣传资源，针对图书的核心读者群体与潜在读者群体，开展不同类别的营销活动，运用多种宣传形式，由点到面地实现主题图书的推广与销售。

（三）延伸：拓展产业链，依托用户需求开拓融合出版形式

数字技术的应用可以丰富图书样态，提升用户的购书、阅读体验。主题图书出版在策划阶段可以尝试提前联系受访者，制作独立于纸书的有声内容。出品高质量的有声读物和电子读物既可以作为主题图书的宣传物料或原著的补充知识，也有可能成为特定读者群体的阅读内容，提升出版社知名度，打造出版社品牌形象。

习近平总书记在 2021 年 5 月 31 日中共中央政治局第三十次集体学习会

议上曾提出，要努力塑造可信、可爱、可敬的中国形象。《红星照耀中国》在国外已具备一定的知名度，可以尝试孵化IP版权，在中译本的基础上制作广播剧或舞台剧，通过多种渠道进行宣传推广，或针对少儿群体策划绘本。《红星照耀中国》的文旅资源也可以深挖，可以尝试吸引长征路线的游客群体阅读《红星照耀中国》，同时推动《红星照耀中国》的读者群体线下体验"斯诺之行"，使消费者获得阅读与旅行的双重体验，用新的创意途径寻找图书的文化价值与商业价值的增长点。

（四）长尾效应：挖掘主题出版物的收藏意义与教育价值

主题出版以图书的形式传递社会主义核心价值观，凝聚社会共识，体现了媒介"传承社会遗产"的重要功能。从形式上，主题出版可以挖掘图书的收藏价值。根据中国音像与数字出版协会2022年4月发布的《2021年度中国数字阅读报告》，2021年中国数字阅读产业总体规模增长率达18.23%。电子书因其轻量化、经济性等特征受到市场欢迎，在一定程度上影响了纸质出版物市场，读者在挑选纸质书籍的时候会更加看重其除文本内容之外的附加价值。目前市场中的主题出版物多以实体书的形式发行，因此在策划环节应着意提升书籍收藏价值，如丰富相关的历史背景资料、优化内页排版、创新封面装帧等。

此外，可以挖掘主题出版图书的教育价值。如面对政府机关开展党史宣传读书活动，对青少年读者展开校园主题读书活动等。《红星照耀中国》入选2018年《农家书屋重点出版物推荐目录》文化类；《红星照耀中国·青少版》入选2019年《农家书屋重点出版物推荐目录》文化类。图书市场的城市线级呈现下沉趋势，新用户占比数量逐年上升，未来乡村传播可能成为主题出版物营销策划的重要方向之一。营销编辑需要根据特定用户的使用场景与使用需求，提出多种具有针对性的营销策划方案，使图书触达更多读者。此外，主题出版图书能有效带动学术文化市场，形成"产学研"联动的市场效应。编辑在策划图书选题时需要了解学术界对相关议题的前沿动态与成果，从增加图书学术内涵的角度出发，谋出新意。

（杨禹鹤）

"大中华寻宝记"系列图书

一、图书简介

　　"大中华寻宝记"系列图书是上海京鼎动漫科技有限公司2012年开始创作的漫画图书作品，由二十一世纪出版社出版，作者是台湾著名漫画家孙家裕、尚嘉鹏、欧昱荣等人。这是一套寓教于乐的漫画童书。该系列图书以全国23个省、4个直辖市、5个自治区和2个特别行政区为背景进行创作，主题明确，规模宏大，不仅富有教育意义，而且兼备娱乐与学习作用。"大中华寻宝记"系列图书除了主线图书，还衍生出《大中华寻宝记　小说版》《寻宝记神兽在哪里》《寻宝记神兽发电站》《恐龙世界寻宝记》《大中华寻宝系列·历史寻宝记》《寻宝记神兽小剧场》等多种图书产品。

　　"大中华寻宝记"系列图书将全国各地的地理风貌、历史遗迹、文化艺术、物产资源等知识内容巧妙地融入故事情节中，以精彩逗趣的漫画为表现形式，以紧张刺激的寻宝故事为主线，带领孩子们认识祖国的大好河山，进行一趟纸上旅游。全书每章后均附有各地区简明的概貌，生动有趣，能拓展孩子的视野，富有教育意义。此外，此书着眼于孩子的兴趣点，将每个省份的文化、建筑、美食、历史、地理讲述得恰到好处，涵盖的知识点十分全面。孩子们可以通过这套书了解到曲艺、相声、饮食、科技、交通、音乐、服饰等百科主题，在酣畅淋漓的阅读体验中加深对各学科的知识印象。

　　该系列图书适合中小学生受众群体阅读，不但能培养儿童的阅读兴趣，还能让孩子在阅读过程中学习到丰富的地理知识，体验"足尖上的中国"。

二、市场影响

"大中华寻宝记"系列图书自2012年陆续出版以来，获得了多个奖项：2018年获"精品阅读年度好书奖"、优秀原创动漫作品版权开发奖，入选"原动力"中国原创动漫出版扶持项目；2019年获中国文化IP金竹奖，入围数字出版精品遴选推荐计划，并获中国出版协会第七届中华优秀出版物图书奖；2020年获中国版权最佳内容创作奖、全国新闻出版深度融合发展创新案例；等等。

2012年至2022年11月，"大中华寻宝记"系列图书及相关作品已出版49种，全系列累计销售超过5000万册。2022年，正值"大中华寻宝记"系列图书出版10周年，第29册新书《内蒙古寻宝记》于4月上市，在上市后的一百多天里，销量突破百万册。新书上市后，"大中华寻宝记"系列图书销量环比增长达40%左右，累计15周登顶开卷儿童图书排行榜。

三、编辑策划

（一）"主题出版"为"儿童出版"提供发展机遇

主题出版为儿童出版提供了发展机遇。首先，"主题出版"拓展了儿童出版的市场需求。主题出版工作的推进改变了读者的需求和市场格局，学校等单位对主题出版读物的需求程度出乎预料。其次，"主题出版"于"价值导向"的强调也对儿童出版提出了更高的要求，弘扬爱国主义、弘扬优秀传统文化的图书能够更广泛地占领市场。得益于主题出版工作的开展，二十一世纪出版社出版的"大中华寻宝记"系列图书广受欢迎。

（二）"双减政策"为"素质拓展类"图书开拓市场

"双减政策"的出台减轻了学生的作业负担，强调了"素质教育"的重要性，开拓了"素质教育类"图书的市场。"大中华寻宝记"系列图书将祖国大好河山以漫画的形式展现给少年儿童，以寓教于乐的方式让少年儿童在阅读中了解祖国各地的文化遗产、风土人情、美食文化，有利于丰富少年儿童的见识和理解能力，提升少年儿童的阅读能力，从而实现综合素质的提升。

儿童主题图书需要丰富多彩的题材和形式。"大中华寻宝记"系列图书采取动漫的形式出版，以漫画的形式展现祖国的大好河山，对于小读者来说具备很强的吸引力。此外，"大中华寻宝记"系列图书还打造了各种文创周边产品、有声书、电影甚至是主题公园等IP衍生品，有助于提升图书的传播效果，通过延伸产业链优化收入结构、拓宽收入来源。

（三）优质作者助力做大做强本土漫画图书

中国台湾著名漫画家孙家裕为"大中华寻宝记"系列图书作者之一。孙家裕1960年出生于中国台北，是"漫画中国"项目创始人，尝试以研发中华文化原创动漫内容为核心，以弘扬博大精深的中华文化为立足点，用动漫的形式将中华文化展现给读者。多年来，孙家裕致力于寻找本土漫画图书的发展路径，用幽默、隽永的故事和鲜活、生动的形象将传统经典以漫画语言表现出来，使得年轻的读者更容易了解传统、熟悉经典。对于"大中华寻宝记"，他说道，我的下一个目标是将"大中华寻宝记"规模化、系统化、产业化，将中国漫画做大做强！我希望在未来能实现"大中华寻宝记"游戏、动画、衍生产业园一系列产业链。

四、案例分析

（一）内容

"大中华寻宝记"系列图书打破了刻板宣传说教的方式，以精彩逗趣的漫画为表现形式、以紧张刺激的寻宝故事为线索，讲述了英勇智慧的寻宝少年队联合千年神兽顶呱呱，寻宝、夺宝、护宝的故事。在寻宝的过程中，巧妙地将地理风貌、历史遗迹、文化艺术、特色建筑、物产资源等祖国各省的知识内容融入紧张激烈、妙趣横生的故事情节中，进而带领广大儿童认识祖国的大好河山，并且通过图文并茂的形式，将大量实物图片与翔实的文字资料相结合，对历史文化知识进行深入浅出的讲解，化枯燥乏味为趣味盎然，有利于优化少年儿童读者的阅读体验，让主流价值观真正入耳、入脑、入心。

"大中华寻宝记"系列图书以"漫画"为形式，以"探险"为主线，以讲故事的方式描绘了中华大地各地的文化特色、风土人情，引人入胜、妙趣横生，十分巧妙地平衡了主题出版的"价值导向"和"贴近儿童"这两点要求。此外，更重要的一点是作者用心将中国传统文化融入其中，比如《江苏寻宝记》把"园林""昆曲""长江""紫砂壶"等标志性的文化元素融入小朋友们的探险故事中，将桂林山水的生动描绘融入《广西寻宝记》，还有《安徽寻宝记》里那些灰瓦白墙的徽派民居……小读者在阅读的过程中，也了解了我国源远流长的历史、博大精深的中华传统文化。同时，该系列具有浓郁的"中国风"特色，书里神兽的属性和超能力都是依据中国五行八卦排列以及相生相克的原理确定的。因此，"大中华寻宝记"系列图书可以让孩子们认识、了解、热爱这片生活着的中华大地，了解我国源远流长的历史、博大精深的中华传统文化，从而激发他们的爱国热情，将"爱国"之火深埋于少年儿童的心灵深处。

此外，优质的内容和选题应该以正确的价值导向为前提。"大中华寻宝记"系列图书弘扬了"热爱生命""歌颂成长"的价值观，具有正向引导意义。

此系列图书体现了对正义的弘扬、对中华大地的瑰宝的珍惜、对中华传统文化的热爱和传承、对生命的热爱和对成长的歌颂。那些饱含中国特色的文化元素，能滋养广大青少年朋友的心灵，给予他们成长的力量，让每一位读者在中华历史的长河中畅游，深度感受中华优秀传统文化的魅力，增强文化认同感，滋生爱国情怀，从而树立正确的文化观念和价值观念。总之，"大中华寻宝记"系列图书将正确的价值导向自然地融入了故事情节，实现了创新和传递主流价值的平衡，在带给少年儿童欢乐的同时，弘扬了正向的价值观。

（二）营销

创意化、全方位、立体化的营销推广是"大中华寻宝记"系列图书取得成功的重要原因。在营销渠道上，"大中华寻宝记"系列图书线上线下全渠道覆盖；在营销重心上，二十一世纪出版社审时度势，将营销重心由"TO C"转到"TO B"，并且同时发力公域和私域。总体而言，该系列产品的营销既追求短时间内图书曝光量的最大化，也追求长期图书品牌的建设与发展。

1.覆盖线上线下全渠道，推动新书曝光量最大化

在线下营销上，"大中华寻宝记"系列图书充分注重营销场景和活动的丰富性。以主题知识竞答活动"中华寻宝大会"为模式的"大中华寻宝记"，已在全国1000个城市的展会、书店、图书馆、学校举办宣传活动上千场，覆盖

读者超过十万人次。此外，还在全国范围内建立"中华寻宝大会"推广团队，开展百城千店大促销、场景化互动体验、公益校园行、"大美中华杯"征文大赛等活动。"大中华寻宝记"抓住了线下营销的面对面、场景化优势，通过丰富营销场景、创新营销活动，实现了传统线下营销的突破。

在线上营销上，"大中华寻宝记"系列图书借助线上多个媒体平台为新书进行预热和销售。受新冠疫情影响，纸质图书的销售渠道份额进一步向网络平台倾斜。在这一背景下，"大中华寻宝记"团队审时度势，借助线上多个新媒体平台为新书进行预热和销售，充分发挥了线上渠道高效触达用户、激发用户购买欲望的潜力。

在线上线下联动、全渠道营销方面，出版社举办新书首发仪式，并同步直播。比如，2021年8月29日，出版社为"大中华寻宝记"系列新书《黑龙江寻宝记》举办百店首发仪式。此书首发仪式由多个媒体平台同步直播，包括新华社、《人民日报》、央视频移动网、央视频等，宣布正式开启百店首发活动序幕——全国272家线上、线下、新媒体店铺联播联动，并特邀作者孙家裕、相关文化单位负责人、名家以及小读者等参加此次直播活动。线上线下的精彩联动取得了良好的营销效果，《黑龙江寻宝记》百店首发仪式观看人次约260万。

2. 将销售渠道重心向"TO C"渠道倾斜，打开销售通路

平台经济的发展和疫情防控的常态化趋势，使得线下销售面临严峻挑战。对此，二十一世纪出版社在发行营销布局方面进行了及时调整，将发行公司一分为二，一个负责包括地面店、传统电商在内的"TO B"渠道，一个负责社群新媒体、自营店等"TO C"渠道。地面店重点在一、二线城市新华书店和民营门店，基于每月节日开展活动，保重点品展位促销活动；传统电商平台则主要维护重点品限价体系，积极参加平台重要时间节点活动，冲刺销售

高峰月份。而"TO C"新媒体渠道则是近些年出版社营销发力的重点方向。

以《黑龙江寻宝记》的销售为例，其销售渠道覆盖了京东、当当、天猫等电商网站，新华书店，以及"书业新军"抖音、快手等。在新书首发期间，《黑龙江寻宝记》展开一系列持续性的推广活动，如网店直播、地面店陈列、"大 V"推荐、编辑分享等。线上多平台营销、线上线下多渠道联动，集中整合资源，迅速打开了《黑龙江寻宝记》的宣传与销售通路，使新书曝光量最大化，同时实现高效销售转化，将"大中华寻宝记"品牌影响力推上了新高度。

此外，"大中华寻宝记"系列图书走进了东方甄选直播间，得到新东方在线 CEO 孙东旭和人气主播董宇辉的极力推荐，当天销售 3000 多套图书。

（三）IP 运营：构建复合型产品链，多元化挖掘 IP 价值

出版图书转化能力越强，内容价值越能得到发挥。发挥内容价值的关键在于其转化能力，传统出版必须与社会资源深度融合才能实现内容价值的最大化，深度融合的话语权不在产品，而在产品对应的内容版权。因此，应该将出版产品的完成当成版权经营的开始，并由此重构传统出版的资源配置。从本质上来讲，IP 运营有助于赋能内容建设，挖掘内容本身的潜力。在这一方面，二十一世纪出版社采取了"构建复合型产品链"的举措，多元化挖掘IP 价值。

二十一世纪出版社早在 2012 年便把"大中华寻宝记"系列图书当作"种子工程"去布局，赋予它最好的内容故事、无限拓展的 IP 属性，并决定创立原创动漫作品"大中华寻宝记"融合出版项目，并且秉持周边化、融合化、线上线下复合化的原则，全方位延伸产业链价值。

首先是周边化原则。"大中华寻宝记"系列图书 IP 已经开发了笔记本、

手提袋、文具袋、立体拼插等各种各样的周边文具和玩具，深受孩子们的喜爱。以《海南寻宝记》为例，此书开发了《神秘海底王国寻宝记》立体拼图。拼图以原创知识漫画作品《海南寻宝记》中的形象和场景为素材，高度还原书中最具代表性的"海底归墟国"，拼图中还有大家喜爱的寻宝少年队和神通广大的神兽助阵，带孩子们经历一场精彩刺激的海底冒险。立体拼图不仅包含超过 70 个组件，还附带萌系益智"中华神兽五子棋"，一经上市，即获得良好的反响。

其次是融合化原则。"大中华寻宝记"融合出版项目主要有"大中华寻宝记"系列图书、"大中华寻宝记"动画片、"大中华寻宝记"广播剧等内容。"大中华寻宝记"融合出版项目除了知识漫画书、小说、动画片等内容，还将以此为基础开拍动画电影，全方位打造融合出版的立体产业链，开发数字出版、网络社区、网络电视等。

最后是线上线下复合化原则。IP 主题客房、IP 主题示范馆、IP 主题乐园等线下 IP 衍生品的打造在近些年呈现迅猛发展的势头。2020 年，"大中华寻宝记"系列图书携手上海环球港凯越酒店打造了主题 IP 客房，为携带儿童出游的家庭提供童趣非凡的入住体验，进一步提升 IP 品牌影响力。2021 年二十一世纪出版社在全国范围内开设多家"大中华寻宝记"主题示范馆，目前已与沈阳玖伍文化城、潍坊京广·尚悦书店达成合作，共同搭建主题馆示范馆，后期将在全国多家重点书店复制该主题馆，形成"大中华寻宝记"品牌全国范围的、大规模的宣传态势。

五、案例启示

（一）内容：运用贴合儿童的叙事技巧，"润物细无声"

在市场上收到良好反响的高品质儿童图书，其内容都离不开对儿童身心特征的精准把握，离不开对儿童特质的尊重。因此，儿童主题出版应该考虑到儿童本身的特质，在努力提升儿童出版图书的思想性的基础上，努力做到"以小见大"，用贴合儿童的叙事技巧传递正向的价值观，用图文并茂、生动形象的形式来展现主题出版的内容，用举重若轻的文字书写家国情怀，从而以"润物细无声"的形式让孩子懂得热爱生命、敬畏自然、弘扬真善美的重要性，让儿童出版图书具有吸引儿童、服务儿童、快乐儿童的力量。在策划这类图书时，还可以将游戏、玩具等设计融入其中，让孩子在阅读玩耍的过程中体验阅读的乐趣。"大中华寻宝记"系列图书就成功地在曲折离奇的情节、跌宕起伏的叙事中向小读者传递了正向的价值观。

（二）营销：将销售重点向"TO C"倾斜，兼顾"公域"和"私域"

"TO B"渠道的销售之后可能是一本书发行的终点，而"TO C"渠道销售到读者手中才是服务的开始。在当下的市场环境下，"TO C"渠道有助于以更直接的方式缩短和流量达人以及读者的距离，离真正的市场更近，并且能更灵活快捷地应对渠道变化，使得发行工作更有的放矢。

2019年，二十一世纪出版社组建了北京社群新媒体团队，向各个平台的社群达人提供优质、精准的供货服务。该团队成立以来，连续3年每年回款较上一年度都有100%的增长。"双11"期间，该社表现抢眼，"大中华寻宝记"系列图书位列京东、当当、天猫等各大畅销榜前列，新书《黑龙江寻宝记》在开卷畅销书榜儿童类中连续 11 周位居榜首。

在线上渠道，"公域"和"私域"也应兼顾。发力"公域"，即借助已经拥有较大流量的媒介或者名人给产品引流，这有利于增加产品的曝光度，提升销售转化率。发力"私域"，即将流量聚集在自己的品牌内部，提升粉丝对自有品牌的黏性，实现经济效益和社会效益的双丰收。2020 年 10 月，二十一世纪出版社成立网络营销小组，以专人专岗拓展新媒体自营渠道，先后在抖音、快手两个平台进行视频推广、直播带货。直播带货 6 个月达到销售实洋64 万元，销售码洋 130 万元。新媒体自营号有效地将该社私域流量进行闭环管理，成为新书推广、图书宣传和老书促销的领头羊。

（三）布局：兼顾"全局视野"与"精细化管理"，合理谋篇布局

主题出版要有大局观，坚持正确的出版导向，把各方面的力量统筹起来。以"大中华寻宝记"系列图书为例，该系列图书由全国各省图书馆馆长作序推荐，每位馆长充分发挥自己的职业优势，在推荐序文中，为小读者精心提炼出各个省份的历史文化、地理文化、教育等知识内涵，具有说服力和感染力。

在统筹全局的同时，也应树立全面的精品出版意识。精品出版物必然是思想精深、艺术精湛、制作精良，在市场上广受欢迎，而且具有长远性。同时，这些作品的多介质传播所衍生出来的社会效益和经济效益，又将进一步促成效益提升这一目标的实现。[①]精品出版不应该是在众多的出版品种中抓几个重点项目作为精品图书打造，而是对出版的每一本书都要按照精品的标准去要求，并按照出精品的管理标准制定和实施相应的业务管理机制，对

---

① 路英勇：《紧紧抓住推出"文学精品"这个关键》，《光明日报》2022 年 5 月 11 日，第 14 版。

出版过程进行精细化管理。^①"大中华寻宝记"系列图书目前已出版 29 册，每一册都做到了封面精美、内容精良、情节有趣，将精品出版的理念贯穿始终。

（王璐）

① 刘琼：《浅谈少儿图书出版中的导向把握》，《出版参考》2020 年第 2 期。

《海边春秋》

一、图书简介

　　《海边春秋》是百花文艺出版社与海峡文艺出版社于 2019 年 2 月合作出版的现实题材长篇小说，作者是陈毅达。小说背景为 21 世纪海上丝绸之路倡议的提出和岚岛综合实验区的建设开发，内容从北京名校毕业回闽工作的文学博士刘书雷被派往岚岛挂职锻炼讲起，叙述了兰波国际项目与蓝港村的整体搬迁间的矛盾和化解的故事。

二、市场影响

　　《海边春秋》荣获第十五届精神文明建设"五个一工程"优秀作品奖、第五届中国出版政府奖图书奖提名奖、2019 年度中国好书、2021 年天津市优秀出版物奖（图书奖）、第十九届百花文学奖（文化交流特别奖），入选 2019 年全国农家书屋目录、中宣部 2019 年主题出版重点出版物、中央和国家机关"强素质·作表率"读书活动 2019 年下半年推荐书目、2020 年国家出版基金项目、2020 年中国作协"纪录小康"主题创作推荐书单。

　　在媒体报道方面，《人民日报》《光明日报》《文艺报》《文学报》《中华读书报》《中国出版传媒商报》等报刊刊发了诸多著名评论家关于此书的评论文章，光明网、学习强国、凤凰网、中国作家网等主流媒体相继转载。

　　在国际影响方面，《海边春秋》入选 2019 年、2022 年丝路书香工程、入选 2020 年中国作协中国当代作品翻译工程、2021 年经典中国国际出版工程立项项目（波兰文）、2021 年"中巴翻译工作坊"乌尔都语版翻译出版工程等。

在销量成绩上，《海边春秋》自 2019 年 2 月出版后很快就销售一空，2019 年 3 月第二次印刷，2019 年 4 月第三次印刷。截至 2021 年底，累计销量达 4.5 万册。[①]

三、编辑策划

（一）现实触动：扶贫经历与返乡学生力量

作者陈毅达在《海边春秋》的创作访谈中提到自己与这篇小说结缘的漫长历程。他在闽北山区成长、工作多年，也曾作为驻村扶贫工作队队员体验过农村生活。2015 年，陈毅达到访某海边村庄时，碰到了这个村年轻的村委、团委书记，发现和这个大学生书记一样，参与回村建设的大学毕业生还有 30 多人。随后他又了解到这些年大学毕业生是因为村庄面临搬迁，村中的老人们不愿离开，才最终决定一起回村自行建设的。此后，他又先后到访了多个"美丽乡村"，同样碰到了许多返乡的大学毕业生，他们用创新的思维和新兴的科技带动着山村经济的发展和生活质量的提升。这些见闻使陈毅达对当下农村建设者、改变者的思考不断深入。直到 2017 年，陈毅达在参加了两次有关部门举办的"援岚"（"岚"是福建省福州市下辖平潭县的简称）相关会议，阅读过一批"援岚"年轻学子的工作体验、人生感悟与成长记录后，终于找到了创作的突破口，以青年"援岚"工作者的下乡援建经历为主线，讲述青年"村官"成长与乡村现代化改革故事的几万字初稿应运而生。

---

① 齐红霞：《如何更好地宣传一本书》，《青年报》2021 年 10 月 31 日，第 7 版。

（二）慧眼识珠：时代洞察与定制策划

《海边春秋》是一部现实题材作品，响应了时代发展的感召。作为福建省作家协会主席，福建省文联副主席，陈毅达是从基层中成长历练起来的作家，曾经做过驻村干部、中学教师、文学刊物编辑、电视新闻记者等多种工作，拥有深入基层、扎根基层的丰富经验和体验，著有小说、诗歌、报告文学、电视剧本等文艺作品计百万余字，包括长篇报告文学《抗击与跨越》《再造一个辉煌》，中篇小说《发现》等。因此在这一类型题材上，陈毅达具有丰富的创作经验和较高的创作水准。

在陈毅达写出万字初稿时就引起了《人民文学》编辑的关注，编辑向他发出长篇小说的约稿。就这样，《海边春秋》在2018年第七期的《人民文学》"新时代纪事"栏目中首发，并以"春秋"命名。这种以小人物为线索、突破传统全知视角的现实题材类小说引起了业内评论家的关注，一篇篇评论文章见诸各大报刊。许多出版社也注意到了这部长篇小说，并向作者表达了出版合作意向，最终《海边春秋》单行本由百花文艺出版社、海峡文艺出版社联合出版。在尊重作者创作规律的前提下，出版社编辑分析了该小说的内容结构，提出几个意见：对小说内容进行扩充，丰富故事情节，将重点放在塑造刘书雷这一新时代年轻干部的形象上。陈毅达在阅读大量资料和同类作品后，又经过4个月的打磨，最终写出了这部引人入胜的长篇小说。

四、案例分析

（一）媒体合作，线上线下结合

《海边春秋》在线下宣传中充分利用纸质媒体资源扩大影响。2019年2月此书出版，《天津日报》于当年 5 月 3 日在固定版面位置进行连载，这一举措受到广大读者的欢迎和好评。在制定《海边春秋》营销策略时，出版社注重与媒体合作，多元化营销，指派专人对接跟进各大媒体，社内新媒体中心与发行部门也积极与实体书店、电商平台对接，形成了线上线下结合的立体化宣传推广模式。

在销售端方面，此书在线下全国各大城市大型书城重点柜台"码堆"陈列，缩短读者从书架上寻找、挑选的时间，使其在新书发布区和主旋律内容专区更为醒目。在线上，当当、京东和亚马逊等网络销售平台的图书重点页面对其进行推荐。在宣传口方面，《海边春秋》即将上市前，百花文艺出版社就在其旗下的《小说月报》《小说月报·大字版》《小说月报·原创版》《散文》《散文·海外版》的封底发布《海边春秋》的预售广告。这 5 本刊物的发行量均居全国同行榜首，对《海边春秋》的宣传起到了很好的助推作用。出版社还利用微信公众号不定期地从各种角度有效传播此书信息，包括小说月报公众号、小说家公众号、百花文艺公众号等。同时借助媒体巨大的传播力量，通过新闻媒体和专业媒体的书讯版面进行报道，发布新书资讯，联系重点媒体进行专访，及时迅速地将《海边春秋》的书讯、活动消息传播出去。

（二）举办专业研讨会，行业背书

举办研讨会是新书宣传营销的一个重要手段。2019 年 3 月 30 日，中国作家协会重点作品扶持办公室、天津出版传媒集团、海峡出版发行集团、《人民文学》杂志社联合主办了"陈毅达长篇小说《海边春秋》研讨会"。在研讨会上，专家们从现实性、文学性、艺术性等方面对此书进行了热烈讨论，并做了充分的肯定，作者陈毅达也讲述了《海边春秋》的创作历程。

国内各大媒体及时报道了此次研讨会，《文艺报》《中华读书报》《天津日报》《中国新闻出版广电报》《中国出版传媒商报》《福建日报》《中国海洋报》《今晚报》以及人民网、光明网、中国新闻网、网易网、新浪读书、福建文艺网、中国作家网、福州新闻网、东南网、东方网、中国经济新闻网、《小说月报》微信公众号相继报道，引发了读者的极大关注。

（三）电视广播宣传，多媒介扩大影响

出版社还邀请作者、编辑积极参与电视台、电台的相关节目录制，以期利用各种媒介进行广泛宣传，吸引不同媒介受众。2019 年 3 月 31 日，作者陈毅达与天津市驻村干部、出版社相关负责人联合录制天津电视台都市频道《海河夜读会》节目，畅谈《海边春秋》的创作及背后故事。2019 年 4 月 10日，《海边春秋》责编徐福伟参加天津文艺广播《正午杂谭》节目直播，与广大听众分享有关此书的编辑出版故事。

（四）举行读者见面会，与受众深层次互动

读者是图书出版发行的原动力，通过真诚地与读者互动交流，努力挖掘《海边春秋》的内在价值，更能实现其与普通受众的深层次交流。

出版社与作者携手积极开展各种文化推广宣传活动，举办图书捐赠活动和与读者的分享会、见面会。2019 年 4 月 19 日，作者陈毅达到福建师范大学协和学院经济管理系与同学们分享《海边春秋》创作心得；4 月 23 日，陈毅达到福州鳌峰坊书城与读者见面；4 月 30 日，到三明市新华书店与读者见面；5 月 18 日，到福州文艺家之家与读者交流；5 月 22 日上午，到漳州市众望书城分别与读者分享、交流；5 月 22 日下午，到闽南师范大学文学院与同学们分享《海边春秋》创作心得。这些面对面的交流活动，不仅拉近了作者和读者的距离，还能引导读者更好地阅读并理解这部作品。

（五）注重 IP 开发，发掘衍生价值

出版社将纸质图书电子化、有声化，录制有声读物、制作电子书，面向全网用户进行有效推广，实现了纸质图书与数字化资源深度融合。《海边春秋》的电子书在自有平台（百花文艺网、百花文艺 APP）和第三方平台（掌阅、咪咕、亚马逊、现代纸书等）上架该书的有声书共 39 节，总时长 14 个小时，也在自有平台和第三方平台（喜马拉雅 FM、现代纸书）上线。

在后期策划中，出版社的影视文学部与各大影视公司联系，对接《海边春秋》的影视改编权，争取利用影视改编再次带动此书的销售。北京众星华彩电影院线有限责任公司购买了《海边春秋》的电视剧拍摄权并于 2021 年开机拍摄，电影《海边春秋》则由厦门恒业影业有限公司出品，导演鹏飞于 2022 年执导开拍。

五、案例启示

（一）契合时代脉搏，弘扬正能量主题

《海边春秋》是作者陈毅达以福建省平潭岛扶贫工作的真实案例为底本创作的现实主义长篇小说，书中凸显了几大时代要素：在 21 世纪海上丝绸之路的背景下，海岛发展的未知可能；年轻的基层干部如何改造领导队伍与自身问题，一步步带领乡村实现振兴；围绕村民生活和个人故事，干部如何深入践行"以人民为中心"的核心理念；如何更好地聚焦地方文化与生态文明建设，关注现代化发展过程中不可忽视的方面……出版社在策划选题时尤为关注小说主题，在与作者协商中提出深化内涵、丰富主旨等更加突出小说主旋律特质的建议。该小说最终入选中宣部 2019 年主题出版重点出版物，荣获第

十五届精神文明建设"五个一工程"优秀作品奖。此外，出版社在出版时间上精准把握，在党的十九大后乡村振兴战略不断得到深入贯彻的关键时期上市，获得了媒体及社会各界的广泛关注。

（二）恪守内容至上，深化文学感染力

主题出版的文学作品要具有强大的艺术感染力。在我国并不缺乏以脱贫攻坚、乡村振兴为主题的文学作品，但陈毅达的《海边春秋》在这一热点上选择了新的角度切入，不论是主人公刘书雷的形象，还是蓝港村一个个村民乃至组织的形象与定位都十分生动形象，全书以刘书雷的视角代替全知视角观察乡村发展与人民生活，能够很大程度上还原干部工作和生活的细节，于一点一滴中发掘真情与感动，在可读性和感染力上发挥出色。

（三）发挥出版社优势，强化专家背书

主题出版的内容策划与营销要注重发挥出版社的自身优势，包括出版社的品牌优势和资源优势，也包括出版社所在地区和城市的特色优势。在竞争中只有立足于特色、发挥优势，才能抢占先机。

在《海边春秋》的出版、营销方面，百花文艺出版社和海峡文艺出版社双方合作，优势互补出版。两社利用各自优势资源，邀请专家和多家媒体举行新书研讨会，许多媒体对《海边春秋》及其相关活动、评论文章进行了报道、转载等宣传工作。海峡文艺出版社还结合当地资源，举办各类读者见面会和交流活动，在地方形成一定的规模，扩大了地域影响。

（四）数字化尝试，满足受众"悦读"升级

随着新技术的加持，主题出版的发展潜力越来越大。出版社应充分研究

受众阅读偏好，结合主题出版的内容特点，在呈现形式上运用新技术进行创新，实现读者在感官体验上的"悦读"升级。

在《海边春秋》纸质版出版后，出版社进行了电子书、有声书等的数字化尝试并收到一定成效，但对数字化资源的利用程度和宣传力度并不高，相比于实体书籍的成绩略显逊色。主题出版要更好地发挥思想引领和文化支撑作用，需要将好的内容通过 IP 经营、周边文创产品开发等方式，形成更大的组合效应。

（黄沁雅）

"中华人物故事汇"系列丛书

一、图书简介

　　"中华人物故事汇"系列丛书由中宣部指导，中华书局、学习出版社、党建读物出版社和接力出版社等联合出版。丛书面向8—14岁的青少年读者，选取中国具有突出贡献、产生重要影响的优秀人物，讲述他们的动人故事，帮助青少年读者"系好人生第一颗纽扣"，为青少年的健康成长提供有力帮助。

　　"中华人物故事汇"系列丛书按选取人物所处时代，分为《中华传奇人物故事汇》《中华先贤人物故事汇》《中华先烈人物故事汇》和《中华先锋人物故事汇》四个系列。《中华传奇人物故事汇》追溯中华民族源头，主要讲述流传至今的中国古代远古神话人物的传奇故事，如《后羿》《炎帝》和《蚩尤》等。《中华先贤人物故事汇》主要讲述近代以前为中华文明传承发展、国家安定团结等作出重大贡献的先贤人物故事，呈现其优秀品格与精神风貌，如《介子推》《霍去病》和《颜真卿》等。《中华先烈人物故事汇》主要讲述近代以来为民族独立、国家解放富强而献身的革命先烈的故事，如《邓世昌》《董存瑞》和《张思德》等。《中华先锋人物故事汇》主要讲述新中国成立以来的时代先锋与楷模的故事，展现其崇高人格与伟大胸襟，如《钱学森》《王进喜》和《中国女排》等。

二、市场影响

"中华人物故事汇"系列丛书自投入市场后，销量一直非常可观，几次面临脱销的情况。截至 2021 年 8 月，"中华人物故事汇"系列丛书累计出版三辑，发货近 300 万册。其中，接力出版社、党建读物出版社联合出版的《中华先锋人物故事汇》第二辑出版仅 7 个月销量便达到 85 万册，2022 年 8 月，发行码洋达到 1.2 亿元。截至 2022 年 4 月，《中华先锋人物故事汇》已出版 60 种，累计发行 392 万册。疫情期间，《中华先锋人物故事汇》中的《钟南山：生命的卫士》电子书先于纸质书在掌阅、阅文等平台免费上线，上线不足一月，阅读量近 40 万，截至 2020 年 11 月，阅读量已突破 100 万。《钟南山：生命的卫士》纸质书上市 7 个月发行超过 25 万册，2021 年 6 月，在北京开卷 5 月畅销书排行榜上，《钟南山：生命的卫士》上榜少儿类实体店渠道榜单。截至 2021 年 8 月，《钟南山：生命的卫士》单本发行 50 万册。

"中华人物故事汇"系列丛书叫好又叫座，在市场上取得佳绩的同时也收获了良好的口碑。"中华人物故事汇"系列丛书入选："十三五"国家重点出版物出版规划项目（丛书第一、二辑），中宣部 2019 年主题出版重点出版物（丛书第一辑），2019 年全国中小学图书馆（室）推荐书目（丛书第一辑），2019 年度中国版协 30 本好书（丛书第一辑），2019 年全国中小学图书馆（室）推荐书目，教育部基础教育课程教材发展中心中小学生阅读指导目录（2020 年版）（丛书第一辑），2021 年中宣部主题出版重点出版物"中华人物故事汇"系列丛书（丛书第三辑），2021 年农家书屋重点出版物推荐目录，2021 年全国家庭亲子阅读红色经典书目，第五届中国出版政府奖图书奖"中华人物故事汇"系列丛书（丛书第一、二辑），2022 年向全国青少年推荐百种优秀出版物等推荐书目和重要媒体榜单。《中华先锋人物故事汇》入选"新华荐书 2021 年度十大好书"榜单。《中华先锋人物故事汇》邀请徐鲁和葛竞等作者走进北京、上海、山东等地区的 100 余所中小学、20 余所图书馆，为青少年讲述先锋人物的故事。据不完全统计，各种校园活动和读者见面会覆盖人数达 200 多万人。

"中华人物故事汇"系列丛书不仅在国内市场备受肯定，还将版权输出到海外。截至 2019 年 9 月，《中华人物传奇故事汇》和《中华先贤人物先贤故事汇》累计版权输出 15 种，涵盖英语、西班牙语和法语等语种。德语版出版社社长指出："这套书用轻松易懂的方式展现了博大精深的中国文化……每种书体量适中，易于阅读，这样就让整个系列非常独特，书中的故事远比简单的史料更动人，我们希望通过这种令人兴奋和愉悦的方式为德国读者提供一个发现中国文化和历史的机会。"① 截至 2021 年 8 月，"中华人物故事汇"系列丛书中有 38 种图书版权已经输出或意向输出到印度、土耳其和韩国等国家。截至 2022 年 4 月，此系列里的《中国女排：永不言弃的王者之师》《钟南山：生命的卫士》《袁隆平：东方"稻神"》等 23 种图书版权输出到尼泊尔、土耳其等国家和地区。

三、编辑策划

（一）策划缘起：让榜样伴随青少年成长

"中华人物故事汇"系列丛书主要秉持"让英雄伴随孩子成长"的理念，致力于介绍优秀榜样的人生故事，树立人生榜样，帮助青少年"扣好人生第一颗纽扣"，引导青少年做一个有益于国家、有益于社会的人才。青少年是民

---

① 渠竞帆：《以史为鉴 传递中德文化——"中华先贤人物故事汇"德文版即将问世》，《中国出版传媒商报》2021 年 11 月 2 日，第 3 版。

族和国家的希望和未来，2019 年 3 月 18 日，习近平总书记在学校思想政治理论课教师座谈会上强调："青少年阶段是人生的'拔节孕穗期'，这一时期心智逐渐健全，思维进入最活跃状态，最需要精心引导和栽培"。在中国特色社会主义新时代，"应该为青少年树立什么样的人生榜样"成为出版工作者不断思索的问题，而在中国文明史上涌现过一大批优秀楷模，他们身上有着闪光的品质，他们是国家的脊梁和中华民族之魂，是青少年的人生榜样。让青少年了解优秀人物、学习优秀人物、争做优秀人物，让优秀人物伴随青少年成长，这是编辑策划的出发点。

（二）编辑策划：思想性、真实性和可读性

编辑在策划"中华人物故事汇"系列丛书过程中秉持了思想性、真实性和可读性相统一的原则。一是思想性。"中华人物故事汇"系列丛书人物选择应具有思想性，能够对青少年成长有所启发，给青少年传递昂扬向上的力量。为此，出版机构反复讨论、不断论证，最终确定选择中国古代、近代、现代各个时期有着突出贡献、产生深远影响的优秀人物。二是真实性。在确定选择中华历史上真实优秀人物的基础上，不可避免地要以真实事实为基础，图书内容具有真实性。在真实性的要求之下，作者的选择主要考虑纪实作家，资料收集考虑实地采访和文献收集等方式。三是可读性。"中华人物故事汇"系列丛书读者定位为 8—14 岁的青少年，这一年龄段的青少年阅读能力有限，在故事的讲述上不宜采用太过晦涩难懂的词句。除此之外，接力出版社总编辑白冰提到："我们要把这些先锋人物当作普通人来写，要把那些非常有意思的感人的故事写出来，把那些非常珍贵的细节写出来，让更多的孩子了解先锋人物。要求人物鲜活、故事生动，要把这些楷模当成真正的人来写，而不是神；要求作品生活化、细节化，写出人物平凡之中的伟大。"出版社希望打

造一套生动有趣、文笔优美、具有可读性的青少年读物。

（三）作者选择：优秀儿童文学作家

"中华人物故事汇"系列丛书在作者选择上注重选择国内一流、著名的儿童文学作家。首先，应选择儿童文学作家。"中华人物故事汇"系列丛书读者定位明确，面向 8—14 岁的青少年读者，青少年成人在阅读能力和理解能力上有所差异，作者应熟稔青少年的阅读习惯，懂得如何向青少年讲故事，儿童文学作家为首要选择。其次，应选择一流作家。5G 时代下，媒介信息严重过载，新奇的媒介形式不再是人们的第一选择，"内容为王"的趋势更加明显，拥有高质量的内容才容易在市场中脱颖而出、获得读者青睐。同时，出版社也希望作者能具有优美的文笔、丰富的情感，能够生动形象地展现传主故事，而选择一流作者能够更多地满足上述要求，保证一定的口碑。再次，应选择著名作家。著名作家本身在读者中有着一定的号召力，相当于为图书做免费营销，能够保证一定的销量，使图书在市场中占据一席之地。最后，相关领域的专家学者。部分传主涉及党史、军事科学等专业性强、需保密的领域，需相关领域的专家学者进行编写。最终，"中华人物故事汇"系列丛书作者阵容强大，邀请了徐鲁、汤素兰、葛竞和殷健灵等国内一流作家和党史、军科相关领域专家学者进行创作。大部分作者为中国作家协会会员，如徐鲁、汤素兰、吴尔芬和余雷等。

（四）载体形式：以纸质书为主的人物小传

作为系列图书，在中宣部的组织下，"中华人物故事汇"系列丛书系统谋划，统一调度，在风格和质量上保持统一。丛书每一册书写一位优秀人物，以人物小传的形式进行创作。丛书主要以纸质书为主，体量适中，结构严谨，搭配精美插图，开本选用小巧便携的小 32 开。考虑到青少年的视力保护，内文选用特别订制纸，质地柔和，环保用纸，绿色印刷，印制效果好。同时，在纸质书出版后，"中华人物故事汇"系列丛书电子书版本随后在微信阅读、掌阅、亚马逊 kindle、咪咕阅读和阅文等内容平台上架。2020 年，"中华人物故事汇"系列丛书中的《钟南山：生命的卫士》一册电子书先于纸质书上线，并提供免费公益阅读。

四、案例分析

（一）内容为王：立足人物、故事真实可信

在信息过载的时代，高质量的内容越来越成为稀缺资源，而拥有高质量内容的媒介将会逐渐脱颖而出。"中华人物故事汇"系列丛书立足于现实生活，内容真实，可感可信。作家在创作之时，尽最大可能收集资料，在翔实资料的基础上撰写出优质的内容。对于传奇人物、先贤和先烈等人物，因年代久远，作者所能收集到的资料有限，会在有限史料的基础之上做合理想象，丰富人物形象，完善故事细节。陈沐在写作《贾思勰》时，由于农学家在历史上并不受重视，关于贾思勰的史料寥寥，除其著作《齐民要术》外，史书中仅有"北魏高阳太守"一条对贾思勰的确切记载，因此陈沐在场景描写、人物对话、心理活动等细节上都进行了合理的想象，如贾思勰身边应有一个专业团队，包括种树、制造胭脂的女工等专业技术人员，这样他才能够了解农业的方方面面从而写出《齐民要术》。

而对于当代的优秀人物，诸多作者不辞辛劳，亲自深入传主的家乡，采访了传主成长过程中所遇的相关人物，获取大量的第一手资料，甚至仅凭一手资料便能够写出曲折起伏的情节，创作出优质内容。殷健灵在写作《郁丽

华：无声之舞》时，亲自去往邰丽华出生和成长的地方，采访邰丽华的父母、姐姐和老师，去邰丽华就读过的特殊教育的学校乃至于去邰丽华爸爸教她游泳的地方。殷健灵说："这样的过程，是我一次一次地重返邰丽华童年的过程，也是探求邰丽华何以成为独一无二的邰丽华的过程。我一直觉得童年是一个人未来成长的底色，一个人将来无论走得多远，都走不出童年对她一生的影响。"最终，殷健灵最大限度地还原了传主的人生经历，使得书籍生动、可感、可信。葛竞在创作过程中不仅讲述了优秀人物的伟大事迹，也讲述了诸多优秀人物小时候的故事，如《中国女排：永不言弃的王者之师》讲述了朱婷是如何从身体瘦弱的小姑娘变为排球健将的。而《贾立群：B超"神探"》的作者解旭华则认为，在书写传主事迹时，甚至不需要过多的文学技巧来创作一波三折的故事情节，现实世界本身便充满了波澜壮阔、惊心动魄的情节。

（二）精准定位：针对青少年的校园馆配版

"中华人物故事汇"系列丛书精准定位青少年读者群体，推出了校园馆配版本，并在学校、图书馆等开展了多场线下活动，针对目标读者进行了有力的宣传营销。阅读纸质版图书是青少年较为普遍的选择，出版机构在纸质书版本上用力颇多，推出了校园馆配版本。2019年8月，在"第三届全国中小学教师读写活动暨2019阅读育人高峰论坛"召开期间，中华书局、学习出版社等联合举办了《中华人物故事汇系列丛书》（校园馆配版）首发式，并针对校园馆配版布局了发行工作："一是明确了馆配责任部门，由北京出版集团下属公司承担发行工作；二是编辑印制了《领读者手册》，方便教师指导学生阅读；三是开发了'领读者网站'，该网站既可以对丛书发行工作进行动态监控，也可以对各地读书活动的优秀案例进行及时分享。"①

出版机构积极耕耘线下活动，走进学校，更近距离地接触青少年，使青少年对于丛书可知、可感、可亲。2019年至2021年，党建读物出版社和接力出版社针对《中华先锋人物故事汇》共同举办了以"我们应该为孩子树立什么样的人生榜样""用时代先锋铸造国魂，扣好青少年人生第一颗纽扣""从小学先锋　长大做先锋""学习先锋人物　树立人生榜样"为主题的百余场全国巡回阅读活动。同时，还邀请徐鲁、葛竞和鞠慧等作家走进北京、上海、山东等十余个省、自治区、直辖市的100余所中小学、20余所图书馆，为青少年讲述先锋人物故事。据不完全统计，各种校园活动和读者见面会覆盖人数达200多万。2019年8月，开展"礼先贤、敬先烈、学先锋、育新人"主题读书活动。2019年8月上海书展期间，出版机构向静安区图书馆、浦东图书馆和少年儿童图书馆等机构进行了赠书。2019年9月8日，在书香中国·北京阅读季领导小组的指导下，父母必读杂志社、少年科学画报杂志社携手角楼图书馆等共同举办"给孩子的精神世界打下底色——读《中华人物故事汇》系列活动"，来自北京市的学生代表和60组家庭分享丛书读后感想。

（三）权威认可：借助官方的宣传营销

"中华人物故事汇"系列丛书受到官方的认可，成为政府实施爱国主义教育、传承红色基因、引导青少年健康成长的重要教育方式。出版机构借助官方认可进行宣传营销，容易在青少年群体中起到较好的宣传效果。青少年群体在阅读的选择上有着自身独特的特点。首先，青少年群体尚未成年，心智尚不成熟，阅读能力参差不齐。青少年尤其是小学低年级学生往往并未形成

---

① 桂琳：《"中华人物故事汇"校园馆配版问世》，《中华读书报》2019年8月28日，第2版。

自身的阅读兴趣，不知自己应该阅读什么，在阅读选择上极度依赖学校与家长，在阅读过程中需要在家长的帮助下才能理解图书内容。其次，学业在青少年群体生活中占据重要地位，尤其是高年级青少年，阅读功利性较为明显，大多只阅读与学习有关的图书或是学校强制要求阅读的书籍。最后，青少年群体尚无经济收入来源，主要依赖家长进行图书的购买。因此，决定青少年阅读选择的主要因素为学校与家长的推荐，其中，老师推荐对于青少年和家长来说具有更高的权威性。学校和家长推荐主要是与学业相关、官方推荐书目和经典名著等，如教育部指定阅读书目等。因此，受到官方认可、推荐的图书在某种程度上能够受到"教科书"般的待遇。出版机构在图书宣传时着力突出官方认可、政府认证，如该丛书在京东电商平台图书购买的详情页面上以醒目的字体标注"入选中小学生阅读指导目录（2020年）"。包括"中华人物故事汇"系列丛书（第三辑）在内的145种图书入选2021年中宣部主题出版重点出版物，对于此类图书，书城书店等会设立专门区域重点展示。

"中华人物故事汇"系列丛书得到了中宣部的积极支持。2019年8月，中宣部发行局、出版局的领导参加了丛书校园馆配版首发式。2019年7月5日，中央电视台新闻联播节目播报了"中华人物故事汇"系列丛书首批50本即将出版发行的消息，为丛书的出版做了预热。2019年8月，CCTV-14少儿频道《新闻袋袋裤》栏目播出了《中华人物故事汇》中老子、班超、杨善洲和中国女排等的故事。登上中央电视台栏目本身便意味着认可与推荐，借助央视本身的影响力，"中华人物故事汇"系列丛书进一步扩大了自身的宣传影响范围。

（四）多渠道平台：把握热点趋势的线上线下营销

大数据时代，宣传与销售紧密结合，出版机构尽其所能地将销售信息铺展到读者可能接触到的每一种渠道平台上，线上直播、线下活动同步开展，相得益彰。线上线下营销联动几乎成为互联网时代营销的"标配"，而"中华人物故事汇"系列丛书能够脱颖而出的关键在于出版机构有力地把握了时事热点、发展趋势，最为典型地体现在《钟南山：生命的卫士》的营销上。2019 年底新冠疫情暴发，彼时钟南山医生因在抗击"非典"中的杰出贡献被人们寄予厚望。党建读物出版社和接力出版社把握时代脉搏，紧急决策，打破传统，顶住销售压力，决定将《钟南山：生命的卫士》一书电子版先行上线并且免费阅读，这一举动获得了"各平台短信推送、专题推荐、主编力荐等顶级资源位推广"①。纸质书上市后，出版社开展了直播带货活动，如在京东、当当和腾讯少儿等线上平台的直播带货，还举办了线上作家讲座。另外，还与央视网合作举办"用时代先锋铸造国魂　扣好青少年人生第一颗纽扣——中华先锋人物故事汇系列读者见面会"，在央视影音和手机电视等 11个平台同步直播，当晚收看人数超过 300 万人次。线下活动主要包括前已述及的走进学校、图书馆的巡回讲座活动，还有组织"写给钟南山爷爷的一封信"征文大赛，获得全国上千名读者的参与支持。

五、案例启示

（一）始终坚持内容为王

"中华人物故事汇"系列丛书畅销的核心原因在于其优质的内容，而优质内容的生产源自对每一个出版环节的严格把关。首先，在策划阶段，在中宣部的组织下，"中华人物故事汇"系列丛书历经一年多组织策划才最终编辑出

---

① 《全国少儿社社长年会召开，"十四五"童书出版有哪些新机会？》，https://mp.weixin.qq.com/s/h3X_N4eRT_xqbfbPnjHR5g，2020–11–11。

版。系列丛书共有几百册，但整体风格一致，毫无杂乱分散之感，可见出版社在策划阶段的用心与付出。其次，在作者的选择上，所选作者均为所在领域专家或一流儿童文学作家。如在《中华先烈人物故事汇》的作者选择上，学习出版社邀请中央党史和文献研究院、中国人民解放军军事科学院和中国社科院的专家组织相关作者编写，有力地保证了作品的权威性。最后，在图书内容的打造过程中，始终坚持精益求精。《中华先锋人物故事汇》的出版前期组织作家实地采访，收集第一手资料，将图书内容立足于真实生活。在编辑过程中严守质量关，稿件质量若不达标则会退回反复修改。

（二）始终考虑读者需求

时下图书市场书籍繁花满眼，只是想当然地出版书籍往往会陷入"自说自话"的困境，只有充分考虑读者需求，有的放矢，才能最大限度被读者看到，收获较好的效果。"中华人物故事汇"系列丛书始终定位于青少年读者群体，从策划、编辑到营销宣传都从读者的角度出发，为读者着想，最终收获读者的喜爱。在策划编辑阶段，出版机构始终强调图书内容应以孩子的视角进行写作，文字应生动有趣，令青少年能够真正看懂。在作者选择上主要选择儿童文学作家。而在丛书出版后，针对青少年读者群体，又出版了丛书校园馆配版本。而校园馆配版的新书首发仪式也特意选择在"第三届全国中小学教师读写活动暨2019阅读育人高峰论坛"期间举办，通过对中小学教师的宣传进而影响到青少年。最后，在营销宣传阶段，出版机构组织作者等走进学校与学校图书馆进行线下巡回活动，在腾讯少儿直播平台带货，在中央电视台少儿频道宣传，在中国教育电视台上制作阅读课等。可以说，"中华人物故事汇"系列丛书从构思到营销宣传，始终以读者为中心，考虑读者需求。

（三）坚持符合国家价值导向

"中华人物故事汇"系列丛书侧重于青少年成长成才，通过人物小传的形式表现每一位传主的优秀品质，从而为青少年树立精神楷模，在思想上给青少年以启迪。系列丛书紧扣时代命题，对其畅销起到了极大的帮助。丛书目前两度入选中宣部主题出版重点出版物，获得国家出版基金支持。丛书入选多个国家权威书单，尤其是全国中小学图书馆（室）推荐书目和教育部基础教育课程教材发展中心中小学生阅读指导目录。《新闻联播》、央视少儿频道等官方媒体也相继为丛书做了宣传，借助官方媒体影响力与权威性，其影响力得到了很大的提升。

（四）坚持宣传营销创新

大数据时代，线上线下的联动营销几乎已成为图书宣传营销的"标配"，在此趋势之下，出版机构如不顺应潮流本身便是一种落后，会逐渐被时代所抛弃，但线上线下的联动营销不应只是一种"随大流"，更重要的是将"标配"的宣传营销如何做得更佳，使其能够真正助力图书成为畅销书。"中华人物故事汇"系列丛书立足自身，在线上线下的联动营销上具有目标群体明确、有效抓住时事热点等特点，使其能在目标群体中取得非常好的宣传效果，在众多图书的宣传营销中占有一席之地。

（闫玲玲）

"共和国脊梁"科学家绘本丛书

一、图书简介

　　"共和国脊梁"科学家绘本丛书是由北京少年儿童出版社出版的原创中国科学家绘本丛书。丛书自 2019 年第一辑公开发售便广受好评，截至 2022 年底，已经发售三辑（共 24 册）。丛书从儿童的视角描绘了 24 位中国科学家的故事。精美的插画刻画出科学家们的生平历程，也让内容更加生动有趣。丛书以"老科学家学术成长资料采集工程"学术成果为依托，内容既具权威性，又具专业性。

二、市场影响

　　2019 年至今，"共和国脊梁"科学家绘本丛书已获十几项大奖，入选 28 个榜单。2019 年，丛书入选北京市委宣传重点项目及北京市文化发展专项资助项目，入选"第九届书香中国·北京阅读季·书香童年·年度优秀童书 50 本推荐书单"，入选中宣部主题出版重点出版物，丛书之一《一粒种子改变世界：袁隆平的故事》入选 2019 年度中国版协 30 本好书，入选新浪读书"微博童书榜"2019 年度好童书。2020 年，丛书获得国家出版基金资助，获 2020 年第六届中国科普作家协会优秀科普作品奖科普图书类金奖，入选 2020 桂冠童书主题图书类奖，入选 2020 农民喜爱的百种图书，入选图书馆 2020 年度影响力绘本，入选 2020 年全国妇联主办的全国家庭亲子阅读推荐书目 200 种

（小学／中学年龄段），入选"亲近母语"中国小学生分级阅读书目（2020年版）三年级推荐书目，入选2020年第七届"中国童书榜"百佳童书。丛书之一《折纸飞机的男孩：钱学森的故事》入选北京市科协2020年优秀科普读物推荐书目；丛书之一《第191号的发现：屠呦呦的故事》获得经典中国国际出版工程资助（中宣部的翻译资助项目）。2021年，丛书入选2021全国家庭亲子阅读红色经典书目，入选中国出版传媒商报2021年最具潜力的50种童书，"中国科学家的故事——数字项目（共80集）"入选国家新闻出版署组织开展的2021年出版融合发展工程"数字出版精品遴选推荐计划"，入选2021献礼建党100周年——"后来居上"中国原创绘本展参展书目，入选2021中国绘本红色主题展参展书目。2022年，丛书入选"2022年向全国青少年推荐百种优秀出版物"名单，数字项目《中国科学家的故事》入选"2022年向全国青少年推荐百种优秀出版物"。

丛书第一辑发行近百万册，已向黎巴嫩输出版权。根据《出版商务周报》2022年上半年数据，丛书第二辑在2022年上半年销量近25万册，销售码洋近1200万元。在出版传播价值上真正达到"双效"俱佳。

三、编辑策划

（一）策划缘起

新中国成立70周年之际，国家授予袁隆平、屠呦呦等科学家"共和国勋章"。"共和国勋章"体现了国家最高荣誉，勋章获得者是当之无愧的民族脊梁。以绘本形式讲述勋章获得者以及其他科学家们的故事，紧扣时代脉搏、弘扬时代主旋律，是青少年主题出版的好选题。策划这样一套丛书，能够帮助青少年从小树立爱国情，在他们幼小的心灵埋下科学的种子。

（二）如何策划

为了策划好这套丛书，编辑团队进行了广泛的市场调研。目前市面上虽已有部分优秀人物绘本出现，但现有的优秀绘本多是引进版的科学家传记。正因如此，编辑团队坚定要用"人无我有，人有我优"的决心，做出一套中国原创的科学家绘本。

丛书的面貌在市场调查的基础上，由模糊逐步变得清晰起来。编辑团队经过多次磨合，确定了"严谨的学者团队＋新锐的绘师团队＋权威的审稿团队"的编创模式，主创团队从科学家的知名度和经历的故事性两个角度出发，使入选的科学家尽量分散在不同学科，从而让更多的人了解那些默默付出、在各自学科领域做出杰出贡献、为祖国发展鞠躬尽瘁、为世界文明贡献中国智慧的科学家。

（三）作者挑选

在作者的选择上，编辑团队从以下两个标准入手：第一，要熟悉少儿作品的表达方式；第二，需要具有扎实的科学素养。丛书主编之一为"采集工程"首席专家、中国科学院大学人文学院教授张藜，他从事中国近现代科技史、科技人物研究已近30年，是我国著名的科学史家。另一位主编是中国科协创新战略研究院院长、科普作家任福君。其余作者均为"采集工程"团队研究人员或儿童文学作家。

在作者们撰写文稿时，编辑也同步开展寻找绘者的工作，先后筛选了25位绘者试稿，又在试稿中确立了8位各有特色、档期刚好合适的绘者。最终选定的绘者均为国内新锐插画家，绘本创作经验丰富。

此外，编辑还约请了韩启德、刘嘉麒和周忠和3位中国科学院院士，以及绘本研究专家王志庚、科学家家属等担任顾问，确保绘本内容的质量。王志庚还为编辑团队联系著名阅读推广人孙慧阳、著名绘本作家九儿、资深编辑季晟康、中国传媒大学付龙副教授等，从绘本研究者、推广人、创作者、编者等多个角度对稿件进行讨论，汲取各方专家的意见，及时调整修改。

（四）体裁选择

此套丛书读者群面向少年儿童，因少儿读者理解能力有限，绘本这一体裁形式是较好的选择。首先，作为科学文化的主要创造者和实践者，科学家的故事本身就足够生动，也足够有感染力，尤其是老一辈科学家的故事。其次，图画书是儿童易于接受的图书体裁，也是孩子学习语言、行为养成、道德规范很好的工具，适宜亲子共读。相比虚构类绘本，传记绘本虽然是绘本中比较小众的一个类别，但它建立在真实人物的基础上，更有说服力。传记绘本是帮助低龄儿童树立榜样的最佳读物。

四、案例分析

（一）打造优质内容，力求"双效"俱佳

绘本的图文艺术是决定绘本质量的关键。故事语言采用大量的短句，符合少儿阅读习惯。叙事方法多种多样，大部分是从科学家幼年讲起，拉近与小读者的距离。简单明了的文字直抒胸臆，凝练结短小的故事引人入胜。

丛书绘画由新锐青年插画师团队负责绘制，面对严肃主题，绘画者在颜色和手法上展示了丰富的想象力，蒙太奇和大跨页的设计富有现代感，给予小读者很大的想象空间。在绘本创作上，既关注了画面整体的审美意境，也注重细节上的真实可信，真正做到了艺术性和专业性的平衡，将科学家的故事用细腻精致的图画场景呈现出来。

为了真实描绘科学家故事，该套丛书所有的科学知识都经过严格审查。创作团队的文字作者以学者居多，所有稿件均经过多次修改，有的甚至推翻重来。最终每一幅图画都完美呈现了文字部分最精华的内容，文字风格如同和孩子对话，真正做到让科学家的精神外化于行，内植于心。

作为国内首套权威、成体系的原创中国科学家绘本，这套丛书文字内容专业权威，绘画生动有趣。丛书有效融合了传记和图画、故事和科学等多重要素，对于儿童读者来说，既是科学人物传记，又是细腻精致的绘本佳作。

（二）内容呈现独具匠心，打造中国特色绘本

绘本精挑细选的 24 位科学家，都是在关系国计民生领域作出过重要贡献的人物，他们所展现出的精神特质，也具有显著的中国科学文化特点。整套丛书在用中国语言讲中国故事和传播中国精神方面是一次成功的尝试，具有鲜明的中国风格和中国气派。

丛书正文添加了人物小传、词汇园地、音频读本等内容，颇具信息量。面对不同年龄段的孩子理解能力不同的问题，绘本做了很大的补充选择阅读。紧贴绘本之后是人物小传，对科学家的家族故事、求学教育经历、家国情怀等进行细节补充，让阅读理解能力较强的孩子可以更加深入地加深对科学家生平的认知理解。为了方便小读者更清楚地了解科学家的生平和成就，全书后记彩页附有科学家的年谱，以时间轴的方式介绍贯穿科学家一生重要的阶段性事件。丛书最后对文中专业词汇进行解释，可以为孩子提供额外的知识补充。书中还附有满足家长多媒体需求的音频故事。

作为一本面向儿童的科普绘本，编辑团队针对儿童，有效地处理好专业科学名词的解释任务，在整体故事结构和语言上尽量简洁。例如《中国的"居里夫人"》中讲述学生时代的何泽慧为何要学弹道学，文章采用了儿童比较能接

受的简单明了的语言："这个中国女孩，就是刚刚从清华大学毕业，前往德国申请学习弹道学的何泽慧。为什么要学习弹道学？为了打日本侵略者。"

（三）学术专业团队把关，编校权威可靠

"共和国脊梁"科学家绘本丛书是采集工程在公众宣传领域作出的一次全新尝试，成功地将学术成果转化为适合少儿读者的绘本作品。"采集工程于2010年正式启动，截至2021年9月累计开展了592位老科学家学术成长资料的采集工作，是目前国内规模最大、内容最丰富、类型最广泛的中国现当代科学家口述历史资料库，被誉为'共和国科技史的活档案'。这些具有珍贵史料价值的档案资料为宣传我国优秀科技人物提供了重要的原始素材。"[①]

从采集工程学术团队的科学史研究者中选择丛书文字作者，保证了丛书内容的可靠性。在创作过程中，作者团队与儿童文学作家、绘本研究专家、著名绘本作家进行了多次研讨，反复修改，才形成了最终的文字稿，使绘本文字具有较强的可读性。丛书各本的绘画风格整体统一，又各具特色。《折纸飞机的小男孩》充满童趣，把钱学森这样一位大科学家描绘得可爱可亲；《第191号的发现》以写实手法，描绘出屠呦呦带领团队提取青蒿素的过程，色调古朴；《植物的好朋友》用彩色铅笔细腻地呈现出了各种植物；《中国第一代航天人》在写实基础上充满了想象力，还在画面中隐藏了13颗星球；《揭开黄土的奥秘》开篇大气磅礴，将一位老人"嘘！"的动作融在黄土高原里，十分巧妙；《中国的"居里夫人"》结尾用不同时期何泽慧的形象来烘托，富有诗意……

在审查流程上，团队严格把关图书细节，除编辑团队和审稿专家等对书

---

① 宋微、陈萌萌：《"老科学家学术成长资料采集工程"原创科学家宣传产品一览》，《中国科学报》2021年11月4日，第8版。

稿反复斟酌外,还采纳了科学家家属等人的建议,绘本的科学性和真实性也得到了进一步提升。编辑部特邀请科学家的家属及秘书们,严格地为内容的真实性把关,确保内容权威,不夸大、不偏离事实。梁思礼的秘书杨利伟、吴征镒的秘书吕春朝、梁思礼之女梁红、刘东生之女刘丽均为相关绘本提供了修改意见。《为大自然写日记》的审稿专家李玉海先生是竺可桢的秘书,他在审读稿上写下了密密麻麻的修改意见,对绘本起到了有益帮助;吕春朝研究员是吴征镒院士的学术秘书,他给《植物的好朋友》一书写下了长达 5000字的审稿意见和修改意见。

(四)做好媒介融合,探索新媒体有效形式

1.数字项目

出版团队以"共和国脊梁"科学家绘本丛书为蓝本,开发了"中国科学家的故事——数字项目"。该项目是由丛书改编并拓展延伸而成的音频故事系列专辑。这一精品数字内容,由资深数字产品制作人常常姐姐统筹策划,资深编辑王冠中等老师进行编校,资深电台主持人达叔、传艺、于浩、小 M、董乐阿姨等专业播讲,和阅读推广人常常姐姐共同倾情朗读,专业后期制作团队剪辑完成,较好地呈现了音频的故事性、趣味性、科普性。

这一音频故事系列专辑曾在自有平台小鹅通,喜马拉雅 FM、口袋故事等30 余个合作平台上线。截至 2022 年 6 月,项目音频专辑第一辑和第二辑全网累计播放量达 1.15 亿次,其中喜马拉雅 APP 上播放量近 30 万次。

2.有声书

2022 年"共和国脊梁"科学家绘本丛书开发了有声书项目。丛书有声书是北京市广播电视局与北京市科学技术协会在"新视听 + 首都科普"合作框架下联合策划,整合北京"市区联动"新视听优质资源,共同推出的为党的

二十大献礼的作品。该项目由北京市科学技术协会、北京市广播电视局指导，北京市广播影视协会与"学习强国"学习平台联合出品。

此项目邀请24位优秀播音员主持人参加有声书的录制工作，主持人来自"学习强国"学习平台、北京广播电视台和北京市区级融媒体中心。录制工作组在精心策划制作的过程中，还先后邀请科技部老领导给创作人员做专题讲座，讲述科学家精神的深刻含义和重要意义，邀请系列丛书主编介绍编辑过程和出版意义，邀请著名演播艺术家进行语言表达专业辅导。

3.数字博物馆

"共和国脊梁"科学家绘本丛书每一种书上都附有音频读本、数字中国科学家博物馆视听二维码。每位小读者可以通过扫描二维码收听随书附赠的音频故事，还可以点击进入数字中国科学家博物馆。小读者可以进一步了解科学家的风采，浏览专题报道等。

（五）面向市场发售，注重营销推广

丛书秉承科普绘本的定位，邀请了丛书顾问、著名科普作家兼制作人赵致真为本套丛书撰写导读。此外，在宣传上，该套丛书获得了中国科学院院士韩启德、刘嘉麒、周忠和及绘本研究专家王志庚的推荐。

在营销要点的选择上，编辑团队抓住内容权威、儿童视角、绘图精美的主要特点，在各售卖渠道的主图选择上，突出了"耗时两年，匠心打造""专业学术团队、新锐绘画团队""中国科学院院士、科学家家属及秘书、科学史研究者、绘本研究专家共同把关"作为主要的宣传语。在产品介绍上，做好了丛书的分册内容展示、大咖推荐、内文页面展示，突出整套丛书的精美度与专业度。

在销售渠道的选择上，该套丛书在当当、京东、淘宝天猫、拼多多等多

个线上购物平台上架，同步在抖音、快手等平台上架售卖。在线下，丛书不仅在多家书店售卖，同时参与各种图书博览会、图书发布会和读书会。在各种渠道既有单册售卖，也可以打包成册购买，充分满足消费者需求。

在宣传渠道上，丛书依靠北京出版集团、京版若晴等自有新媒体矩阵在微信、抖音、小红书、快手、视频号等平台进行宣传，同时策划读书会等活动，相关信息借自有平台发布。主流媒体陆续刊发科技界、童书界知名专家学者的书评文章，如《人民日报》（海外版）、《光明日报》、《中国新闻出版广电报》、光明网、学习强国APP等。多家新媒体平台如喜马拉雅APP、爱奇艺等免费开放绘本相关音频、视频等资源。

五、案例启示

（一）拥抱新媒体技术，积极寻求新兴平台合作

在互联网背景下，出版行业的传播渠道越发丰富，少儿主题出版物可以利用新媒体表达形式，吸引更多小读者阅读，达到更好的传播效果。在数字时代，出版社可以与新兴媒体平台合作，联合出品有声读物，实现优势互补。

传播渠道的增多也拓展了市场推广的边界，图书营销也要重视新兴平台的资源开发与利用，统筹新媒体宣传线上线下渠道，以达到良好宣传效果。第一，出版社需要搭建好自有宣传渠道和媒体矩阵。第二，出版社应当平衡口碑与销量，尝试与绘本类、儿童类自媒体博主、相关主流媒体等进行荐书合作，同时瞄准直播带货，适时拓宽销售渠道。少儿主题出版既要做好宣传推广的"熟知"，也要注重图书直播带货的"销售"，二者均衡才能保证图书叫好又卖座。本套丛书在北京出版集团及京版若晴两个官方微信公众号进行日常宣传，在喜马拉雅、爱奇艺等平台上架有声书。此外，这套丛书在线下还参与"北京十月文学月"等多个图书会，线上则借助东方甄选图书号直播带货。

（二）大力培育出版人才，适应市场新变化

在媒介化社会的进程下，出版社应转变思路及时跟上时代，培育适应时代潮流的出版人才。市场的快速变化对编辑提出了更大的考验。敏感的市场嗅觉、大胆的创意灵感、快速的执行力是摆在每位编辑面前的新标准。正因如此，我们需要将编辑当作所负责书籍的产品经理。结合当下背景，编辑需要训练自己捕捉市场空白点或新兴方向的能力，结合读者的需求选取合适的作者团队，并配合线下多渠道推广工作。例如这套丛书的策划团队注意到科学家绘本这一仍有空白的细分市场，在调研国内外多个绘本的基础上规划图书内容，最终实现图书"双效"俱佳。

出版社应当制定出有效的人才培养制度与体系，注重出版人才的技术培养、思想意识培训，使编辑具备全方位专业素养，更好地应对数字化时代的发展需求。除了注重现有人才的培养，出版社还需要注重专业性营销等人才的引进，积极应对图书市场的新变化。

少儿主题出版图书不仅肩负着经济效益，更肩负着一种社会责任，引导儿童的健康成长。因此，出版单位应严格把控图书内容，拒绝无营养、低质量的书籍，要追求高质量的少儿主题出版物，并在这个过程中放大图书本身的特色，拒绝同质化产品，不断优化选题。

（三）重视内容设计质量，明确图书市场定位

弘扬时代主旋律、传播主流文化、培育核心价值观是少儿主题出版承担的重要使命。面对心智尚未成熟的少儿群体，内容设计上不仅要关注儿童喜欢看什么，更应关注儿童需要看什么。少儿主题读物应从儿童各成长阶段的特性出发，设计不同的内容激发儿童的好奇心、求知欲。此外，少儿主题出

版应注意将较为严肃的内容用少儿能够理解的叙述方式呈现，帮助儿童在阅读过程中汲取知识的同时更收获愉悦感。一本好的少儿出版读物可以引导儿童健康成长，加强儿童与社会之间的联系。"共和国脊梁"科学家绘本丛书采用了"正文＋人物小传＋年谱＋词汇园地＋导读手册＋音频故事＋中国科学家博物馆资料库"模式的板块设计。此设计不但打消了儿童读者在阅读上的畏难情绪，而且从价值层面提升了丛书的附加值，让小读者尤其是家长们深感物超所值。

（四）接轨儿童教育新变化，主动引导儿童成长

随着"双减"政策落地，家长与少儿均需要适应教育模式的新变化。读好书不仅能够有效充实少儿的课余时间，更可以拓展少儿视野，增进少儿的文化感知能力。出版单位和编辑团队应当瞄准青少年儿童的教育变革，调整供给方向，推出适应青少年儿童教育需求的出版读物。该套绘本用简单易懂的语言、准确无误的知识，配以精美生动的插画，帮助家长引导孩子成为"大写"的人。

少儿主题出版读物的受众是低年龄段群体，出版单位和编辑团队需要承担起相应的责任与使命，秉承立德树人的理念，为家庭教育输出更多优质内容，培养孩子的综合素质，以"德、智、体、美、劳"引导孩子全面发展，成为更健全的人。优秀的少儿主题出版读物还应当满足优质、原创等特点，满足中国青少年儿童的成长需求，传播中华优秀文化，彰显中国精神。这套丛书以独特的中国风格展示了科学家的魅力，为青少年读者提供精神食粮，提升其对于社会价值观的认同，为青少年儿童文化涵育提供了抓手。

（高瑞云）

"这里是中国"系列

一、图书简介

"这里是中国"系列是一套全视野的中国地理科普图书，由星球学院和中国青藏高原研究所联手打造，由中信出版社出版。全书按照中国地势三级阶梯划分原则，选取 16 座代表城市共 18 个独特话题，收录 191 位专业摄影师的 365 张高清摄影作品，以恢弘的时间尺度和极致的地理视角展示中国的自然风光与人文风俗，帮助读者更加全面深入地了解中国的山河之美与历史底蕴。

《这里是中国》第一部于 2019 年 9 月出版。2021 年 7 月，《这里是中国2》问世。此书沿袭"这里是中国"系列图书的立意风格，通过连接、重组、家园、梦想四大板块，讲述了"百年重塑山河，建设改变中国"的伟大成就，是一部献礼建党百年的主题出版物。此外，《这里是中国》《这里是中国2》还配有繁体版本，由香港三联书店出版，在港澳台地区发行。

二、市场影响

图书是一种特殊的商品，它既有商品的属性，也有文化的属性。因此，在探讨畅销书的影响力时，应从社会和经济的双重效益出发予以评价。销量是最直观、最表象的衡量指标。《这里是中国》第一部上市时恰逢新中国 70 华诞之际，面世 20 天销量便突破 10 万册，成为当年国庆期间图书市场的一大亮点。①据开卷监测数据，此书在上市当月即进入零售渠道非虚构类新书排行榜单，列第 1 位。上市第三个月，便进入当年开卷 11 月零售渠道非虚构类畅销书排行榜单，列第 25 位，此后更是连续上榜三次，达成的最好名次为第 15 名。据京东图书和艾瑞联合发布的《2019 图书市场报告》，《这里是中国》位列 2019 年纸书畅销新书榜第 3 名，而且进入纸书畅销总榜前 15 名。《这里是中国 2》延续了之前的畅销趋势，上市一个多月便发行近 30 万册，进入开卷当年 8 月零售渠道非虚构类畅销书排行榜单，列第 24 位，同时也带动了《这里是中国》的销量，促使《这里是中国》成功返榜至第 30 位。同一时期，《这里是中国 2》和《这里是中国》分别登上 2021 年 9 月实体店渠道非虚构类畅销书排行榜的第 15、16 位，在实体店渠道的销售表现更为亮眼。②据《中国新闻出版广电报》2021 年度优秀畅销书排行榜，《这里是中国 2》名列 2021 年度优秀畅销书第 8 位。截至 2022 年 10 月，"这里是中国"系列图书累计发行近 170 万册。

《这里是中国》一经出版，便受到了各大媒体的极大关注，新华社、《中国日报》、《环球人物》、《新周刊》、《北京晚报》、《新民周刊》等传统媒体和人民日报官方微博、人民网官方微信和微博、学习强国、十点读书会、一条、谁最中国等新媒体均发文报道。《这里是中国》还获得业内人士的高度认可，面市以来获得多项奖项和荣誉。2019 年 11 月，该书入围阅读之城 2019 年"请读书目"（特别推荐）；2019 年 12 月，入选 2019 年度"机关企业科学普及书单"（机关书单、企业书单）；2019 年 12 月，荣登豆瓣 2019 年度读书榜

---

① 王坤宁：《〈这里是中国〉走红了！——定价 168 元，上市 20 天全国销量破 10 万册》，《中国新闻出版广电报》2019 年 10 月 17 日第 1 版。

② 北京开卷：《〈周生如故〉原著小说首次入榜，三大榜"开学季"特点明显 |9 月畅销书榜》，https://mp.weixin.qq.com/s/Z7d733Trf6_FbbUTGltHUw，2021–10–13。

单（科学·新知）；2020 年 1 月，上榜中信出版 2019 年度图书（主题出版）；2020 年 4 月，入选 2019 年度"中国好书"（科普生活类）；2020 年 4 月，上榜"中华优秀科普图书榜"2019 年度十大好书（成人原创）；2020 年 9 月，荣获第十五届文津图书奖（科普类）；2021 年 12 月，入选第二十届输出版、引进版优秀图书（输出版优秀图书 100 种）。据统计，《这里是中国》《这里是中国 2》两本书共获各大小奖项三十余个，多次登上"学习强国"主题书单，并成为江苏省新闻出版局、区委宣传部党员学习用书。

截至 2022 年 10 月 8 日，《这里是中国》在豆瓣的评分为 8.2 分，8231 人参与评分，9048 人标记"读过"；《这里是中国 2》评分为 8.1 分，1500 人参与评分，1575 人标记"读过"。《这里是中国》在微信读书的推荐值为 85.3%，1.4 万人参与评分，14.2 万人标记"读过"；《这里是中国 2》的推荐值为 83.5%，820 人参与评分，1.3 万人标记"读过"。

三、编辑策划

（一）强强联合，自媒体与出版方协同创作

近年来，许多自媒体纷纷开始了出版纸质书的探索和尝试，现成优质内容、自有渠道流量、忠实粉丝群体成为它们涉足图书出版领域的先天优势。"这里是中国"系列便是自媒体与出版方强强联手的一次成功典范。此书的内容原创者星球研究所，是一家成立于 2016 年的专业地理科普传播机构，其口号为"以地理的视角，专注于探索极致世界"。自创立以来，星球研究所凭借极致的视角、极致的审美和极致的表达，产出多篇微信公众号爆款文章，于 2018 年被中国科学技术协会和人民日报社评为"中国十大科普自媒体"。作为地理科普领域内的垂直自媒体，星球研究所拥有黏性强、活跃度高的粉丝及

用户群体，他们多次表达过希望将文章集结出书的心声。此书的出品方漫游者，是一支来自中信出版集团的出版团队，专注提供关于科普、人物、商业、职场的内容。基于对同类产品的充分调研，编辑团队认为当前市场上图文并茂，既有专业性又通俗易懂，既有可读性又有收藏价值的地理科普作品并不多见，因此萌生了策划相关图书的想法。"这里是中国"系列的出版，正是源于漫游者团队对星球研究所这一作者资源的发掘，对其生产内容资源的盘活，以及对于市场空白选题的敏锐捕捉。此外，为了保证内容的权威性和专业性，中国青藏高原研究会就书中地理知识的相关细节进行审核和把关。此书也是第二次青藏高原综合科学考察研究成果之一。

（二）内容为王，专注中国视角的科普作品

在《这里是中国》的封面上，可以看到一句比较特别的宣传语："你好，让我们重新发现中国之美。"从策划之初，主创团队便坚持"以中国的视角讲中国、用地理的方式看中国"的定位。此书的英文名 *HI I'M CHINA* 也和宣传语遥相呼应，体现出我们以开放、自信的心态向世界介绍美丽中国的愿景。尽管星球研究所的公众号文章已是历经百般打磨，但从公众号爆文到畅销图书的转化过程并不仅仅是简单搬运即可，无论是文字还是照片均经过了大量修改和优化。在章节排列上，《这里是中国》采取了"中国地势三级阶梯"的划分方式，不仅因为我国地势呈现西高东低、三级阶梯状分布的特征，更因为从第一级阶梯到第三级阶梯，从伟大的可可西里到美丽的烟雨江南，整体呈现出一种大自然风光的变化。在图片选用上，《这里是中国》经 1 : 500 的选图率，最终选用 365 张最具代表性的照片，这些照片来自全球 191 位顶级风光摄影师之手，希望在视觉享受中让读者领略祖国大好河山的风采。此外，主创团队还专门聘请专业人士绘制了 53 张专业地图，经国家测绘局审核通过。

《这里是中国 2》延续了"专注打造中国视角的地理科普作品"的理念，从 30 多篇优质文章中精选 18 篇，配图也更加专业化，整书的科普性大大增加。从《这里是中国》到《这里是中国 2》，主创团队一直秉承精益求精的工匠精神"做书"，也体现出他们渴望系统化创作"这里是中国"内容品牌的野心。

（三）重视细节，发挥书籍设计的美学价值

除核心内容外，书籍的装帧形式也考验着编辑队伍的功底。优秀的装帧设计不仅要与内容有更完美的结合，同时还要自成一种独特的风格，为书籍的畅销保驾护航。当《这里是中国》的书稿刚交到编辑手里的时候，仅仅是十万字的 Word 文档和成百上千张打包的高清图片，对于此类图文并茂的地图科普书而言，编校、设计、工艺等流程尤为重要，以确保成品书高质量地呈现在读者面前。为了更好地展示照片和地图，书的开本采用了大 16 开纸张和裸脊锁线装帧，实现了大幅图片的 180° 平摊翻阅，方便读者无障碍阅读。《这里是中国》的书封是一张中国地形图，封面采用浮雕起鼓工艺，根据海拔同比例制作了凹凸手感，书名采用浮雕烫金设计，与地形图的起伏形成了默契的呼应，给予读者真实的触感体验。为了达到最理想的效果，漫游者团队找了 3 家印厂制作模型，打样测试超过数十份，最终选择 290 克的纸品作为封面用纸。在文字编排和色彩应用方面，此书也做了大量创新，正文部分大胆突破单色，"吸取"了同页图片中的关键色作为文本颜色，纸张部分采用四色进口纸全彩印刷，自然图片和地图使用两种不同纸张进行完美还原。《这里是中国》还有长达 1.8 米的超长拉页，每一张都是纯手工一页一页粘上去，使读者看到最逼真、细致的场景。《这里是中国 2》封面的副标题"百年重塑山河"采用哑光烫黑工艺，表达了庄重郑重的意味，版式设计同样经过了审慎考量和细致打磨，针对此书的雄伟叙事风格，采用了具有简洁之美的独栏设计。

（四）别出心裁，用心打造多版本和衍生品

文创衍生品虽然不是书籍销售的主体部分，但它在激发消费者购买兴趣、塑造图书品牌形象方面功不可没。《这里是中国》的编辑团队漫游者围绕此书开发了丰富多元的周边产品，其中既包括常见的明信片、信封、海报、帆布袋，也包含更为独特的藏书票、首日封、邮票等。这些衍生品不仅做到了质量上乘、设计精美，更是凭独具匠心的创意为书籍本身"锦上添花"，二者结合实现了"1+1>2"的良好效果。中信出版社将系列图书搭配不同的文创衍生品来实现差异化销售，目前为止共推出十余种搭售方式，以匹配不同的读者群体、购买需求和使用场景。例如，2022年元旦期间，中信出版社重磅推出《这里是中国礼盒套装（共2册）》，内含《这里是中国》《这里是中国2》两本图书，以及一张精美海报"中国地貌鸟瞰图"和一个便携实用的"华夏盛世"帆布袋。为了烘托新年气氛，包装盒采用红色彩凝纸装裱，还配合了大面积烫金工艺。此外，为了提升此书的社会影响力，让更多的中国人认识中国、爱上中国，《这里是中国》《这里是中国2》还同步发售了繁体版本，由香港三联书店出版，在香港、澳门、台湾发行。繁体版的封面进行了重新设计，靛青底色暗金文字的样式更显书籍本身的厚重感和严肃感。

四、案例分析

一套成熟的图书营销计划应当具有准备充分、节奏可控、灵活机动、高效可行、目标明确等特质。如果说"这里是中国"系列图书的优质内容和用心策划为它的畅销奠定了坚实的基础，那么此书的营销运作则是为它的"出圈"再添了一把火。常规的图书营销手段包括采用全渠道的曝光打法、制作多形式的宣传物料、举办线上线下各类活动等，在此基础上，"这里是中国"

的营销模式真正做到了不拘一格、与时俱进。

（一）提前部署，把握时间点实现借势营销

善用时间节点进行营销可起到良好的效果。2019 年 9 月《这里是中国》上市，适逢新中国成立 70 周年；2021 年 7 月《这里是中国 2》上市，适逢中国共产党成立 100 周年。为了最大限度发挥特殊时间点出版的畅销潜能，营销团队在新书上市前期便进行了大量的准备工作：从媒体平台、选文角度到阅读量进行横向比较，对《给孩子讲中国地理》《环球国家地理百科全书》等 12 个品种的同类图书进行了市场调研；确立了 5 个媒体宣传切入点："爱国情怀向""地理科普向""秀丽山河向""互动问答向"及"青少年致用向"，以此框定出适合推广的媒体范围；"将媒体细分为 6 个方向，可深度合作媒体、社群分销媒体、头部流量媒体、深度专访媒体、传统媒体和新媒体，并对媒体宣发节奏进行可控排期"。[①]《这里是中国》上市后，为了让读者在十一期间看到这本书，发行团队在全国多地书店进行全面铺货，发货范围更是延伸至港澳台地区。2019 年，在各地区书店开设的"中华人民共和国成立 70 周年"主题出版专区中，也可以看到《这里是中国》作为重点陈列图书的身影，十一黄金周结束，此书已加印突破 20 万册。

（二）盘活资源，通过自有矩阵全平台传播

与一般图书不同，"这里是中国"系列图书的作者星球研究所是地理科普领域的自媒体机构，他们自身拥有覆盖微博、微信公众号、小红书、抖音、B站等在内的全媒体矩阵，各平台粉丝数从几十万至几百万不等。星球研究所多

---

① 陆璐洁：《出版物全媒体营销矩阵布局探析——以〈这里是中国〉为例》，《新营销》2019 年第 12 期。

年来积累的渠道资源和粉丝资源极大地助力了图书的口碑形成和销售转化。首先，星球研究所在公众号菜单处设置了购买渠道，便于读者跳转至"星球严选店"选购图书。其次，星球研究所在《这里是中国》《这里是中国2》上市时分别撰写官宣推文并于公众号头条推送，文中植入新书预售信息及购买链接。长期以来，星球研究所的各个平台坚持做好"这里是中国"系列图书推广常态化，将自身账号与图书系列深度绑定在一起，使"这里是中国"这一品牌深入人心。出品方漫游者所属的中信出版社作为图书出版领域的知名企业，其自媒体矩阵的力量同样不可小觑。在预售期和上市初期，中信出版社的微信公众号、微博、小红书、抖音、B站等账号均紧锣密鼓地宣传新书，第一时间将"这里是中国"系列图书的信息推广到读者群中。利用自有渠道的顶级流量，《这里是中国》一上市便迅速登上各大网站新书榜单，《这里是中国2》营销的曝光度甚至超越了《这里是中国》刚上市的阶段。

（三）发动读者，开展线上线下多元化活动

营销编辑的职责是洞悉读者需求，将书籍与庞大的读者群紧密联系起来。中信出版社线上线下齐发力，开展了内容丰富、形式多样的主题活动，充分聆听读者声音，激发读者购书热情。2019年国庆前夕，正是《这里是中国》上市初期，中信出版社发起"快来为我的家乡打call"主题活动，邀请网友定格家乡的美丽瞬间，星球研究所发起"这里是中国"话题抽奖活动，邀请网友发布视频或照片展现中国之美、讲述中国故事，吸引许多读者自发携书与极富符号意义的地标合影打卡。此外，出版社还在北京亦庄大足广场建起了高达3米的巨幅快闪书模，在全国中信书店设置《这里是中国》的宣传展板。同时，在上海、北京、成都三地策划了主题各有侧重的新书分享会活动，分别是"《这里是中国》诞生的背后故事""孩子为什么需要科普""从摄影大片认

识中国"。《这里是中国 2》上市后，出版社更是在成都、杭州、广州等多地开展了"有一天，我们要把中国看遍"全国巡回新书分享会，近距离为读者讲述专业地理科普人眼中的中国。

（四）突破圈层，有效利用短视频进行推广

近年来，短视频平台成为用户和流量的聚集地，出版业需要应势而为、顺势而动，探寻短视频营销的更多可能性。"这里是中国"系列图书便很好地搭上了短视频这趟"快车"，抖音成了营销团队重点关注和发力的主战场。2019 年十一期间，营销团队在抖音平台发起了"这里是中国"话题，寻求与抖音博主号开展分销合作，不仅为参与合作的达人提供样书和文案拍摄脚本，还提供视频制作费、高佣金和高赞赏金，吸引抖音博主主动参与活动，为用户群体分享和推荐新书。《这里是中国 2》对短视频的传播方式也非常看重，出品方漫游者联合中信财经事业部专门组织了一支短视频攻关队，从短视频卖点的提炼、抖音脚本的撰写、抖音敏感词的过滤，到抖音达人带货的寻找，一站式服务促成带货达人在短时间内实现规模化、集中式的推广。"在不断的摸索中，营销团队找到短视频平台最为有效的推广模式：'视频推广＋直播讲解＋随心推推流'三路合一的新格局。"[1] 不同于传统的名人名家推介方式，抖音上的荐书以博主个人的阅读体验为基准，且更具真实感和亲和力，因此容易引发用户共鸣。另外，抖音全域兴趣电商机制不断完备，生态逐渐成熟，不仅能够促使用户快速地完成购买，还能够帮助博主实现靠流量变现。

---

[1] 谭皖予、李晶：《是科普作品，也是主题出版，码洋超 2 亿的〈这里是中国〉靠什么火？》，https://mp.weixin.qq.com/s/HZ2Zq0vPm9m3UCxjHMxJ2A，2021–08–24。

（五）拓宽渠道，联合电商平台差异化铺货

图书营销渠道是图书顺利流通到读者手上的最后一个关键环节，主要分为线上和线下两种模式。即便同属线上渠道，也存在很大的差异，如京东、当当等综合性电商平台，文轩、博库及各省新华书店在线上的销售平台，以公众号、微店为代表的社群团购渠道，以及学习强国、咪咕、抖音、快手等其他渠道。《这里是中国》上市初期，中信出版社便与京东图书开展深度合作，将此书加入"超级新品计划"并对其进行重点推广。"超级新品计划"是京东图书针对新品业务打造的一项战略，于2019年推出。该计划把新品分成A、B、C三个等级，对新品进行分层运营。根据新品的自身属性，运用京东大数据和场景构建能力，提供一整套结合站内外资源、供应链能力等全方位的定制化方案，充分调动起京东图书和出版社的优势，进行流量、销售和市场影响力的共建，和合作伙伴一同不断探索出版的新营销思路和玩法。作为"超级新品计划"的A级产品，京东将包括图书首页轮转、顶通、渲染、京粉首页推荐、荐书联盟首页推广、高级广告语、热搜等几十项营销推广资源倾斜给这本书，作者和出版方也加入其中，深度参与了内容输出和卖点提炼等工作。在一段时间之后，这本科普书销量跃居京东图书总榜第一。

五、案例启示

（一）开拓思维，策划接地气的主题出版书

国家新闻出版署发布的《出版业"十四五"时期发展规划》中明确提出"要做强做优主题出版"，体现了党和政府对发展主题出版的高度重视。近年来，主题出版涉及的范围早已不再局限于政治领域，其类型和题材逐步多样

化，在学术社科、文学艺术、少儿科普、古籍历史等领域遍地开花，市场上出现了一大批内容优质的主题出版书。《这里是中国》重在展现中国的大好河山和瑰丽文化，《这里是中国2》重在解读中国的璀璨文明和高速发展，两本书分别选择在新中国成立70周年和建党100周年的重要节点出版，将科学与大众打通，将大国与小我联结，收获了来自社会和读者的肯定。出版方中信出版社及出品方漫游者不仅做到了发出中国声音、回应读者诉求，更是不断开拓思维，积极拓宽主题出版领域的内容外延，将"这里是中国"打造为清晰、成体系和可持续的产品线。当前，我国的主题出版物市场正处于高速发展阶段，出版机构应当摒弃"主题出版书仅是为了赶节点完成任务"的思想误区，打开思路、深挖选题、精心组织编写，努力打造一批双效统一、人民群众喜闻乐见的精神文化产品。

（二）融合创新，致力于编创和营销一体化

相较于社科、文学类等一般类图书，主题出版书是可以谋划的，这就对编辑的判断力、创新性等专业素质提出了更高的要求。《这里是中国》的问世，起源于出品方漫游者主动向星球研究所抛出了橄榄枝，在经过了长达一年多的沟通后，星球研究所终于答应了出版的请求。此书的畅销也证明了此次合作是出版机构联合自媒体出书的一次成功尝试，双方在现有资源的基础上充分发挥各自特长，出版方提供出书和成书的手段，优质内容由自媒体负责制作。因此，编辑在策划主题出版物时，需要对时代需求和社会动态保持高度敏感，还要对优质自媒体等不同创作主体有充分的了解。自媒体与书籍的载体和表现形式有所差异，出品方漫游者为了能让星球研究所的公众号文章在图书上有更好的呈现效果，在筛选、梳理、修改、编写、集结成稿等流程上颇费了一番功夫，这对编辑的专业能力而言是个很大的考验。此外，营

销团队需要做到全程营销，提升营销的精准度和书籍的生命力。

（三）重视市场，打开图书行业营销思路

出版业一定要跟上时代的步伐，面向市场，主题出版书也不例外。在坚持把握正确导向的前提下，主题出版也需要强调经济效益，重视市场渠道，这样才能唤起读者的兴趣，取得良好的宣传效果。在新媒体时代，培育先进的营销理念、制定合理的营销策略有助于推动主题出版书的市场化程度。"这里是中国"系列图书的营销模式对其他同类图书的宣传发行有着一定的借鉴意义。《这里是中国》的上市时间为 2019 年 9 月 19 日，而最早一版营销计划的制订时间则提前了两个月，此后一共更新了 5 轮营销方案。在常规营销方式的基础之上，还不断开拓新思路，挑战新方法，巧用重大时间节点借势营销，精心制作物料进行内容营销，盘活自有矩阵资源实现全平台营销，尝试短视频形式寻求快速破圈，与有流量的大 V 博主开展合作，在不同媒体渠道打造差异化营销……多项营销举措的叠加效应最终促使"这里是中国"系列图书一上市便以强势的销量表现荣登多项畅销榜单，至今仍呈现出旺盛的销售生命力。

（董慧）

《我心归处是敦煌》

一、图书简介

　　《我心归处是敦煌》是 2019 年 10 月译林出版社出版的一部"敦煌的女儿"樊锦诗的自述传记,主要叙述了樊锦诗在北京大学求学、在敦煌实习以及留在敦煌五十余年如一日坚持敦煌文化研究和考古发掘的经历。此书的作者顾春芳不仅将笔触切入樊锦诗坚守大漠、守护敦煌的个人生平,更聚焦于一代又一代敦煌人的奉献精神和敦煌瑰丽宏伟的文化艺术,向世界展现了中国传统艺术之美的动人故事,让广大民众得以关注到文化遗产保护这个迫在眉睫的话题。这本书既是一部樊锦诗个人的奋斗史,也是一部敦煌研究院的发展史,是代代敦煌人守护莫高窟的见证,是中国发展历程中众多砥砺前行、艰苦奋斗故事的缩影。

二、市场影响

　　《我心归处是敦煌》自 2019 年出版后,累计获得多项奖项:2019 年度中国好书、中宣部 2019 年主题出版重点出版物、2019 年度中国版协 30 本好书、《中华读书报》2019 年度十大好书、2019 年度全国文化遗产十佳图书等。2020 年又登上了《人民日报》评选的"2020 新年书单",再次引起社会各界的广泛关注与热议。书中的主角樊锦诗也获得了许多荣誉,曾获评"2019 感动中国人物",并获得了由国家主席习近平签署主席令授予的"文物保护杰出贡献者"国家荣誉称号，荣获"最美奋斗者"称号。此书的青少年版同样获得了优秀的口碑，并且入选教育部首次发布的《教育部基础教育课程教材发展中心中小学生阅读指导目录（2020 年版）》，成为成年人和青少年共同喜爱的书目之一。

三、编辑策划

一本好书的前期策划需要编辑团队群策群力，挖掘优秀的图书主题并邀约合适的作者。此书从诞生到最终成书出版，是天时地利人和的意外之喜。

（一）因敦煌结缘——创作由来

樊锦诗在书中的自序中写道，在自己从事敦煌文保事业的近 60 年中，不少记者和出版社建议自己写一部回忆录，或者出一本口述史讲述自己的人生经历。然而在过去的许多年里，樊锦诗都认为自己的经历乏善可陈，因此一一婉拒了媒体的邀约。近些年来，樊锦诗逐渐意识到自己在敦煌研究中承担的重要角色，认识到自己作为莫高窟剧变和敦煌研究院事业日新月异的亲历者、参与者和见证者，为敦煌研究院的发展留史、续史已经是她不能推卸的责任，因而逐渐产生了记录自己生平的念头。

是缘分亦是天意。2014 年，北京大学的学术团队来莫高窟考察，此书的作者顾春芳因此和樊锦诗结识，并结下了深厚的友谊，这本自述史的策划和书写便由此开端。而在后续的四年时间里，作者与樊锦诗不断进行电话沟通和书信、线下交流，一同校对稿件，最终完成了这个守护敦煌的故事。

（二）时代的选择——为何策划

2019 年恰逢中华人民共和国成立 70 周年，选择与国家发展有关的主题进行策划是当年出版的关键点之一。樊锦诗的个人经历照映着敦煌研究院的发展史，是守望莫高窟的一份历史见证。她个人的命运和时代的背景紧密交织、不可分割，一代代莫高窟人在大漠戈壁的艰苦条件下筚路蓝缕，保护、研究和弘扬敦煌文化的事业也与新中国 70 年来风雨兼程的发展相呼应。文物守护人的代代坚持与革命先烈的奋勇前行一脉相承，选择这本书为国庆献礼恰到好处。

随着大力弘扬优秀传统文化的号召，文化遗产保护宣传日益兴起，民众对中国文化遗产的关注也日益提升，文化类纪录片和节目等获得了空前热度。如央视在 2016 年出品的《我在故宫修文物》，该片首次将文物修复和保护技术呈现在观众面前，让人们认识了精美绝伦的文物藏品背后，一群群默默坚守的守护者。因此，为这些守护者修书立传已是大势所趋，而当时我国图书市场里正存在文化遗产保护的内容空白，此书便抓住了这一机遇，及时提供了相关的图书内容，以飨读者。

同时，译林出版社一直深耕名人传记领域，在该领域有着较为丰富的经验和积淀，在此之前也出版过与敦煌文化有关的相关书籍，选择此书进行策划出版延续了其一以贯之的发展策略。樊锦诗在此之前便具有较高的知名度，曾在 2018 年 12 月 18 日获得由党中央、国务院授予的"改革先锋"称号，被颁授改革先锋奖章并获评文物有效保护的探索者。作为文化遗产保护领域的"明星"，出版社选择樊锦诗进行合作也考虑了其可以带来的讨论热度，有助于将此书打造成经典的畅销好书。

（三）故事与知识相结合——如何策划

这本书创作之初，樊锦诗已近耄耋之年，对于将自己的生平和敦煌研究院的发展一一记录下来已然有心无力，口述史便成了最为合适的体裁形式。

作者顾春芳曾多次与樊锦诗进行深入交流和访谈，并细心钻研敦煌学的论著和文集，力图将敦煌研究的相关知识与樊锦诗的亲身经历相结合。

作者对樊锦诗的自述材料精心做了分门别类的整理，单辟出章节，对材料中有关敦煌的专业性知识（如敦煌的艺术、相关研究及保护等）和敦煌历史（包括敦煌研究所的发展沿革等）等相关信息做了清晰而翔实的整合。这样的叙述格局使得读者更加容易感受樊锦诗与敦煌的羁绊，在渺小个体与千年敦煌历史的对比中，深切感悟到樊锦诗将生命刻入敦煌的伟大。同时，由于敦煌文化和遗产保护知识的相对冷门，利用这样的叙述方式既能生动讲述个人生平，同时也能为读者提供翔实丰富的相关知识，将主角的个人发展和知识内容穿插叙述，为读者理解樊锦诗的毕生心血和奉献提供注解。

此外，译林出版社编辑团队在策划和组织方面也发挥了较大作用，专门邀请了相关专业专家团队参与图书内容的审核校订，在书籍装帧和设计方面也别出心裁，从敦煌文化这一主题出发精心设计成册。

四、案例分析

现象级好书的畅销，不仅需要精心打磨的内容，同时亦离不开对图书质量的多方打磨，对时事热点的精准把握和优秀的营销策略。

（一）多线并重，保证质量

内容是出版的核心，质量是出版的生命。内容上的精心雕琢，不仅能给书籍带来良好的经济效益与市场表现，更能收获社会效益，传播正确的价值观念。作为响应时代风帆、宣传先进事迹、讲好中国故事的主题出版类图书，更应该不断打磨其内容，保障学术权威性与表达生动性，做到思想深邃、知识翔实、表达准确。而这自然少不了编辑出版团队和作者的长期付出。

1. 专业团队支持，内容准确生动

首先是权威性的学术支撑。《我心归处是敦煌》内容的权威性、科学性不言自明。在写作中，作者认真学习了大量有关敦煌的书籍文献，收集了原始档案、报刊资料等大量一手资料，在扎实钻研文献的基础上做到了最大化还原历史的面貌，使叙述更为客观，描写细致而又真实动人。而在编辑阶段，译林出版团队在每个校次同时编出三份校样，由编校骨干小组轮番校稿。同时，樊锦诗还带领敦煌研究院的专家团队和顾春芳一起审稿，去粗取精，精校文字，再次审定和文博考古相关的知识性细节。作者的用心投入和多人多次的高质量校订使得此书在历史阐述和事件记录方面有着极高的准确性和权威性。

其次是图书内容的生动表达。由于题材和内容的限制，以往的主题出版总免不了高屋建瓴，给人以枯燥严肃、离现实生活相去甚远之感。而今，随着主题出版不断发展，高深长篇的理论读物正慢慢向具有通俗性和可读性的精品图书转变。此书的主要内容为樊锦诗的口述，大量的篇幅都以第一人称的叙述手法讲述了樊锦诗从小到大的求学经历、工作经历等，每章都由数个短篇文字组成，读起来毫不费劲，通顺流畅。第一人称的自述形式既使得文章可读性强，又较为容易理解，章节中穿插讲述敦煌研究和文化发展的内容也平易朴实，深入浅出，规避了生涩难懂的表达，使得此书的普适性较高，适合各年龄段的读者进行阅读。

2. 装帧设计精美，创造视觉的双重享受

打造一本好书同样也少不了编辑团队在装帧和插图方面的精心设计。在此书的策划出版阶段，出版团队对书中的每一个细节和要点反复斟酌，精心打磨。顾春芳专门邀请了敦煌的资深摄影师孙志军为樊锦诗拍摄了封面照，并邀请了她的书法导师、我国书法界泰斗沈鹏为书的内封书写标题。图书的腰封作为书籍封面的点睛之笔同样不可忽略。敦煌研究院院长赵声良亲自为书的腰封挑选了莫高窟第 103 窟壁画《化城喻品》，以清新淡雅的青绿色山水图体现樊锦诗清雅的气质，并与封面图相呼应。而在书的封底，出版团队精选了敦煌学大师史苇湘亲摹的莫高窟盛唐第 320 窟壁画"双飞天"之一，突出了书的主题内涵。哑光金的封底背景之上，该图案飘逸灵动，余韵袅袅，十分具有敦煌风情。书中附有樊锦诗和敦煌研究院提供的大量珍贵的历史照片和莫高窟美图，多幅彩插，尽显敦煌之美。在书籍的纸张选择和印刷上，出版团队精心选择了全球最大的《圣经》印刷基地爱德厂来承接印刷工作。出版科主任、设计师和编辑于现场反复校色，一遍遍调整方案，力图将令人满意的图书品相呈现给读者。

（二）紧跟时事热点，借势扩大宣传

主题出版物往往是服务国家大局、总结历史经验的优秀作品，其中相当一部分是时效性很强的图书，是围绕重大时间节点开发的，进入市场之后若想在一段时间内产生较大的影响力，就需要选择合适的宣传节点。

1. 关注时事，为国庆献礼

在策划出版阶段，时间节点的把握是宣传的重点和亮点之一。译林出版社紧跟国庆 70 周年庆典和樊锦诗获得个人荣誉的时间点，并结合网络热议话题进行了长周期的宣传营销，最终完成了一部双效合一的瞩目之作。

《我心归处是敦煌》于 2019 年 9 月下旬正式出版。抓住新中国成立 70 周年的宝贵机遇，将此书作为国庆献礼是出版团队的核心企划。在上市之初，出版社便积极开展了包括主流官方媒体和自媒体的多方面主题宣传，致力拓宽传播范围，从而获得了民众的普遍关注，图书收获了超出预期的市场表现和图书影响力。

2. 借势宣传，扩大图书的知名度

在此书出版前，译林出版社便在其官方微博转发了大量与樊锦诗有关的新闻内容，如《人民日报》2019 年 4 月刊发的樊锦诗撰写的文章、樊锦诗为北京大学新生撰写亲笔信等新闻，提前为新书的出版预热。2019 年 9 月 17 日樊锦诗荣获国家主席习近平签署主席令授予的"文物保护杰出贡献者"国家荣誉称号一事又给此书出版借来东风，让樊锦诗在当年 9 月成为网络热议话题。个人事迹不断在网络媒体和线下纸媒被报道，为之后此书的出版销售提供了很好的前期宣传铺垫。

在出版阶段，译林出版社与甘肃省委宣传部、北京大学联合主办了一场隆重的新书发布会，邀请了故宫博物院、国家文物局等重点研究单位的领导嘉宾，并请此书主角樊锦诗现场发言讲述出版自传的初衷，利用新书发布会这一活动引爆热点，开展图书的高密度宣传。随后，央视、央广、学习强国、人民网、《光明日报》等主流平台纷纷做了大版面、长篇幅的深度报道，地方性媒体也及时跟进，宣传报道全面开花。与此同时，译林出版团队还在微博、微信、新浪等网络媒体和平台同步发力，将图书和樊锦诗的有关话题深度捆绑，实现了完美的话题营销。

3. 长期营销，与热点话题强关联

一年期的长线宣传也是这本书可以获得经久不衰关注的原因。在新书出版数月之后，译林团队仍坚持不懈，周期性地对此书进行二次曝光，并与热点话题相勾连。

湖南留守女孩钟芳蓉毅然选择就读北京大学考古系的新闻曾在 2020 年 8 月引发网络热议，樊锦诗得知此事后决定和北京大学顾春芳一起，将《我心归处是敦煌》一书送与钟芳蓉，还写信鼓励她："不忘初心，坚守自己的理想，静下心来好好念书。"这一事件使得樊锦诗和她的自传再一次成为热点话

题，出版团队通过"樊锦诗送给'考古女孩'钟芳蓉的是一本啥样的书？"等话题进行了再一次的通稿宣传，同时在微博上也以书信口吻向钟同学表示问候和鼓励，引发民众好奇并关心樊锦诗自传中的内容，也想一探究竟，看看考古学到底有怎样的魅力能让无数人摒弃名利持续钻研。这样"巧蹭热点"的借势宣传也让这本书在出版近一年后的时间里再度重回公众视野，为更多人所知。

纵观此书的宣传路径和逻辑，其中巧思数不胜数。编辑团队以新书预热—重磅发布—高密度宣传营销—宣传"保温"为主要营销流程，将图书的知名度不断扩大，同时巧借重要时间节点和绑定热点话题又实现了一次次的"出圈"，达到了理想中的宣传效果。

（三）差异化营销，线下线上同步宣传

1. 面向不同的目标受众，采取不同的宣传营销方式

主题出版类书籍是面向全国各个阶层读者的综合性读物，因此针对不同目标受众进行有针对性的宣传营销才能覆盖到更多的读者群体，从而让图书获得更多关注。鉴于此书既是一本主题出版物，又是一本可读性极强的自传，因此针对不同的受众人群，出版团队确立了两种宣传路径："一，面向官方主流媒体积极弘扬正能量，宣传以樊锦诗为代表的莫高窟人甘于奉献、勇于担当的崇高品质；二，面向大众市场深挖人物本身的志业与爱情，宣扬光辉灿烂的敦煌文化。"[1]这种精心策划的宣传路径让此书在上市之初便获得了大众关注，不仅吸引了一批长期阅读学习主题出版书籍的机关单位工作人员和本身对敦煌文化或樊锦诗生平感兴趣的读者，同时也吸引了一些热衷于追逐热点

---

[1] 陈叶：《编辑手记：从主题出版到中国好书》，《中华读书报》2020年5月20日，第6版。

的网民，受众细分的宣传策略让此书获得了全方位的曝光，传播效果突出。

2. 主流平台和网络媒体齐发力，线上线下同步宣传

因图书主角的影响力和前期良好的宣传铺垫效果，此书在首发出版阶段便获得了各大主流媒体和网络平台的关注。《人民日报》《半岛都市报》等传统纸媒迅速发表相关的评论性文章对此书展开宣传，许多地市的图书馆也在各自的官方微博账号平台发表荐书微博，形成了密集造势的宣传矩阵。大版面、长篇幅的深度报道与真挚感性的网络书评不断涌现，主流平台和网络媒体的影响力相互促进，一举将此书送上了销量榜单前三名的宝座。而在此书广受好评后，央视等主流媒体平台纷纷邀请樊锦诗参与节目录制，《故事里的中国》《国家宝藏》《面对面》《读书》等节目中均能看到她的身影。该书出版后，央视对樊锦诗本人事迹的宣传也层出不穷，此类主流媒体的宣传曝光又让此书成为持续不断的讨论话题。

此外，线下的读者交流和图书推荐也让此书获得了更多的关注。在书籍出版数月之后，出版团队组织策划了多场不同城市的线下图书交流活动，并邀请此书的作者樊锦诗到现场与读者进行互动，亲自讲述自传的主要内容，收获了相当的热度，进一步为图书的畅销推波助澜。

（四）最大化发挥图书价值，促进媒介深度融合

1. 媒介深度融合，影音视听全面开花

在《我心归处是敦煌》出版数月之后，出版社便与有声书的主流平台喜马拉雅合作，打造了此书的有声书版本，将书中的故事内容以声音的形式进行宣传。

此外，这本书的主要内容更以表演形式登上舞台。舞台剧《敦煌女儿》将樊锦诗扎根甘肃大漠半个多世纪的精彩人生故事向观众娓娓道来，让樊锦

诗的形象与个人事迹在舞台上生动演绎。同时，樊锦诗的生平也以影视的形式在大荧幕上被呈现。2022 年 10 月，由上海沪剧院、敦煌研究院、上海广播电视台、上海新文化影业有限公司联合出品的沪剧电影《敦煌女儿》正式上映，该片以同名舞台剧为蓝本进行创作拍摄，是一部以樊锦诗为原型的沪剧实景电影，用沪剧独特的艺术形式呈现新时代"莫高精神"，动人的故事与经典的唱腔相结合，在新的时代让优秀传统文化焕发新的生机。这些视听结合的媒介渠道让书中的文字内容有了更为直观的表达，进一步提升了樊锦诗本人的影响力与此书的知名度。

2. 针对青少年群体，出版易读的图书版本

图书自上市以来便获得了不同年龄阶层读者的阅读兴趣，而对于阅历知识较不丰富的儿童而言，阅读此书或许是个不小的挑战。在关注到此书对于青少年深远的启发意义和教育意义后，2021 年 1 月，译林出版社便以青少年为目标受众，将此书进行重新编辑和策划，出版了《我心归处是敦煌：樊锦诗自述（青少版）》，并编入出版社的"小译林中小学阅读丛书"栏目。该栏目是译林出版社专为中小学生量身打造的阅读书单，核心选择了名家、名作、名译，力图让学生"读好书，读懂此书"。栏目中收录的图书都具有高附加值，既实用又有趣，可以帮助青少年在补充课余知识的同时培养良好人格。

该书的青少版在原书的基础上对文章内容进行了重新编排，其封面设计和内页插图等也予以适当更换，以迎合青少年读者的喜好。此书是"敦煌的女儿"樊锦诗特别送给青少年的励志之书，主要讲述其守一不移的传奇人生、精美绝伦的敦煌艺术和感人肺腑的莫高精神。同时，它也可作为参观莫高窟的导览手册，内含敦煌研究院丰富的石窟艺术彩色插图，图文并茂，悦目怡情。此外，书中还特别收录了樊锦诗写给北京大学新生的亲笔信，情真意切，可以启迪小读者心灵，具有极高的教育意义和社会价值。

（五）话题营销，抓住图书宣传重心

1.“标签化”的宣传策略

新闻报道标签化，是指在新闻报道过程中，媒体将报道对象的属性以"概念化"的报道方式加以定性，并以简明扼要的文字表述，从而对某一类报道对象或事件形成固定的称谓。这种命题方式充分发挥了注意力经济的作用，有利于让新闻迅速抓住读者眼球，获得更多的关注，但也因其往往低俗化、浅表化的表达饱受诟病。而在图书的宣传策略中，"标签化"式的营销则产生了十分正面的效果，并形成了宣传文案的统一语言。

鉴于在图书出版前书中主人公的高知名度和强大的社会影响力，出版团队便在一开始采取了"标签化"的宣传策略，将图书与樊锦诗深度捆绑。樊锦诗作为敦煌研究院名誉院长，在敦煌开展相关研究数十年，对于敦煌研究如数家珍，因此在此前的媒体报道中便被冠以了"敦煌的女儿"或"敦煌女儿"的称号。在最初的宣传营销中，出版团队便以这个标签为抓人眼球的关键词，在网络上开展了宣传攻势，获得了网友的好奇和后续关注。

2.经典名句的反复宣传

在广告宣传中，有一类广告经常因其简短重复的广告词而受到大家关注，这一类宣传话语往往会深入人心，带来不可磨灭的经年记忆。从心理学的角度分析，这种广告宣传的方式充分利用了记忆的四个基本过程：识记、保持、再认和再现，因此无论是外在的形式重复，还是内在的内容重复都可以产生受众的长期牢记，这种统一宣传的技巧在此书的宣传营销中也被广泛运用。

除了标签与人物的捆绑之外，书中樊锦诗所述的一些经典语句也常被用来作为宣传的重点，并被不断提及。"此生命定，我就是敦煌的守护人""遇上了老彭，是我一生的幸运""我要为敦煌留史"等名言常常与图书推荐的文章

挂钩，宣传中利用了引人注目的人物语言吸引民众关注，以引发其兴趣和好奇心，从而达到推介图书进而获得双效益的最终目标。

五、案例启示

（一）抓住宣传机遇，深挖出版资源

主题出版类图书与国家发展、社会时事深度关联，需要紧扣时代脉搏做好主题出版，兼顾选题的重大性、独特性和时效性，获得最佳的出版效益。同时，一本好书的策划和出版与事件的走红"出圈"一样，需要群策群力，深挖出版资源。

在《我心归处是敦煌》出版前，译林出版社敏锐地嗅到了出版行业中的内容空缺，及时联系到了正有出版意图的樊锦诗，从而达成了双方未来的后续合作。而对于图书出版的日期规划，出版社抓住了新中国成立70周年这一难得机遇，实现了宣传的及时性，促使樊锦诗本人和此书的相关话题在网络平台迅速升温。随后，长达一年周期的图书宣传也不断紧跟樊锦诗获得个人荣誉或者登上央视舞台、参与拍摄纪录片等重要时刻，将图书主角和此书高度关联，从而实现了持续性的图书曝光。

丰富的出版资源也让《我心归处是敦煌》一书获得了行业助力和各领域专家的支持。此书在策划之初便由译林出版社的出版中心主管负责编辑，在图书出版过程中，图书作者和书中主角都通过自己的人脉资源为此书的艺术设计和内页插图等锦上添花，来自敦煌研究院的专家团队也为此书的内容细节一一把关。从一流的作者到一流的行业专家支持，再到一流资深的编辑出版团队，此书处处流露出精益求精的做书态度。

（二）拥抱互联网时代，坚持媒体融合的宣传路径

出版的实质就在于把优秀的思想精神广泛传播，因此融合出版是现代出版的题中应有之义，只有通过媒体融合的方式才能实现宣传效益的最大化。如今的书籍或许更像是一种产品，需要编辑团队的包装、打造和宣传促进其传播。当下的主题出版物应全方位优化读者的阅读体验，注重产品的艺术设计和呈现方式的多元化。如利用视听技术构造图书的多样化展示阅读平台，让图书可读、可听、可看，甚至可互动，尽力打造图书的IP宇宙。《我心归处是敦煌》上市不久，喜马拉雅听书平台便与译林出版社展开合作，共同打造了此书的有声书形式，给予受众别样的阅读体验。

媒体融合除了拓展图书的表现形式，还需要综合利用不同的媒介平台，形成密集造势的宣传矩阵。《我心归处是敦煌》一书在上市之初便饱受关注，获得了来自报纸、电视台、网络媒体等大众传媒的报道，优质的内容，加上平台的发力一举将此书打造成了颇具话题性和影响力的年度好书。面对不同的媒介，出版团队的宣传策略也有所区别。在报纸等传统的纸媒上，关于图书的报道多以长篇幅、大版面的深度报道为主，而在微博、微信等网络媒体平台，则以达人推荐的书评、短小精悍的宣传文案为重点，迎合网络用户快餐式、碎片化阅读习惯的特点，最大限度地发挥信息的传播效果。这种差异化的宣发手段一直贯彻图书宣传始终，由此可见，未来主题出版应有的营销方法或许是对于受众画像的精准描摹和线上线下同频共振的融合宣传。

（梁佳心）

《为什么是中国》

一、图书简介

　　《为什么是中国》是由国防大学战略教研部教授、少将金一南主笔创作的通俗理论型主题出版类图书，于 2020 年 6 月由联合读创出品，北京联合出版公司出版。

　　《为什么是中国》主要通过细致的文字资料、通俗的语言风格，以宏观的历史视角，跨越百余年变迁，将中国近代的屈辱与抵抗、革命、建设和改革的历史主题娓娓道来。从 1840 年清王朝丧权辱国的开端，到 2049 年中华人民共和国成立百年，从列强环伺、内忧外患的历史语境，到和平发展、民族复兴的中国道路，作者通过波澜壮阔的革命进程和中国共产党的不断成长，向我们揭示了近代中国变革的根本原因和底层逻辑；通过政治经济与国际局势角度，对当下中美贸易战、西方对华策略等做出细致解读。

　　"为什么是中国"既是书名，也是作者向当今世界发出的灵魂拷问，更是作者对"历史如何选择当今中国""人民如何选择当今中国"做出的肯定回答。透过一系列事实案例分析，读者得以更清楚地了解历史背后的原因与脉络，厘清未来历史的发展道路，理性瞻望世界格局走向，在阅读中了解中国道路、获得精神力量，也切实感受到中国在发展中不断摸索形成的"道路自信、理论自信、制度自信和文化自信"。

二、市场影响

2019 年,《为什么是中国》获北京宣传文化引导基金支持,并先后入选 2020 年中宣部主题出版重点出版物、国家出版基金项目、2021 年丝路书香工程等。

在出版发行上,截至 2022 年 6 月,由北京联合出版公司策划出版的《为什么是中国》一书发行量达到 100 万册,21 次上榜"开卷图书排行榜"。《为什么是中国》用数据说话,证明了主题出版同样具有广泛受众面,能够成为有社会影响力和知名度的通俗读物,凭借掷地有声、铿锵有力的正能量、主旋律内容,同样能够让读者手不释卷。

三、编辑策划

《为什么是中国》作为新时代具有代表性的、影响力显著的主题图书出版物,通过运用与时俱进、因题制宜、创新驱动的策划方法,形成了具有鲜明特点的编创优选逻辑。

(一)与时俱进,策划编创与历史语境相适应

《为什么是中国》从 2019 年主题出版的立项,到 2020 年 6 月的正式出版发行,正处在当代中国历史的一个重要交汇点上。2019 年,图书出版界同全国各行各业人民一道,迎来了新中国成立 70 周年,这是隆重喜庆的重大历史事件,更是图书出版不容错过的历史机遇。

党的十八大以来,针对学习党史国史,习近平总书记发表了一系列重要论述。2020 年 6 月 27 日,习近平总书记在给复旦大学《共产党宣言》展示馆党员志愿服务队全体队员回信中,着重提出了加强对中共党史、新中国史、

改革开放史和社会主义发展史的学习。出版界需要通过打造优秀文化宣传产品，把"中国共产党为人民谋幸福、为民族谋复兴、为世界谋大同的实践史"以通俗易懂的方式讲给普通百姓听，讲给世界人民听。

北京联合出版公司决定以阐述党史国史为基本，着力打造一本反映党和国家发展成就、解读国际时政热点的通俗理论读物，《为什么是中国》因此应时而出。

（二）名家合作，策划编创与主题领域相适应

2019 年北京联合出版公司将主题出版的选题方向确定后，便邀请了金一南主笔进行创作。一方面，金一南的身份地位特殊，兼有中国人民解放军少将军衔和中国人民解放军国防大学教授身份，在国防军事、国际政治等领域著作等身，具有充足学术能力来把握重要主题出版物的质量；另一方面，金一南与出版方北京联合出版公司具有良好的合作基础，过往其《浴血荣光》《胜者思维》等畅销作品均由北京联合出版公司出版发行，可以实现编辑人员与主笔作家更流畅的工作对接、更深入的内容沟通，从而达到更好的出版效果。[1]

（三）不断创新，策划编创与读者需求相适应

《为什么是中国》既是一部传统意义上具有中国特色的主题出版作品，又是一部具有创新意义的、具有时代气质的通俗理论读物。《为什么是中国》从策划伊始，就明确了作为一本通俗理论主题出版物的方向和特点，从书名"为什么是中国"这一简单而又深邃的设问中，就能看出编创团队和主笔作者

---

[1] 李婧璇：《两年发行百万册〈为什么是中国〉凭什么实力"圈粉"》，《中国新闻出版广电报》2022 年 6 月 10 日，第 1 版。

的用心所在：希望以这种回答读者问题的交流形式，拉近与读者间的关系，从而营造一种阅读中答疑解惑、面对面沟通的亲切氛围。

《为什么是中国》的成书也确实印证了这一点。作者的语言准确精练，虽然不乏对历史文献的引用，但都在引用时用通俗的现代汉语加以解释，这种语言风格也具有金一南本人的一贯特征。

归根结底，《为什么是中国》不是一本循规蹈矩、因循守旧的传统读物，而是新媒体环境下军事政治类图书在内容上不断创新的产物。轻松而不至娱乐化，幽默而不至戏谑化，创新而不至怪异化，这一切都是为读者着想。

四、案例分析

《为什么是中国》在编创内容上具有优质创新的特点，在营销宣传和推广中，采用了整合营销传播的整体布局方法，从而实现了全方位的营销覆盖，运用全媒体营销手段，最大可能挖掘潜在读者受众。在整合营销传播策略的推进下，《为什么是中国》才取得了销量和口碑双增长的势头，成为主题出版领域的成功案例。

（一）扎根线下实体，扩张基础赛道

《为什么是中国》的发行推广，首要依赖的仍然是线下实体机构和活动的推广。作为图书出版营销的基础赛道，越是进入互联网时代，线下图书出版销售这一基本盘更要坚持不动摇。

《为什么是中国》通过全国各地新华书店等实体机构首先开展线下营销活动，取得丰硕成果。其中，新华书店不仅采用新书推介、主题出版专栏等形式对出版物进行营销售卖，还通过承办专题活动、组织开展宣讲、开展博览活动等方式，帮助读者更深刻地了解图书内容，掌握图书出版的背景脉络，

从而增强读者认同、激发购买欲望、提升文化认知。2021 年 5 月，湖南省新华书店集团联合湖南省妇女联合会、湖南省国防教育办公室邀请金一南到长沙，开展《为什么是中国》党史专题讲座。

（二）结合大众性媒介事件，开展主题营销

《为什么是中国》出版营销与中国共产党建党纪念日结合起来，在新书上市伊始，出版方就与许多书店一道开展主题营销传播实践，赢得开门红。

在 2020 年 9 月 3 日抗战胜利纪念日，《为什么是中国》同样做了一波紧跟热点的营销。考虑到今日头条上的男性受众居多，出版商联系多位文化历史垂直类的博主进行了为期 15 天的集中推广，以促成此书的购买转化。① 这种主题营销的形式，很好地把主题出版与社会活动相结合，既合理推动了图书销售的提升，又为党建活动提供了丰富的知识内涵。

（三）丰富数字化媒介形式，广泛发掘读者

《为什么是中国》积极采用丰富的数字化、网络化、流媒体媒介形式，通过把文字书稿转化为视频节目、电台节目，成功吸引了一批既没有时间看书，又迫切想要了解书中内容的读者。

"一刻 talks"等视频频道和平台通过真人出镜的形式，对《为什么是中国》进行介绍，通过流媒体视频形式将文字内容转化为带有画面的音像内容，从而丰富了图书的读者群体，也让读者能够更深入地理解图书，让读者在读完纸质出版物后更持续地关注图书和作家动态。

《为什么是中国》出版方还与中央人民广播电台合作，录制的音频广播节

---

① 李婧璇：《两年发行百万册〈为什么是中国〉凭什么实力"圈粉"》，《中国新闻出版广电报》2022 年 6 月 10 日，第 1 版。

目已经在全国范围上线。同时，《为什么是中国》与播客平台喜马拉雅合作发布有声书，截至 2022 年 10 月 24 日，共获得 426.1 万次播放量。

（四）英文翻译国际化出海，传递中国声音

主题出版图书的翻译出海比一般图书更有意义，其选题和内容具有特殊意蕴。"讲好中国故事"正需要《为什么是中国》这样在国际社会能够产生影响力、促进国际间相互理解、促进构建"人类命运共同体"的主题出版物。2022 年 5 月，《为什么是中国》英文版由英国阿尔法科学国际出版有限公司出版发行，向全球读者讲述真实的中国故事，对中国文化、中国历史、中国特色社会主义等词语进行了富有理解力的阐述。

五、案例启示

（一）内容为王，主题出版还需自身更硬

主题出版应在满足顶层设计要求、满足主流价值观导向、满足历史使命和政治立场的基础上，在引导社会舆论、坚持正能量、弘扬主旋律的前提下，既创造社会价值，又创造经济价值，既带来社会效益，也带来经济效益。一方面，主题出版通过人民关心、国家重视、社会关注的重大内容，向社会传递主流意识形态的正能量；另一方面，主题出版通过对国家大事和历史关键节点的记录，填补学界和业界的空白，创造全内容领域的全媒介形式出版物。

正如《为什么是中国》的成功一样，"打铁还需自身硬"。做主题图书出版，只要保证自身内容过硬，即主题出版物的观点新、态度好、语言妙、构思巧，就一定能创造良好效益。

（二）赛道升级，创新更多主题出版样态

主题出版需要依靠新的出版样态进行创新发展。《为什么是中国》正是通过出版公司与主流媒体、互联网企业的合作，在央视频、喜马拉雅等平台进行视频化、音频化的播客创作，从而吸纳了大量互联网用户，形成了一批忠实的听众。

出版样态的更新不仅是一种内容形式的革新，更是一种经营赛道的升级。在新出版样态下，掌握并且应用了这种新技术形式的主题出版物，能够在另一条属于互联网的赛道上同步高速前行，将那些仍处在传统出版和营运样态的同类产品远远落下，进而在争取到读者、用户的注意力的同时，培养用户形成粉丝意识，从而多层次、宽领域、广渠道、高频次触达读者，形成更大的私有流量池，甚至可以利用建立粉丝群等多种形式，通过专业新媒体运营手段获取更好的经济收益。

（三）用户赋权，为读者服务是行业关键

随着网络时代的到来，互联网"一切以用户为先，一切以用户为准"的"用户即上帝"精神内涵向传统图书出版业蔓延，从而引发了图书出版的变革。

因此，新媒体时代，尤其是社交网络时代，主题出版物的传播过程已经不再是过去自上而下的单向传播过程，而成了一个真正触达社会各个领域、满足市场各个主体的网状传播过程。一方面，编创团队人员在选题上具有更大自主性；另一方面，读者大众在欣赏主题出版物后，能够更直接地和出版人员取得联系，甚至可能和图书主创、作者成为无话不谈的朋友。主创人员也可以去到更多地方和读者线下见面，通过人与人直接的接触，实现和读者

深层次的沟通。远程视频、线上会议、流媒体技术，也让作者能够以"真面目示人"，读者坐在家里即可听到图书主创者和作家的躬身讲解，从而大大提高信息量和传递效率。《为什么是中国》的作者金一南就通过承办大学生讲座，将主题出版图书带入课堂，用在线视频会议的形式，满足同学们的求知欲和"追星"欲，形成高质量的校外思政课堂。

（四）革新理念，打破主题出版刻板印象

主题出版已经走过了数十个春秋，进入 21 世纪，世界在变，中国在变，媒介在变，出版在变，过去人们对主题出版的刻板印象显然已经到了该被完全破除的时候。解放思想、实事求是，主题图书出版的眼界要放宽一点，眼光要放长远一点，把主题出版做大做强。《为什么是中国》正是通过走入基层，由干部推荐、社区组织，让全社会自觉接纳、乐于接纳。在这个过程中，主题出版物走下了亭台楼阁，走进了大街小巷，变成畅销书、必读书。

（于啸歌）

《写给青少年的党史》丛书

一、图书简介

　　《写给青少年的党史》丛书是为献礼中国共产党成立 100 周年推出的一套面向青少年的重点党史图书，于 2020 年 10 月由青岛出版社出版。《写给青少年的党史》丛书按照历史发展的脉络分为 6 部，分别是《中国有了共产党》《红色星火燎原》《战火中成长》《中国人民站起来了》《春天的故事》《筑梦新时代》。每一部单独成册，又彼此相连，完整地叙述中国共产党的奋斗历程，并勾勒描绘出中国共产党的发展过程和概况。

二、市场影响

　　《写给青少年的党史》丛书从立项即受广泛关注，先后入选多项重点工程，在销量、口碑、奖项、文化输出等方面都取得了不错的成绩，社会效益和经济效益双丰收。

　　《写给青少年的党史》丛书刚发行销量就达十余万册，被不少学校成套订购，先后有多家书店联合当地社区、中小学举办《写给青少年的党史》丛书主题读书会及分享活动，并且受众群体由青少年向周边人群不断地扩散，在学校和家庭等各个场景中，形成了一股学党史的热潮，甚至有成年人买来阅读。据统计，丛书发行至今已超过百万册。此外，丛书还亮相多个图书博览会，被不少党史相关大赛作为指定参考读物。其音频版还在喜马拉雅、学习强国等众多知名平台超人气上线，并由央视改编制作成百余集系列专题片《讲给青少年的党史》，成为青少年党史教育读本的范本之作。截至发稿时，喜马拉雅《写给青少年的党史·2021年全国有声读物精品出版工程获奖作品》有声读物播放量超250万次，累计在各平台播放量突破300万次。

《写给青少年的党史》丛书先后入选2020年度国家出版基金资助项目、中宣部2020年主题出版重点出版物、中宣部优秀通俗理论读物出版工程、共青团中央中学（中职）团员党史学习教育参考书目，中宣部"书映建党百年——庆祝中国共产党成立100周年"好书推荐，新华荐书2021年度十大好书，并获得第五届中国出版政府奖图书提名奖。《写给青少年的党史》丛书还受到了来自《人民日报》、新华社、《光明日报》、央视新闻等重要媒体的宣传报道，中国史学会会长、求是杂志社原社长李捷在《人民日报》专版发表文章《面向青年 以史育人》，对丛书进行分享和解读，指出丛书立意高远，具有鲜明的特色，对着力发挥党史的普及教育作用做出了有益探索。此外，先后有多家媒体对此书的作者、出版编辑部等进行专访，对丛书的构思、创作过程等进行了揭秘。青岛出版社举办了有关该丛书的专题座谈会，围绕"红色基因，薪火相传"主题，与会专家学者深入研讨，从"选题好""框架好""表述好""编排好"四个角度肯定了丛书出版的价值。

2021年9月，《写给青少年的党史》丛书英文版发布，由美国出版方普利尼斯出版社出版。另外，丛书版权还被输出到尼泊尔、意大利、英国等国家，被译为法语、西班牙语等多个语种，并被翻译成维吾尔语、蒙古语等多种少数民族语言。普利尼斯出版社代表评价丛书是"为西方人解惑的一套书"。另外，丛书也吸引了更多"大家"加入为孩子写书的作者阵营中来。《写给青少年的党史》丛书的编辑团队还计划围绕"四史"学习继续拓展主题出版领域，拟出版《光荣啊，共青团——中国共青团百年史话》《写给青少年的军史故事》等。

三、编辑策划

（一）为何策划：献礼中国共产党成立 100 周年

《写给青少年的党史》丛书主要是为了献礼中国共产党成立 100 周年。2021 年，是中国共产党成立 100 周年。100 年来，中国共产党带领中国人民从站起来到强起来，这是一段丰富的历史，更是一笔宝贵的精神财富，承载着中国共产党人艰苦奋斗、百折不挠的革命精神，是促进青少年成长的重要思想内容。习近平总书记曾指出："学习党史、国史，是坚持和发展中国特色社会主义、把党和国家各项事业继续推向前进的必修课。这门功课不仅必修，而且必须修好。"① 实现第二个百年奋斗目标、建设社会主义现代化强国，当代青少年是我国的一支重要力量。要吸引和鼓励广大青少年学习党史，从中汲取养分，这就要求党史写作者要把党史的故事讲好，能够让青少年读史明理，读史明志，培养他们的爱国情怀，使他们成为共产主义事业的接班人，这是我们的时代赋予每一位党史研究者、写作者、出版工作者、教育工作者的任务和使命。

当前，在青少年党史教育这一重要领域缺乏系统权威的知识读物作为指导，并且较少有作者用青少年的语言来描述我国党史发展的过程和历史脉络。于是，在此背景下，青岛出版社决定创作一套针对青少年的系统、权威、可读、有趣的党史读物。

---

① 《学习党史、国史是坚持和发展中国特色社会主义的必修课》，https://www.thepaper.cn/newsDetail_forward_11431622?ivk_sa=1023197a，2021–02–23。

（二）如何策划：巧构思、写生动、重反馈

一部好书除了要有高质量的文稿外，还需要优秀的编辑锦上添花。为适应青少年的阅读习惯，这套专门为青少年量身定制的党史读物没有沿用章、节、目的结构，而是在系统架构上进行了创新。丛书紧紧围绕中国共产党领导下的"中华民族怎样站起来，怎样富起来"为主题，以党史为主线，对当代青少年最关注的 60 个党史相关问题进行梳理、归纳和总结，以问答的形式对党史展开论述。"近代中国是如何衰落下去的""中国怎样吹响创建共产党的集结号""怎样看中国强军兴军的新征程""我们党怎样实现'打铁必须自身硬'"，这些精心编排的问题及相关论述，寓理于史，娓娓道来，体现了中国共产党辉煌的历史，突出了取得的瞩目成就，将重点、难点、热点、亮点巧妙结合，为青少年解疑释惑，有利于其分清是非。另外，每个问题后设有来自李大钊等人的"名言金句"和用作总结的"读党史长智慧"栏目，以使青少年更好地把握其核心内涵，激发其思维，从而获益良多。

写党史是一项非常庄重、严肃的任务和工作，但这并不意味着写党史的作者要一味地板起面孔说教。青少年的三观正在形成，他们需要的党史是生动起来、灵动起来的党史，是带上情感的党史。一本给青少年讲党史的读物，必须带上新时代的感召力，要能够激励青少年为中华民族的伟大复兴努力奋斗。为了把党史写活写生动，《写给青少年的党史》丛书编者特意从大量史料中选取那些适合青少年的生动故事，采用适合青少年阅读的叙事方式和语言形式，将党史通俗大众化。丛书由浅入深，一步步、一点点讲清党史中重要事件的来龙去脉，引发思考共鸣。以此达到"大家写小书"的目的，以情感人、以理服人，把党史写得引人入胜，大大增强了青少年读者的阅读欲望。这也正是这套丛书的魅力所在。

另外，为更好地展现波澜壮阔的历史，丛书选取了一些珍贵的历史图片，与文字表述相呼应。部分图片以全景跨页大图的形式展现，青少年可以一览历史精彩瞬间。最具吸引力的是，很多珍稀史料图、文物图和新时代风物图被编辑们挖掘一一展现，使青少年的阅读体验大大丰富和提升。

在丛书编写过程中，出版团队还专门找来了一批青少年读者先行阅读丛书稿件，听取他们的意见，找出其中的不足以及可以改进的地方，并有针对性地进行修改完善。就这样，出版团队精益求精，经过三年不断修改补充，最终推出了这套青少年党史通俗读物。

（三）如何选作者：作者具有党史通俗化写作的能力

由于要出版一套针对青少年的党史读物，这就要求选取的作者首先要对党史非常了解和熟悉，以确保作品内容权威、观点正确、史实准确。同时，还要能用青少年喜闻乐见的语言形式讲述党史的发展过程和脉络，以保证作品的可读性和吸引力。懂党史的专家很多，能用青少年喜闻乐见的语言形式讲述党史的作者却相对较少，因此，编辑团队花费了将近2年的时间，和国内多位党史研究专家进行沟通，不停地物色符合这套图书写作要求的作者人选。

2018年，出版团队找到了著名的党史专家邵维正。而出版单位的策划初衷也与邵维正的想法不谋而合。邵维正学习、研究党史五十多年，曾出版《文图并说中国共产党80年大事聚焦》等作品。他认为，写党史不仅是为了记载党的奋斗历程，留下痕迹，更重要的是要写下和记录下红色基因并进行传承。而从2001年也就是建党80周年的时候开始，他就一直在思考一个问题：党史书的读者是谁？党史书是写给谁看的？全国从事党史工作的人有1万多，读党史的有几亿人，有很多党史书的读者是一些专业人士。厘清和划清党史读物的读者人群是一个非常重要的问题。最后，他将目光瞄准青少年，希望编写一套面向青少年读者的党史读物，让青少年能够通过这本党史读物传承红色基因。

双方的不谋而合为丛书的成功奠定了基础。双方秉持共同理念，精心打磨丛书，最终成稿。但成稿并不是最后一步，也不是出版团队重点谋划的最后一步，他们在载体形式上继续着力规划，以满足融媒体时代读者的不同需求。

（四）选载体形式：纸质书为主，有声书、电子书为辅

《写给青少年的党史》丛书载体以纸质书为主，电子书、有声书为辅，除此之外，丛书还被改编为系列专题片。

丛书的纸质书全文 40 万字，共 6 本，内容上彼此相连，完整地叙述了中国共产党的奋斗历程，并勾勒出发展概貌。读者可成套购买，也可购买其单独 1 本。丛书采用历史摄影图片与油画相结合的呈现方式，图文并茂，纸张厚实，色彩不刺眼，读者翻阅起纸质书就像看纪录片一般生动。纸质书的图片中还载有中央美院中国画学院院长唐勇力所画的中国画《新中国的诞生》，欣赏与收藏价值俱佳。

随着互联网的发展，有声读物是近些年来备受"宠爱"的新型阅读载体，优质的有声读物高度符合青少年阅读和情感交流的需求。综合多方意见、经过反复论证，在专业的主播团队和制作团队加持下，历经 3 个月创作，丛书音频版在喜马拉雅、蜻蜓 FM、学习强国、懒人听书等众多知名平台上线，并成功入选"2021 年全国有声读物精品出版工程"。

丛书的电子书在 kindle 电子书、微信阅读和当当云阅读等多个电子书平台上线，满足新媒体时代线上读者的阅读需求。

此外，根据《写给青少年的党史》丛书，央视体育青少节目中心制作了百余集系列专题片《讲给青少年的党史》，由家喻户晓的少儿节目主持人鞠萍播讲，每集约 5 分钟，在央视少儿频道进行播出，抖音平台也同步上线。

四、案例分析

《讲给青少年的党史》丛书畅销的原因，主要与其自身内容优质，卖点精准，充分利用了线下资源，把握时机、热点重点宣传，以及多平台营销发力，利用媒介融合纸声联动、融合出版，由线上流量带动线下销售，线下推广反哺线上流量有关。

（一）内容品质优良，卖点精准

丛书由我国著名的党史专家邵维正教授担任主编，创作团队由中央党校、国防大学的多位党史专家组成，中国史学会会长李捷和原中央党史研究室副主任、研究员张启华担任学术顾问，多位党史专家学者全流程"保驾护航"，保证了丛书作为党史读物和主题出版书籍的水准和质量；编辑团队和作者团队历时四年，精心打磨，创新图书结构和框架，采用新颖的讲述方式，图文并茂，保证了丛书的可读性和吸引力。由此创作出的一套针对青少年的卖点精准、系统、权威、可读、有趣的党史读物，切合庞大的市场需求、具有市场潜力，这是丛书成为畅销书的关键。

（二）利用媒介融合纸声联动、融合出版

《给青少年的党史》丛书有声书于 2021 年 3 月 19 日正式上线。在更新过程中，每一次热点都成了其宣传的有利时机。2021 年 5 月 4 日，有声书进入了学习强国平台电台版块全国首页推荐、获得了"童心向党"的专区展示，

进入中央广播电视总台云听客户端党建频道，并获云听微信自媒体专题推送；同年 7 月 1 日，当天庆祝中国共产党成立 100 周年大会庄严举行的同时，有声书连续获得多渠道"C 位"推荐，播放量也在各平台上一路攀升，宣传热度达到了峰值。更新期间，甚至有购买了纸质书的读者跑到相关有声读物平台上在线催更。截至 2022 年底，有声书在各大主流新媒体平台持续被收听，总播放量超 300 万次，订阅人数破万。同时，在有声书的影响带动下，纸书销量节节攀高，立体化营销效果展现。而运营团队也及时回复用户评论、反馈用户需求，有声书成了收集用户反馈的一个重要渠道。如此，线上流量赋能线下销售，线下推广反哺线上流量，伴随了丛书的整个营销发行过程。

（三）充分利用线下资源

在丛书出版后，出版团队将丛书在全国大中型书店全面上架，并按需制作海报展示，加大曝光力度。此外，团队还积极将丛书带到各图书交易博览会亮相，把握每一次线下宣传的机会。例如，在第 30 届全国图书交易博览会上，青岛出版集团举办"鞠萍姐姐讲党史——《写给青少年的党史》丛书享读会"，邀请家喻户晓的少儿节目主持人鞠萍与现场的青少年读者们交流互动，并分享《讲给青少年的党史》节目创作的故事。此外，多家书店联合当地社区、中小学举办《写给青少年的党史》丛书主题读书会及分享活动，将丛书带进校园。

（四）把握时机重点宣传

这套丛书之所以能成为畅销书，也和它的出版时机有很大关系。首先，市面上本身就缺少通俗、系统、适合青少年的党史读物；其次，正值中国共产党成立 100 周年之际，学党史在校园中乃至整个社会成了一种潮流，青少年对于这样一本书的渴望更加迫切。抓住这样一个时机，青岛出版社在 2020 年底率先出版占领市场，随后在 2021 年开始重点宣传，通过上架有声书，举办座谈会、读书会等引发媒体报道和关注，让有需求的青少年关注到丛书。此外，2021年，从上半年热播的《觉醒年代》《叛逆者》《理想照耀中国》《1921》等多部主旋律影视剧，到东京奥运会举办、神舟十二号成功发射、抗美援朝英烈遗骨归国等引发全民关注的新闻事件，都是党史上非常重要的事件，也是丛书重点解读的事件，出版社抓住这些热点时机，适时对此书进行宣传报道，借机出圈。

（五）多平台营销发力

融媒体时代，图书营销不能囿于传统渠道，要借助多平台、多渠道联合发力。该丛书的发行不仅利用传统媒体，更利用各种新兴媒体形式如小红书、抖音等形成网络状的营销模式。在传统媒体方面，丛书既被《人民日报》、新华社、《光明日报》、央视新闻等中央级媒体报道，也主动在地方媒体上进行重点宣传，先后有多份相关稿件被发布。在新兴媒体方面，出版社、书店等的官方公众号多账号发布推介文章；自制相关视频投放自营渠道抖音号、视频号，持续赋能引流；在微博设立专门话题，引发读者热烈讨论；与小红书和达人合作发布种草文章，利用打卡奖励活动，引发用户自发宣传；电商大促期间通过天猫旗舰店、抖音账号直播卖书，及时进行流量转化……这些为丛书的销售注入了源源不断的活力。例如，2021 年 4 月 23 日第 26 个世界读书日，在央视新闻联合拼多多的"多多读书，总有答案"直播节目中，央视主播王宁携手嘉宾麦家、樊登、严伯钧等人与网友分享他们心中最爱的图书，《写给青少年的党史》丛书被推荐，当晚销量可观。

五、案例启示

（一）找到核心主题与现实需求的关联

在中国共产党成立 100 周年之际，诸多出版社铆足了劲，出版了很多主题出版物。而这套《写给青少年的党史》丛书之所以能够脱颖而出，与其对"市场上缺乏系统权威的青少年党史教育读本"现实需求的考量，将核心主题"中国共产党成立 100 周年"与现实需求相关联密不可分。在主题出版物市场热度持续上升的情况下，编辑必须在出版物的策划上发力，一方面要把握时代主旋律，对党和国家的政治生活中的重大事件等给予充分的关注；另一方面要进入到市场中，对流行和市场需求有所感知，并对其进行分析与利用，不断推陈出新，满足市场现实需求。编辑既要有纵深处的长远谋划，也应有为时而著的迅速出击。

（二）明确自身定位，发挥服务意识

这套书之所以能持续畅销，与其市场准确定位有关。丛书创新党史故事的讲述方式，有温度、有厚度、有力度、有态度，降低了党史的阅读难度与门槛，满足了青少年读者的阅读期待。正如中国史学会会长李捷所说："给青少年讲党史，不但要让党史生动起来、灵动起来，还要让党史带上情感，带上新时代的感召力、感染力。"[1] 故而丛书吸引了一大批对党史有兴趣的青少年读者。"大众化是顶层设计命题作文的解题关键"，对出版社来说，编辑要强化使命任务，做好服务，善于将宏大命题变"深"为"浅"，将理论阐发化

---

[1]《〈写给青少年的党史〉：为青少年量身定制的党史读物》，http://www.qdcaijing.com/p/240389.html，2021-03-28。

"虚"为"实",让内容可读可感、可知可用,结合新时代语言叙述特色,以青少年喜爱的表达形式,打造畅销的主题出版作品,从而让重大主题的核心价值观在社会中占据主流地位。

(三)针对性构建数字配套,打造多媒体呈现渠道

在数字化时代,随着传播渠道的日益丰富,各类书籍都应尽可能开发相应的数字配套资源,主题出版物也不例外。该套丛书的畅销,带动了相关有声读物在喜马拉雅、蜻蜓 FM、学习强国、懒人听书等知名平台的高播放量,相关数字产品市场的火爆又反过来带动图书的线下销售。在选题策划之初,主题出版读物就应该考虑创作出的图书内容既能展现主题出版所应有的庄重、厚重的特殊气质,又能被不同类型的媒介所"编码",打造相应的数字配套产品,比如有声书、电视剧、电影、短视频以及虚拟影像模拟等,从而构建起多媒体的呈现渠道。出版团队要让主题出版物以读者更喜闻乐见的方式,以更广泛、更多样化的渠道和形态触达读者,使项目更具延续性、扩展性。

(王鹏辉)

《文献中的百年党史》

一、图书简介

　　《文献中的百年党史》是一部勾勒中国共产党建党百年历史的主题出版通俗读物。此书以"中国共产党人的智慧结晶"的中共党史重要文献为学术依据，用图文结合的方式梳理了建党百年以来每一年中的珍贵文献，共讲述了100个承载着集体记忆的重大事件。每一个或一系列重大事件独立成篇，讲述细致入微且生动翔实。不同事件之间前后呼应、点面结合，将中国共产党百年奋斗历程串联成整体，形成了一部妙趣横生的百年党史读物。

二、市场影响

　　2020年11月，上海人民出版社旗下的学林出版社正式出版了《文献中的百年党史》一书，迅速获得了广大读者的喜爱，成为具有重大社会影响力的畅销书。

　　《文献中的百年党史》的单色版和彩图版在2021全国馆配商联盟春季图采会"最受图书馆欢迎的图书TOP50"中分别位列第2名和第6名。入选《中国新闻出版广电报》2020年度优秀畅销书排行榜总榜和当当423书香节主题出版热卖榜TOP10，截至2022年7月销量累计超12万册。

　　《文献中的百年党史》还入选中宣部"2020年主题出版重点出版物"，入选由中国图书评论学会组织专家评选的2020年度"中国好书"、凤凰传媒

"四史"书目推荐榜、《作家文摘》2020 年度十大非虚构好书、2020 年向全国老年人推荐优秀出版物、《中国出版传媒商报》2020 年度影响力图书榜单和"学习强国"推荐读物。

《文献中的百年党史》在豆瓣图书获得 8.9 分的高分，在微信读书获得 95.5% 的推荐值。在社交媒体平台上，网友积极对《文献中的百年党史》的重点内容进行总结和评价，还有较多官方机构或单位也组织集体阅读《文献中的百年党史》活动并在社交媒体平台上发布荐文和短视频，在互动之中加深了读者的理解，并推动了口碑传播。

《文献中的百年党史》中文繁体版于 2021 年 7 月由三联书店（香港）有限公司出版发行，在第 31 届香港书展亮相。该书还被翻译成英文，由美国门廊出版集团于 2022 年 1 月出版发行。

三、编辑策划

（一）出版社：立足特色，发挥优势

为了在众多同类型竞品中脱颖而出，主题出版物不仅需要发挥出版单位的品牌和资源优势，也需要发挥所在地区和城市的特色优势。

上海人民出版社主要出版政治、党建、经济、历史等各学科书籍。近年来，该社集结一批优秀的作者，连续策划了《五百年来王阳明》《战上海》《细节的力量：新中国的伟大实践》等优秀出版物，将政治读物与人文学科、社会学科紧密结合，逐渐形成了响亮的主题出版品牌。《文献中的百年党史》选题的策划，是上海人民出版社发挥个体特色和自身优势的必然结果。

在主题出版实践中，上海人民出版社已经进行了较长时间的探索。该社于 2019 年成立了"党的诞生地"主题出版中心，一举成为上海主题出版中最

具有标识性的出版基地。上海人民出版社充分利用此优势，聚合上海地区的社会资源、历史文化资源和人才资源，全力推进以党的创建、建设和共产党人精神风貌为研究重点的理论著作出版工作，以"党的诞生地"为依托，上海人民出版社围绕中国共产党的光荣历史，并结合出版社浓厚的人文气质，准备打造出一系列有深度、有温度、有广度的党史读物，形成主题出版矩阵，这为《文献中的百年党史》的选题开发创造了条件。

（二）策划意识：切中焦点、热点和节点

主题出版是生动新颖、与时偕行的。好的选题策划会切中肯綮，直击重大时间节点和社会热点，给读者带来焕然一新的感觉。优秀的主题出版通常将政治性、学术性和市场性融为一体。因此，主题出版的成功不止于"红"，更在于对市场的把握，要做到切中焦点、热点和节点。这要求出版社具有相当的前瞻性，在选题策划阶段深远布局，打造站位高、选题准、指向远的好选题。

上海人民出版社为了适应主题出版中不同的学科领域而进行提前规划、长远布局。"自 2014 年起，对编辑部进行了重大的调整，把原来的第一编辑部、第二编辑部、第三编辑部、第四编辑部等调整为政治与理论读物编辑中心、历史与文献整理编辑中心、法律与社会读物编辑中心、世界政治与经济读物编辑中心等，这样学科特点更加明确，提出以专业学术打造品牌，做好选题的长期布局，并充分考虑重大节点。"① 在确定专题之后，《文献中的百年党史》一书的责任编辑在策划时将这本书定位为通俗易懂、老少咸宜的党史读物，并提前与合适的作者沟通，书稿在一年的时间里前后修改了 8 次，保

---

① 王为松、韩建民：《主题出版的内容与作者》，《出版与印刷》2021 年第 4 期。

证此书在建党百年大庆的重要时间节点之前成功出版。

出版之后，上海人民出版社紧跟每一个时间节点和社会热点进行营销宣传，使《文献中的百年党史》成为该时期主题出版物中的焦点。其宣传紧密贴合建党 100 周年这个重要主题，围绕讲好党史故事展开。2021 年 2 月，中央开展"党史学习教育"活动以后，《文献中的百年党史》频频登上各地的学习书单，成为被重点推荐的党史读物。2021 年 4 月，《文献中的百年党史》荣获 2020 年度中国好书，营销团队借机扩大了宣传范围，通过短视频、微信推文、书单推介等不同形式，形成立体多维的新媒体宣传矩阵，进一步扩大此书的曝光度和影响力，形成线上线下联动的传播局面。

（三）作者与编辑：两位一体，携手共进

一本好书的背后，需要编辑与作者的共同努力。编辑要建立与作者长期稳定的联系，了解作者擅长的学术领域以及最新的学术动向，并和作者一起及时将之转化成优秀的出版物。在合作关系确定后，作者也需要和编辑保持稳定的联系，积极对书籍的细节即时沟通并修改。

在策划百年党史通俗读物时，首先要找一位有影响力的作家。这位作家不仅要有较高的理论水平和学术能力，还要能深入浅出，将主题出版物写得通俗易懂、老少咸宜。《文献中的百年党史》的责任编辑楼岚岚表示："百年党史，档案文献浩瀚如海，要想通过一本书，每年选取一件（组）文献、一件（组）事件，勾勒百年党史的大致轮廓属实不易。"[1]

基于这个标准，作家李颖成了编辑楼岚岚的首选对象。楼岚岚因与李颖共同策划出版过《细节的力量：新中国的伟大实践》而结缘，在她们的共同

---

[1]《前后修改 8 次 校样堆起来有一人高》，https://new.qq.com/rain/a/20210207A0AYVK00，2021-02-07。

努力下这本书出版后好评如潮，获评 2019 年度中国好书。著名学者李颖长期从事党史、军史研究，出版了一系列饱受好评的党史书籍，具有深厚的学术底蕴。同时，她关切时代发展和社会热点，是一位文笔生动、与时俱进的学人。这样的作者往往可以把作品写得深入浅出，并且可以实现与大众读者的对话。在充分沟通后，李颖欣然应允，并主动提出围绕文献讲述党史的构思。在撰写书籍时，作者李颖也一直与编辑楼岚岚保持热线联系，反复讨论书稿，在《文献中的百年党史》的内容表达上达成了共识，共同打造了一本畅销主题图书。

（四）生产营销：分期进行，为内容增值

1. 反复打磨：内容和形式的有机统一

《文献中的百年党史》在拓展内容深度和精度的同时，精心打磨书籍形式为内容增值，让读者眼前一亮。为了体现文献的概念，每一年重大事件的设计以图文结合、以图为主的形式呈现。每一年的事件都是从偶数页开始，这对于一部文字图片表述必须极其严谨的党史读物而言，设计师和编辑的工作量都是惊人的。文献配图从 170 幅增加到 380 幅，每一幅都经过精心的筛选和比对。在排版和制版工作方面，编辑们去到南京的排版厂跟机改样，又随同设计师去制版公司共同商讨版式中点线粗细、点之间的间距大小和图片透明度，保证每张图以高质量呈现。① 在印制方面，该书采用裸脊锁线胶装，精心制作单色、彩色两个图书版本，满足读者的多元需求。

2. 精准营销：分段推进，步步为营

出版前，上海人民出版社在各大媒体、新闻网站、公众号上发布书讯、

---

① 《前后修改 8 次 校样堆起来有一人高 》，https://new.qq.com/rain/a/20210207A0AYVK00，2021–02–07。

新书推广软文和图书短视频等，为新书上市预热。出版后，邀请读者参与线下领读会，在各大媒体刊发活动报道、专家书评等文章，邀请权威媒体深度采访作者，通过线上渠道在各社群平台进行文字、音频和直播分享，对图书进行密集宣传。后期继续深化宣传，对产品形态进行创新性转化，打造多维度、全方位、立体化的主题出版物。在纸质书的基础上，同步推出由上海人民广播电台主播诵读的《文献中的百年党史》音频书；与科大讯飞共同策划、制作《文献中的百年党史》"虚拟主题展厅"；配套了周边文创，如主题周历、笔记本、铅笔等。积极推进作品"走出去"，英语语种版权输出工作取得成效。

四、案例分析

（一）线上：常规宣传与创新营销

1. 权威媒体、专业榜单和知名专家推介，提升社会关注度

在新书上市前后，编辑团队就积极报送资料信息给相关媒体，《光明日报》、《中国新闻出版广电报》、人民网、光明网、《解放日报》、《文汇报》、《陕西日报》、《北京日报》、《咸宁日报》、《中华读书报》等多家媒体予以全面报道，相继刊发了几十篇报道、书讯。同时，积极邀请作者李颖和上海人民出版社的社长王为松做新书的深度采访。著名党史专家、一级教授、少将邵维正为《文献中的百年党史》撰写了书评《在文献中发现复兴的密码》，广受好评。此外，《文献中的百年党史》的优质内容使得出版社有底气主动参评国内重要书单和排行榜，获得了年度中国好书等荣誉，并入选中宣部 2020 年主题出版重点出版物。专业角度的权威评价在赋予此书较高地位的同时，也提升了《文献中的百年党史》的社会影响力。

2.活用新媒体，提高书籍曝光率

《文献中的百年党史》灵活运用微信公众号的垂直性、互动性关系，取得了良好的宣传效果。一经出版，上海人民出版社、学林出版社官方微信公众号发送数条原创推文宣传此书。与此同时，包括书香上海等数十家公众号发文推介此书，形成联动效应。此外，在《文献中的百年党史》逐渐为公众熟知之后，被选为众多事业单位、社会机构和学校的必读书目，这些组织相继撰写推介此书的文章并发表在公众号上。经过不同公众号以及用户之间的互相转发，这些推文扩大了读者覆盖面、拓展了横向读者圈层，总点击量超过十万次。

短视频具有强大的即时互动性和易用性特点，这既能为出版社和读者提供直接的交流渠道，为读者解惑，又能让自媒体达人，尤其是图书领域的意见领袖用短小精悍的方式向粉丝推荐图书，进而提升主题出版物的知名度。上海人民出版社发布短视频解读《文献中的百年党史》长达数月的出版曲折之路，视频中展现与人齐高的校对稿，得到了广大用户的热烈反响。除此之外，还有许多自媒体的读书博主成为《文献中的百年党史》的"自来水"，通过概括此书的精华和独特之处，利用其影响力向粉丝用户进行口碑传播。

直播因为其互动性、在场感和情感属性获得了用户的青睐，"直播＋图书"的营销模式也逐渐兴起。这种形式使得出版方和作者更容易"让图书找到读者"，打造主题出版物的引流新入口。在央视新闻联合拼多多的"多多读书，总有答案"直播节目中，央视主播王言大力推荐《文献中的百年党史》，分享学习党史的心得，在一定程度上提高了《文献中的百年党史》的知名度。

3.数字出版，丰富读者的阅读体验

数字出版可以压缩时空距离，突破单一媒体形态的限制，实现多元融合的信息传播。数字出版的形式之一是有声书，以音频的形式展现图书内容，满足了新媒体时代用户的场景化、碎片化阅读需求，也给予读者以陪伴感。《文献中的百年党史》顺应了数字出版的趋势，除了瞄准传统纸质书市场外，也积极拓展听书市场。上海人民出版社邀请专业播音人员录成音频，并将二维码嵌入书中，读者扫码即可进行图书收听。在出版纸质图书的同时，上海人民出版社还与喜马拉雅平台合作，同步上线同名音频，实现党史的悦读、悦听。这些内容为读者提供了多样化的阅读选择，非常有利于转载和传播，吸引了众多读者的关注。

（二）线下：拓展表现形式与推广手段

1. 组织读书会、新书发布会和参加图书出版座谈会

新书上市伊始，上海人民出版社在中共一大旧址纪念馆举行了《文献中的百年党史》新书发布会，受到了业内专家的高度评价。责任编辑楼岚岚出席了"书映百年伟业，理想照耀初心——玫瑰书香·上海女编辑领读活动"，亲自领读这部党史佳作，与在场读者共同分享此书的成型之路。另一位责任编辑许苏宜也代表《文献中的百年党史》团队主持专场讲座，给上海市静安区各中小学图书馆馆长讲解《文献中的百年党史》中的历史故事和红色精神。在上海出版展团特设的"党史学习教育推荐图书"专区，《文献中的百年党史》与其他多部主题出版精品图书吸引了人们驻足翻阅，获得广泛好评。

2. 开发周边文创，增加图书关注度

主题出版也要将高品质内容与多形式产品关联，开发周边文创，让主题出版图书走进人们的日常生活，进而提升图书本身的影响力。《文献中的百年党史》发行后，上海人民出版社旗下文创品牌"逗好"的市场营销团队通过对周历、铅笔、笔记本的精心设计，将其组合在一起，形成了一套完整的《文献中的百年党史周历套装》，与书籍搭配销售。这些文创周边套装自 2020

年长三角文博会首次展出后，受到了各方好评，短短两个月内连续三次售罄，共计销售 4000 多套，也反过来增加了图书本身的受关注度。[①]

3. 结合 VR+AI 技术，打造沉浸式体验

上海人民出版社和科大讯飞公司携手同行，利用 VR+AI 技术共同打造了《文献中的百年党史》的智慧云展厅。在复旦大学北区学生园区亚青中心青书馆一楼 VR 体验区，参观者可以佩戴 VR 眼镜，在虚拟现实空间中阅读、触摸、品味书中珍贵的文献史料。

（三）内容为王，过硬内容和高质量表达

内容是出版的核心，质量是出版的生命。尤其是对于主题出版而言，如何将一本书的政治性、学术性和权威性表达得淋漓尽致，又不失趣味性、大众性，在很大程度上决定了主题出版读物能否成功。

《文献中的百年党史》图文并茂，文质兼美。作者收集了大量珍贵文献和照片，一方面用文献资料辅以证明文字，让党史可观可信，另一方面用文献资料补充了文字叙述，让党史丰富多彩。例如，以文献的形式呈现由中国共产党创办的第一份日报《热血日报》，由瞿秋白主编。读者可以通过这份文件，对那段辉煌的历史有较为直观的感受。在揭示第一个纪律检查监督机构的创立时，作者李颖也没有平铺直叙，而是以向读者提出反问，然后通过层层递进的叙述并辅以精美的文献资料方式揭开了谜底，令读者印象深刻。

过于严肃、宏观的主题出版物无法让读者产生深度共鸣。该书作者并没有只关注宏大叙事，李颖非常重视对细节的描写，着笔于小人物在历史的长河中所扮演的角色，给读者提供了学习党史的新视角。例如，土地改革时期

---

① 柴畅：《"红色文创"助力主题出版——以上海人民出版社"逗好"文创为例》，《编辑学刊》2021 年第 5 期。

四川金堂县农民欢迎土改工作队进村的照片、当时的房屋执照照片以及改革开放后工厂女工照片等，这些都是在百年历史长河中容易被忽视的细节，作者做到了从细节处把握建党以来与人民紧密联系的历史。

《文献中的百年党史》心系群众，生动讲史。作者善于利用大众喜闻乐见的方式讲好党史故事，选取具有大众性的事件，用贴近群众的话语传播党史知识，拉近了与读者之间的距离。例如，用生动有趣的笔触叙述了列宁与中国代表抱病会面、毛泽东和斯诺在窑洞畅谈以及邓小平南方谈话等为人民群众所熟知的重大事件。

（四）大数据加持，算法推荐精准锁定读者

用户的注意力成为信息爆炸时代的稀缺资源。如何将优质的媒介内容和用户的注意力资源相匹配是出版方在进行网络营销时首先要解决的问题。大数据的两个典型应用可以帮助传播者精准连接潜在读者和书籍信息，分别为算法个性化推荐和计算广告。

一方面，基于内容的智能算法推荐技术可以依据不同用户的历史数据，了解每一个读者的兴趣，帮助他们挑选可能感兴趣的书籍，实现高效率的书籍信息分发。《文献中的百年党史》借助京东、当当、淘宝一类的电商平台和豆瓣这类的社交媒体平台的算法推荐功能，大大增加了曝光度。另一方面，基于协同过滤的算法推荐可以利用与目标读者相似的用户的历史数据来预测目标读者对特定书籍的喜好程度，并进一步进行量体裁衣的个性化推荐。这种算法推荐能发现读者潜在的但自己尚未注意到的兴趣偏好，并且能够根据更为复杂的个人品位或信息进行深度精准推荐，为《文献中的百年党史》挖掘了一大批潜在的忠实读者。

计算广告是借助信息技术、提高互联网广告与所处语境的匹配度的一种

广告投放策略，它的一种表现形式是程序化购买。[①]计算广告能够让百度、微信平台、微博平台等广告商通过算法掌握读者的数据，引导《文献中的百年党史》出版企业购买服务，将广告自动投放给潜在读者，帮助《文献中的百年党史》扩大知名度和影响力，有力促进线上销售的增加。

（五）装帧设计考究，带来视觉美感

1. 封面和装订独出心裁

主题出版物应该在图书的装帧设计上融入主题出版本身的特征，既大胆创新，又有自身特色，使主题出版物的外观贴近大众审美。《文献中的百年党史》在装帧设计上充分围绕此书的主旨展开，并在细节上精致打磨，使读者获得视觉美感所带来的愉悦。

在封面设计上，色调采取红色和白色为主的搭配，两个大色块将封面分成两部分，书名的文字颜色做反色处理并竖排放置于正中间。书名两边分别印制了金色的伟人笔迹，突出此书中"文献"这个历史要素的重要性。这种主次分明、多而不乱的封面设计，不仅体现了此书的艺术性和审美性，增强了封面的感官体验，还利用红色、金色这些重要色彩元素传达出此书的红色底蕴与精神。

《文献中的百年党史》采用裸脊锁线胶装，保证书籍的每一页都能完全舒适平坦打开，带给读者最好的阅读体验。可以说，这样的装帧设计水平在党史出版物中十分少见。

2. 以图补史，以图证史

《文献中的百年党史》是一部丰富的党史读物，根据文献内容和读者定

---

① 嵇大伟：《程序化购买：算法视野下的图书精准营销》，《新媒体研究》2022 年第 8 期。

位，该书在策划之初就确定了要增加文献资料的图片，以图文混合、以图为主的方式呈现。全书排版精美，增强了作品的表现力。书中共穿插了380幅珍贵文献照片，直观地向读者展示了百年以来我党的艰辛建设史、奋斗史和发展史。为了满足不同层次读者的阅读需求和体验，编辑设计了两种发行版本，分别为单色版和彩色版。彩色版《文献中的百年党史》更好地弥补了黑白图片传达信息不足的问题，极大地丰富了读者的阅读体验，成了此书的一大卖点。

（六）海外出版，推动"走出去"步伐

在加强主题出版图书系列化内容建设的同时，主题出版还要着眼于国外读者的文化背景和阅读习惯，围绕如何让国外读者想要读、喜欢读、读得懂这一中心主题，尝试用中外对话的方式做好营销推广，提高主题出版版权输出市场运作的针对性和实效性。《文献中的百年党史》凭借过硬的质量也跟上了主题出版"走出去"的步伐，于2022年初由美国门廊出版集团在海外出版发行，取得了较好的社会反响。

五、案例启示

（一）走向大众化，为人民群众喜闻乐见

主题出版在内容选取与写作风格上都十分强调严肃性和专业性。但是，主题出版图书如果要取得良好的社会效益，保证能更好地发挥宣传政策方针、弘扬时代精神的功能，就必须要心系群众、贴近群众，获得广大人民的认可与支持。2018年8月，习近平总书记在全国宣传思想工作会议上指出，"要引

导广大文化文艺工作者深入生活、扎根人民"①。因此，主题出版图书要通过创新性的话语和手段把中国的故事讲好，把党的声音、时代的旋律带进人民群众的心里。《文献中的百年党史》在每个年份的记事中展现了许多生动感人的故事，以人民大众喜闻乐见的方式把党史讲得好、讲得透、讲得妙。

（二）寻找到优秀作者，讲好主题故事

随着时代的发展，市场对于主题出版作者的要求越来越高，深刻理解党和国家的方针、政策只是作者应具备的基本条件。更重要的是，作者要有创新性的观点输出和较好的文字表达能力，既要做到深入浅出、平易近人，又要做到高屋建瓴、笔底生花。这要求出版社与主题出版领域的权威作家建立信任关系，出版社要时刻关注他们的学术动向、专攻领域，在合适的时间点与作者及时联系，把作者的选题付诸实践。《文献中的百年党史》的编辑楼岚岚在与作家李颖初次合作之后与其建立了良好的关系，拓展了出版社的优质人脉资源。在策划百年党史通俗读物时，楼岚岚与李颖一拍即合，《文献中的百年党史》的问世水到渠成。

（三）融合出版，打造全媒体产品

融合出版本质上是资源相互作用最终达到一种多元互动的出版状态。对于主流数字出版业来说，要创新出版方式，拓展营销手段，使主题出版图书内容样态多样化、传播效果最大化。2020 年 9 月，中共中央办公厅、国务院办公厅印发《关于加快推进媒体深度融合发展的意见》强调推动传统媒体和新兴媒体在体制机制、政策措施、流程管理、人才技术等方面加快融合步伐。

---

① 新华社：《习近平出席全国宣传思想工作会议并发表重要讲话》，http://www.gov.cn/xinwen/2018-08/22/content_5315723.htm，2018—08—22。

出版社在策划主题出版图书时，需要契合媒介融合的节奏，不断积极探索融合出版模式通过 IP 经营和音频、视频、周边文创产品的开发等多维度展现优质内容，形成一个更大的组合效应。上海人民出版社通过对《文献中的百年党史》的创新性开发，形成立体化、多样态的全媒体产品，让更多年轻读者和党员干部随时随地感受红色精神的熏陶，同时也大大提升了图书影响力。

（王琳俊）

《火种：寻找中国复兴之路》

一、图书简介

　　《火种：寻找中国复兴之路》是由上海人民出版社在 2020 年底为建党一百周年出版的献礼图书，一经出版便在各大图书榜单占据一席之地，好评如潮。这本书突破传统的通史写作框架，以"寻找中国复兴之路"为切入口展开叙事，讲述了自 1901 年《辛丑条约》签订至 1929 年古田会议这一时期风云变幻的历史背景，文字中融入了作者选取的一手史料和实地考察获得的所思所感，使读者更直观地领略到中国革命历史图景，体会到书中这些仁人志士前仆后继、抛洒热血的革命精神，再现历史人物的真性情、真面貌。此外，作者在各章结尾处对革命经验教训进行了总结，对读者来说具有读史明智、鉴往知来的价值。此书还采用了图文结合的编排方式，插入了 80 余幅珍贵的历史图片，增加了读者阅读的趣味性，减少了历史类图书的枯燥感。总体来说，此书以通俗生动的方式为大众讲明了"火种"是如何点燃、如何艰辛保存下来而燎原神州的历史过程，是面向大众的优秀党史著作，是学习党史的生动教材。

二、市场影响

　　《火种：寻找中国复兴之路》自 2020 年底出版以来，一经上市便广受赞誉。据了解，此书推出短短 3 个月的时间，已在全国书店销售 10 万册①，截至 2022 年 9 月，销量近 30 万册②，并斩获了诸多奖项：第五届中国出版政府奖、2020 年度中国好书、第十六届文津图书奖、第 35 届华东地区优秀哲学社会科学图书奖、2020 春风悦读榜经典阅读奖等。荣登新华荐书 2021 年度十大好书、第 20 期解放书单、《中国新闻出版广电报》2021 年 1 月优秀畅销书排行榜总榜和社科榜第一等多个书单。在 2021 年 4·23 世界读书日，受到上海市、湖北省、江苏省、浙江省等省市的大力推荐，并且入选 2022 年伦敦书展"走出去"百种重点书、潜力书。

在获得诸多奖项的同时，此书的读者口碑也很高。在"豆瓣读书"平台的热门评价中，有网友表示"很多细节的描写，讲具体的失败与分歧，如此这般，才能看到组织团结有多么重要，思想路线是多么重要"；"这本书从 1900 年八国联军侵华讲起，一直讲到 1929 年古田会议。这段历史其实我们看过很多次，但这本书写得更好看。一是真实鲜活，书中写了历史人物的另一面。二是史料丰富，参考了各种文集、年谱、传记、回忆录、口述历史、档案等，胸中有几百册书，才能写出一本这样的好书"。可见，一本通俗、鲜活、丰富的党史类书籍，真正引发了读者共鸣，走入了读者心中。

这本书在"出海"成效方面同样表现突出。由丝路书香工程办公室发布的"2022 年度丝路书香工程立项项目公示名单"中，《火种：寻找中国复兴之路（越南文版）》《火种：寻找中国复兴之路（韩文版）》成功获得立项。截至 2022 年 9 月，《火种：寻找中国复兴之路》多语种海外版权输出项目已签约

---

① 《上海推出一批党史学习教育图书》，中国文化产业网，http://www.cnci.net.cn/content/2021-03/19/content_24059624.htm，2021-03-19。
② 鲍静：《如何打造双效益俱佳的主题出版物——以上海人民出版社的〈火种：寻找中国复兴之路〉为例》，《编辑学刊》2022 年第 5 期。

11 个语种版权，其中，英文版已经出版。该书中文繁体版也已经出版。[①]

三、编辑策划

《火种：寻找中国复兴之路》一书取得了较为优异的成绩，经济效益与社会效益俱佳，这与其选题策划过程中的精心布局密不可分。主题出版类图书因其性质特殊，不仅需要图书出版人员提前谋划出版时点，找准社会关切，还需要找到兼具政治敏锐性与写作通俗性的作者，才能真正打造出人民满意的精品著作。

（一）提前谋划出版时机，献礼建党百年

主题出版是鲜活的、与时俱进的，往往与时代的重大变革、重要的时间节点联系在一起。因此，选题策划需要体现出新鲜度，紧跟时代脚步。出版社需要熟悉党和国家的工作重点，提前制订主题出版计划，切中社会关注的焦点和热点。同时，对于一个重要的事件或节点，各家出版社都会策划相关的选题，会在同一时间节点产生同质化的选题思路，跟风现象会比较普遍，如果没有精心策划布局，就容易造成选题角度雷同、缺乏新意等现象。2021年是建党百年的关键之年，上海人民出版社应时而动，提前邀请热销书《战上海》的作者刘统写一本书讲述中国共产党成立的故事，作为建党百年献礼。出版社团队提前两年开始精心策划《火种：寻找中国复兴之路》，一书保证各关键节点的时间进度。经过两年的创作、打磨、完善，2021年元旦此书出版面世。

---

① 《我社 5 个项目入选"2022 年度丝路书香工程"》，搜狐网，http://news.sohu.com/a/581965729_121119369，2022–09–02。

（二）精心挑选权威作者，打造精品著作

要实现主题出版高质量发展，就要寻找那些深入研究主题出版内容、熟悉主题出版要求，既有专业知识又有文字驾驭能力，既懂政策又懂读者的优秀作者，这样才能写出一流的主题出版作品。学术底蕴、写作能力和政治站位，共同决定了作者对主题出版作品的驾驭能力。《火种：寻找中国复兴之路》一书邀请的作者刘统，曾师从王仲荦、谭其骧，先后毕业于山东大学、复旦大学，历史学博士。曾任中国人民解放军军事科学院研究员，大校军衔，现为上海交通大学人文学院历史系教授。多年来从事党史、军史研究，高度关注社会热点话题，出版过一系列学术基础扎实的优秀党史读物，在学术圈有影响、有声望，著有《大审判：国民政府审判日本战犯》《战上海》《北上——党中央与张国焘斗争纪实》《中国的1948年——两种命运的决战》《唐代羁縻府州研究》《亲历长征：来自红军长征者的原始记录》《早年毛泽东：传记、史料与回忆》等著作多部。《战上海》获2018年度中国好书和中宣部第十五届精神文明建设"五个一工程"特别奖。因此，在策划献礼建党百年图书时，文笔生动、理论修养高、读者口碑佳的刘统成为不二人选，《火种：寻找中国复兴之路》的成功也有力地证明了权威作者在打造优秀主题读物中发挥了不可替代的作用。

（三）秉承内容为王宗旨，文笔生动流畅

内容是出版的核心，质量是出版的生命。内容的准确性和规范性，对兼具权威性和政治性的主题出版物来说，显得更加重要。主题出版物服务于国家、社会、人民，要想取得良好的传播效果，就需要既体现党和国家意志，又贴近人民生活；既讲深讲透，又通俗易懂；既传递严肃史实，又不乏故事

性。《火种：寻找中国复兴之路》在策划之初，出版团队就将其定位为兼具学术价值和可读性的著作，而不是简单的史实普及读物。在写作的过程中，刘统细细研读史料，确保真实还原历史。以全书所附参考资料为例，其中有关重要人物的文集、传记年谱、回忆录口述史、档案文史资料、专著等近200种，基本涵盖了这一领域的代表性著作。其中既有国内出版的，也有不为一般读者所见的海外出版的，如从俄文和日文档案翻译出版的《中共首次亮相国际政治舞台》《中共建党前后革命活动留口档案选编》等珍贵的资料集。他还亲身寻访历史遗迹，去湖南、江西、福建等地翻阅历史资料，感受革命先辈住过的屋、走过的路、打过的仗，并将这些切身体会融入书中，富有情感的文字激发了读者共鸣，让读者既看到中国共产党初创时期的光明和激情，也看到挫折和艰难。

此外，此书策划成功的关键要素还在于独特的叙事风格。刘统的多部著作文风均朴实生动、轻松流畅，在《火种：寻找中国复兴之路》一书中，讲历史不再是"板着面孔"告知读者，而是以一个个鲜活的历史场景、鲜活的历史人物来讲述，让读者有一种身临其境的代入感。正因"带露珠"的一手资料、"接地气"的通俗语言、"冒热气"的生动案例，此书出版后，业内专家、学者和普通民众都给予高度评价。

四、案例分析

主题出版物不仅需要内容过硬，还需要在营销宣传方面发力，才能让真正的好作品走进大众视野，走入读者心中。在融媒体时代，主题出版物如何借助新媒体技术，创新经营模式和传播形式，打破传统出版单向传播的固定模式，以文字、图片、视频，甚至直播等丰富的多媒体融合手段，塑造专业客观、可读性强的主题出版融媒体产品，是当前主题出版必须认真思考的一个重要问题。作为献礼建党百年的重点图书，此书把握了推广时机，在面世后通过线上线下多方联动造势，取得了良好的宣传效果。

（一）充分利用新技术、新渠道，打造线上传播的融媒体矩阵

一是借助权威媒体力量和重量级专家发声，为图书推广站台。在新书上市前后，编辑团队积极报送图书的资料信息给相关媒体，新华社、《人民日报》、《解放日报》、《中国青年报》、《中国新闻出版广电报》、《中国出版传媒商报》、《中华读书报》、《长江日报》、《深圳晚报》、《文汇报》等多家媒体予以新书预热和全面报道，共相继刊发了 200 余篇书讯、书摘、活动报道等。[①]该书积极参评各类书单，荣登多个书单和排行榜推荐，引发读者关注。出版社邀请作者做新书访谈，讲述写作过程，并请多位重量级专家学者为《火种：寻找中国复兴之路》撰写了书评和推荐语，如 2021 年 5 月在"思南·初心书房"启动仪式上，邀请华山医院张文宏医生向读者讲述他阅读《火种：寻找中国复兴之路》的心得与收获，发挥意见领袖的引领作用。

二是充分利用多种线上媒介渠道宣传推广。在出版纸质图书的同时，出版社与喜马拉雅、阿基米德等平台合作，同步上线同名音频，并制作图书相关视频在哔哩哔哩、腾讯视频等网站同步上线。这些音频、视频内容为读者提供了多样化、个性化的阅读选择，有利于转载和传播。此外，作者刘统还参与"樊登读书"节目的录制，充分发挥平台粉丝效应，吸引更多读者的关注。在节目中，主持人与作者开展了 72 分钟的深入访谈和交流，给读者呈现了更多书籍背后的故事，取得了意想不到的关注度。截至 2022 年 9 月，"樊登读书"APP 上《火种：寻找中国复兴之路》栏目的音视频点击量已超

---

① 鲍静：《如何打造双效益俱佳的主题出版物——以上海人民出版社的〈火种：寻找中国复兴之路〉为例》，《编辑学刊》2022 年第 5 期。

1000 万次。

三是借助新技术推出沉浸式体验的融媒体电子书。融媒体电子书与传统电子书相比，内容更加丰富，具有更强的互动性。融媒体书《火种：寻找中国复兴之路》包含了视频、动画、音频、点读、画廊、读者互动等多种形式，为读者带来一场沉浸式、体验式的"寻路之旅"，阅读体验令人耳目一新。在融入了媒体电子化形式的多样性与丰富性的同时，还融合了内容载体创新，探索电子出版物新形态的发行创新，吸引了广大年轻受众。

（二）举办丰富多彩的线下活动，开发周边文创产品

一是举办新书发布会和出版座谈会等。通过邀请媒体参加发布会来扩大图书宣传范围。同时，2021 年党史学习教育如火如荼，此书推出后即获得各类奖项和官方认可，成了诸多党政机关单位开展党史教育的研读范本，收获了一众媒体、业界专家、党员干部的好评。

二是开办有互动性和参与感的活动，主动让此书走近读者。邀请作者在市民读书会、文汇讲堂、学习读书会、"同读一本书"等活动中做报告和宣讲，如在浦东新区"金色中环发展带"重要项目建设过程中，刘统走进临时搭起的帐篷，为参加项目建设的近 200 名一线党员建设者、农民工党员和积极分子上了一堂生动的党课。[①]

三是开发周边文创产品。《火种：寻找中国复兴之路》出版后，营销团队积极研发图书衍生品，包括启明马灯、寻路桌垫、人民英雄联名款钢笔、"火种"笔记本、"火种"建党百年 T 恤等配套周边。这些设计独特又有个性的小物件受到了年轻人的欢迎，马灯的古铜色灯身颇具年代感和历史感，让人

---

① 《党史课堂开到工地上》，《浦东时报》电子报，http://www.pdtimes.com.cn/html/2021-04/20/content_1208_13282898.htm，2021–04–20。

回想到书中讲述过的革命道路；印有"星星之火 可以燎原"的"火种"笔记本，兼具实用性与历史感；棕色仿皮革为基色的寻路桌垫以"火种"标识为中心，形成了从"摇摇欲坠的帝国"到"古田会议找到正确的革命方向"的探索路线，这也是党在革命进程中留下的足迹。种类丰富又实用的文创产品丰富了红色"火种"的表现形式，增加了图书的关注度。

五、案例启示

主题出版近年来越来越成为出版社的出版重点，从策划到作者选择、编校、营销等环节都需要形成合力才能实现一部主题出版精品的产生。

（一）把握出版重要时间节点，提前谋划各阶段活动

主题出版作为新时代出版业的一大亮点，已成为展示中国特色社会主义文化的重要路径之一。《出版业"十四五"时期发展规划》对做强主题出版进行了详细部署。其中，围绕重大节日、重要活动而进行的出版活动正是主题出版重要的组成部分。主题出版物的推出必须把握合适的时间节点，才能取得良好的社会效益、经济效益。要制订详细的出版计划，严把各个环节的时间关口，把握好出版节奏，确保主题出版物按时出版。同时，出版策划要具有前瞻意识和政治敏感度，杜绝逢关键节点就粗制滥造的出版行为。图书策划人员要不断培养抓选题的能力，可以通过时刻关注国家大政方针提高政治敏锐性，还可以借助云计算等先进技术为读者画像，了解读者关注的热点话题和阅读需求，从用户视角出发策划满足受众阅读兴趣和阅读习惯的优质选题，让主题出版真正走近读者、服务大众。

（二）根据图书定位选择最适合的作者，编辑与作者通力合作

做强做优主题出版，离不开高质量的内容创作，而高质量的内容取决于作者的学术功底和创作水平，优质的作者队伍是主题内容创作的源泉。同时也需要认识到，不同的作者都有其擅长的写作风格和专业领域，一些学术性、理论性较强的专家并不一定适合写作面向普通大众的通俗读物。发掘真正适合的作者，需要策划人员了解本领域各作者的特点，日常与作者建立良好的联系，提前确定作者的时间。

此外，图书的成功需要"台前幕后"通力合作，既需要找准作者，又需要编辑具有高度的专业性。一部优秀的主题出版作品既包含作者的创作劳动，也包含编辑的智慧、创意，两者缺一不可。以《火种：寻找中国复兴之路》一书的责编为例，其出身党史专业，具备专业审稿能力，与作者对书的大纲、内容、写作风格、章节安排等进行了反复沟通，确保创作按计划推进。此书原稿交付时有 56 万字，这是学术专著的写作基础和内容保障，但字太多、书太厚，无疑会让不少人"望而生畏"。编辑对此的处理：一是以不影响文意为前提，过长的资料化繁为简；二是直接引用转为间接引用，以更通俗、精练的文字表达内容；三是调整部分章节，使其更为紧凑。审稿期间，编辑进行了 7 次审校、数次跑图书馆核查文献、精简资料、细致加工，最终呈现给读者的就是这部 40 多万字的精品党史读物。市场反馈证明，编辑将此书化繁为简、忍痛割爱是符合读者阅读习惯的明智之举。

（三）深度挖掘产品价值，构建全媒体立体式传播矩阵

主题出版应该顺势而为，充分依托元宇宙、AR、VR、5G、人工智能、大数据等前沿技术带来的发展契机，探索推出更多媒介融合产品，增加主题

出版的互动性，以有趣好玩的新技术激发读者阅读兴趣。在推出纸质版图书的同时，需要提前思考如何将优质的内容资源实现价值最大化，围绕主题 IP 进行深度挖掘，开发电视剧、电影、电子书、有声书、动漫、网络游戏、网络文学等多种产品形式，探索一个内容多种创意、一个产品多种形态、一回投入多次产出的 IP 运营模式，还可以推出兼具实用性与艺术感的周边文创产品，满足受众多元需求。

　　新技术的发展也带来了出版物推广宣传的新机遇。出版社利用技术手段不断升级主题出版营销模式，充分利用微信、微博、抖音等用户数量大的平台开展各类推广活动，利用有声读物平台和读书类栏目吸引受众。《火种：寻找中国复兴之路》良好的市场表现就很好地说明了这一点。

（李一凡）

《靠山》

一、图书简介

　　《靠山》于 2021 年 6 月由人民文学出版社和青岛出版社共同出版。作者铁流从 2007 年开始连续 14 年采访抗日战争、解放战争期间沂蒙地区的普通群众数百人，并以时间顺序呈现真实存在的历史"小"人物，如刘大娘、马大爷、唐和恩、艾山乡等 32 位女性在宏大时代背景下发生的故事，展现普通群众在时代巨变中自我选择的历史逻辑和内心动力，从中发现中国革命胜利的本源。不同于宏观叙事或者妇孺皆知的典型英雄人物，《靠山》重述群众朴素的经历，记述了抗日战争以及解放战争时期在中国共产党领导下人民群众毫不畏惧、奋勇争先支前的动人故事。

二、市场影响

　　《靠山》被列入中宣部庆祝建党 100 周年重点扶持书目，出版发行后先后在北京和青岛举办了作品研讨会以及读者见面会等活动，好评如潮。

　　此书首印 3 万册，半个月即售罄并且荣登多个图书榜单："2021 中国好书"、致敬中国共产党成立 100 周年"中版好书榜"特榜、《中国新闻出版广电报》2021 年度文学类优秀畅销书排行榜、阅文·探照灯书评人好书榜 2021 年 7 月十大非虚构原创好书、百道好书榜 2021 年 8 月文学类榜单、文艺联合书单 2021 年 9 月榜单。《靠山》在网络平台也取得了亮眼的成绩，在微信读书 APP 获得 80.3% 的微信读书推荐值。

2022 年 10 月，《靠山》被评为第十六届精神文明建设"五个一工程"入选作品。

三、编辑策划

（一）时间节点重大

2021 年是中国共产党建党 100 周年。100 年来，中国共产党弘扬伟大建党精神，在长期奋斗中构建起中国共产党人的精神谱系，锤炼出鲜明的政治品格。回溯中国共产党成立以来的伟大历程，可以得出这样的结论：中国共产党的领导是历史和人民的共同选择，人民群众是中国共产党的根基、血脉和力量源泉。从《靠山》书名就可以直观地看到"人民是靠山"的鲜明主题。此书浓缩了 1921 年至 1949 年间中国共产党与人民群众的关系史，诠释了习近平总书记所言"江山就是人民，人民就是江山"的真实内涵。此外，《靠山》在 2021 年 5 月于《当代》杂志刊发，当年 6 月正式出版单行本，于建党百年纪念日 2021 年 7 月 1 日前完成一系列出版活动，时效性极佳。

（二）国家扶持力度大

2021 年 3 月，中宣部发布通知，介绍了中国共产党成立 100 周年庆祝活动八项主要内容，其中第七项是"创作推出一批文艺作品和出版物，将以中国共产党成立 100 年来的光辉历史、伟大成就和宝贵经验，以及各个历史时期涌现出来的先进典型为主要内容"。

2021 年 8 月初，中宣部共收到出版机构上报的主题出版选题 2232 种，其中图书选题 1934 种。经评审，最终确定 2021 年主题出版重点出版物选题 170

种，其中图书选题 145 种。从数据来看，对主题出版选题的筛查和确认十分严格，《靠山》在众多选题中脱颖而出，被中宣部列入建党 100 周年重点图书以及中宣部重点跟踪项目、中国作家协会重点扶持作品，在政策扶持方面获得了极大优势。

（三）出版社积淀深厚

2021 年是中国共产党成立 100 周年，也是人民文学出版社建社 70 周年，该社为庆祝建党百年策划了一系列活动并推介相关主题的文学作品。2021 年 6 月 19 日成功举办"重温红色经典，致敬建党百年——人民文学出版社成立 70 周年主题出版吟诵会"，回顾红色故事，追忆峥嵘岁月。6 月 22 日举办了"迎接建党百年，致敬光辉历程——人民文学出版社 2021 年主题出版物推介会"线上直播活动，介绍了《靠山》《太阳转身》和《1937，延安对话》等新一批优秀主题出版图书。人民文学出版社对于文学类主题出版的重视与出版社自身特色密切相关，主题图书自身特性和出版社特色相符合也是主题畅销书成功策划的一个重要原因。

四、案例分析

（一）主题有声书多渠道推行

有声书，又称有声图书、有声读物，即以传统出版物、数字出版物以及网络出版物的文本内容为基础，用声音进行艺术创作、演绎，并能以技术手段复制、传播的音频产品。《靠山》除了出版实体书，也推出了有声书，主要在人民文学出版社有声平台的人文读书声、云听以及中国有声阅读这三个渠道推行。

"人文读书声"是人民文学出版社的官方电台，2022 年 6 月 24 日发布《靠山》有声书的有声预告，与实体书发行的时间保持一致。从 2022 年 7 月 1 日到 9 月 2 日，"人文读书声"微信小程序逐集发行，共 80 集，并采用付费形式售卖，售卖价 39 元。

2022 年 7 月 1 日，"人文读书声"配合宣发的同名公众号发布了推文《用文学传承红色血脉，一起来听经典！》，推文当中包含"限时免费收听《靠山》有声书"的链接。这种宣传前期通过采取限时免费的营销策略激发听众收听的热情、待听众初步了解作品主题和内容后再采取收费的方式，有助于听众产生购买有声书作品的行为，进而拓宽出版社盈利渠道。

云听于 2020 年 3 月 4 日由央广新媒体文化传媒（北京）有限公司正式出品。云听布局听精品、听资讯、听广播、听电视、云听中国和云听乐龄六大业务板块，集纳央视及央广精品节目，聚合全国广播频率，持续生产文化类、知识类优质 IP 节目，有声资讯（云听资讯）和高品质有声书。《靠山》有声书于 2022 年 9 月 27 日在云听平台上线，可免费收听，属于非付费产品，从而潜移默化地将红色精神和人民群众踊跃支前的感人故事传播给听众。

"中国有声阅读"是北京广播电视台的官方公众号，《靠山》在这一渠道的发行方式与前两种有明显不同，并不采取连载形式，而是将原书部分章节的有声演播音频和实体书原文文字插入推文。"中国有声阅读"宣传《靠山》有声演播的目的并非制作一个完整的有声书作品，而是利用媒介融合的方式，融合声音、图片、文字多种媒体形式综合宣传主题出版图书，最终达成宣传此书的目的。

可见，基于《靠山》有声书的媒体形式，不同渠道或者平台采取了不同的营销宣传策略：出版社自身出品的有声平台采取"收益＋配合宣传"的方式；央广出品的专业 APP 将《靠山》有声书作为主题书目之一，配合建党百年的重大时间点，和其他主题图书共同上线，采取整体宣传的方式；市级电视台的公众号将"有声演播"作为一种媒体形式融合其他媒体形式以推文的形式呈现，增加了公众号推文形式的丰富性，提供给读者更多阅览选择。

（二）线上线下联动营销

在《靠山》宣传期间，人民文学出版社采取线上线下集中宣传营销的方式，线上主要以电视新闻、微信公众号、微信视频号（视频以及直播）三种宣传方式为主，线下活动主要以新书发布会、读书分享会、书展以及作者见面会为主。

1. 线上宣传

电视新闻的宣传方式属于大众传播时代的传统传播形式，虽然在新媒体时代，电视新闻的发展面临许多冲击，但是仍然存在自身优点，如面对的受众更加广泛，发布消息更加权威，团队更专业等。《靠山》由人民文学出版社和青岛出版社联合推出，其作者铁流是青岛人，因此青岛电视台对此书的宣推十分重视，采访并报道了铁流创作《靠山》背后的故事。

在《靠山》出版前后，人民文学出版社微信公众号共发布了30条推文，从《靠山》的作者、内容以及所得成就这三方面单独宣传或联合其他主题图书进行宣传。

人民文学出版社视频号于2022年4月23日连发两条有关《靠山》宣传的视频，一条是庆贺《靠山》与其他四本主题图书入选"2021中国好书"，另一条是作者铁流谈《靠山》创作过程以及背景，两条视频时长均不超过三分钟，适应短视频平台的受众浏览习惯，便于碎片化传播。除了视频号发布视频，人民文学出版社于2022年5月16日下午7:00举办了一场《靠山》视频号直播分享会——《2021"中国好书"系列直播——看见历史中的普通人》，以短视频配合直播形式，进一步增强主题图书的宣传效果。

此外，也有地方媒体如山东文旅电视台、《日照日报》、河北新闻网，以及当当读书汇 book、京东图书等微信公众号对《靠山》进行了相当数量的宣传。

2. 线下活动

《靠山》的线下宣传活动主要包含新书发布会、读书分享会以及作者见面会。2021 年 6 月 25 日，人民文学出版社公众号发布消息，招募读者参加新书发布会，6 月 26 日在北京举行主题新书首发式等。2021 年 7 月 15 日至 19 日，第 30 届书博会在山东济南举办，人民文学出版社于 7 月 17 日下午举办了铁流长篇纪实新作《靠山》新书分享会，山东省电视台以及出版社的各位领导专家出席并举办了书籍朗诵会。2021 年 10 月 29 日，于山东书城二层举办了作者见面会以及新书分享会。

在《靠山》的线上线下宣传实例中，线上宣传呈现多主体多渠道多媒体形式的传播特点，线下宣传活动则采取新书发布会等传统形式，但即便是传统的营销方式，也难以彻底脱离新媒体宣传，仍然需要依靠新媒体线上宣传告知读者线下活动的信息。

五、案例启示

（一）善于抓住重大时间节点

出版社要抓住重大时间契机，提前策划，把握出版发行的时间节奏。通过线上线下矩阵高质量宣传，线上促进线下，线下辅助线上，集中宣传主题图书，扩大其影响力。

此书的策划宣传，还可以发掘一些新的进步空间：《靠山》的发布会或者分享会主要集中在北京和山东两地，其实要让图书的内容以及所传达的精神传播到其他城市，或者与其他地区的革命历史文化产生呼应，可以与其他城市的书店达成合作，举办读者交流会或者作者见面会，使得作品产生地区间联动效应，增加图书的销量，达到更好的传播效果。

（二）要注重主题出版图书的 IP 开发

《靠山》取材于现实，具有极强的 IP 转化性。可前往铁流取材实地进行采访拍摄，以纪录片或者短视频的形式在平台上传播，也可以采用短视频平台如抖音和快手所流行的短剧形式，实现《靠山》的低成本影视转化。可以将《靠山》记述的这一段人民群众踊跃支前的历史故事以 VR 影视或者角色扮演类游戏的形式呈现，通过举办主题图书 VR 沉浸展览，吸引年轻群体观展，感悟在特定的历史年代下人民群众和党的密切关系以及求解放为和平的精神理念。

《靠山》这类优秀的故事性主题图书，已经在媒介融合方面有了多方面的进步，但新的媒介技术为主题图书带来了更多可突破的方面。主题图书媒介融合需要新的思路和尝试，这样才能把主题图书的内容思想和精神理念真正传递到大众心底，对社会产生更为积极的影响。

（杨亚洁）

《长津湖》

一、图书简介

　　《长津湖》是著名军旅作家王筠创作的一部长篇小说。小说以抗美援朝战争中具有伟大转折意义的长津湖战役为背景，以微观细腻的视角成功地刻画了吴铁锤、欧阳云逸等一众鲜活的志愿军战士形象，用恢弘的笔调对那场惊天动地、艰苦卓绝的战争进行了全景式再现。"信仰犹如一盏指路的明灯，照耀着我们的归乡之路"，这句话被印在《长津湖》的扉页上，充分表达了对志愿军战士绝不退缩的大无畏精神和保家卫国的坚定信仰的赞颂与敬佩之情。

　　《长津湖》于 2011 年 12 月由湖南文艺出版社出版。2021 年 10 月，北京十月文艺出版社再版了《长津湖》，一经面世便获得了读者的热烈追捧，登上多个畅销榜、排行榜的榜单。同一时期，同名电影《长津湖》在中国大陆院线热映，电影带来的话题效应将图书的销量推到了新的高度。

二、市场影响

　　《长津湖》自出版以来便荣获多项荣誉，2012 年 2 月，获得首届湖南出版政府奖特别奖；2012 年 9 月，获得中宣部第十二届精神文明建设"五个一工程"优秀作品奖；2012 年 12 月，获得湖南省第十一届精神文明建设"五个一工程"奖；2012 年 12 月，入选《解放军报》（2012）十大军事题材好书；2013

年 8 月，获得第十二届全军文艺优秀作品奖特别奖；2013 年 5 月，入选国家新闻出版广电总局"2013 年向全国青少年推荐百种优秀图书"；2014 年 9 月，入选国家老龄工作委员会、中国老龄协会和中国出版协会首届"向全国老年人推荐百种优秀出版物"；此外还获得过原济南军区大型文学创作特别奖。

截至 2021 年 12 月底，出版短短两个月时间，已加印八次，销量超过十万册。①《长津湖》再版后被诸多媒体争相报道，中国新闻网、中国作家网、《中国青年报》、《北京青年报》、《北京日报》、《大众日报》等众多媒体对作者王筠及此书创作背后的故事进行了报道。书评人及专家学者对此书也给予了高度评价，有专业人士认为"在百年未有之大变局的背景下，长篇小说《长津湖》不仅仅是对一场战争的记忆，更是对我们民族精神的回应"②。此外，《长津湖》还入选"十月文艺 2021 年度图书""2021 年向全国老年人推荐优秀出版物"。时隔十年，《长津湖》在新的时代条件、新的社会环境下再版，被赋予了新的价值，迸发出新的生机，作为长销书展现出了强大的生命力。

三、编辑策划

（一）关注市场热点，迎合读者需求

1950 年 10 月，中国人民志愿军跨过鸭绿江，毅然奔赴抗美援朝战场。在抗美援朝战争中，长津湖之战是中美双方王牌部队改变历史进程的一场对决，战役的残酷程度超出了常人的想象，武器和战术的较量最终演变为双方意志力的较量。作为中国文学史上第一部全面揭开并还原这段历史的大型文学作

---

① 张恩杰：《作者王筠讲述〈长津湖〉背后故事，青少年插图版将推出》，https://t.ynet.cn/baijia/33197627.html，2022–08–11。

② 只恒文：《对话名家 | 王筠：以"长津湖"让 00 后感受信仰的力量》，https://baijiahao.baidu.com/s?id=1715576982071476654&wfr=spider&for=pc，2021–11–05。

品，作家王筠的《长津湖》自 2012 年与读者见面后便一直备受关注。《长津湖》的创作基于王筠长期以来对抗美援朝战争的史料搜集，以及对近百位参加过抗美援朝老兵的实地探访，最终用了半年左右的时间创作完成了这部近 40 万字的长篇小说。

（二）挖掘经典佳作，延续生命周期

可以说，正是小说《长津湖》自身艺术性与商业性兼具的过硬品质，成为北京十月文艺出版社选择再版这本书的主要因素。再版不同于重印，重印是对于出版资源的重复利用，而再版图书可以经过精益求精的修订，使得书籍内容更臻完善，使用价值得到提高，进而创造更大的社会效益、经济效益。对于读者而言，由于《长津湖》在前期就已经积累了良好的口碑，也在一定程度上节省了读者的选择成本，打消了读者的心理顾虑，使得消费者更放心地做出购书行为。可以说，在图书出版过程中，再版图书并不意味着编辑工作量的减少，同样需要高度负责地对原稿进行加工，对校样进行加工。此外，十月文艺的编辑团队还深度挖掘这本畅销了近十年图书的内容价值，无论是图书的呈现方式还是系列化打造方面都做了众多有益的改变与创新。

（三）树立品牌意识，出版系列图书

图书品牌是广大读者对一家出版社形成肯定认知，进而树立起信任与价值认同的重要标识，而再版图书则是品牌图书打造的关键一环。在《长津湖》再版推出的过程中，北京十月文艺出版社有意识地推出了"抗美援朝战争长篇小说系列"这一品牌，该系列由王筠历时十年写就的三部长篇小说构成，分别是已经出版的《长津湖》《交响乐》，还有即将出版的《阿里郎》，共计近 200 万字。其中，《长津湖》是抗美援朝战争长篇小说系列的开山之作，王筠

称这是考虑到长津湖之战的重要性、特殊性，以及自身长期以来对这场战役的关注和了解。《交响乐》由北京十月文艺出版社于 2019 年 8 月出版，这部长达 70 余万字的鸿篇巨制以抗美援朝战争为背景，前接著名而惨烈的长津湖之战，其后延及双方的停战谈判。尚未出版的《阿里郎》历经从战时到战争结束以后长达约 70 年的时间跨度，描写了几代人的恩情、友情、乡情、爱情。与抗美援朝有关的第四部长篇小说《鲜花岭》业已开始创作。王筠希望"用长篇小说这种文本，将这场伟大战争的全景予以史诗般的呈现。在尽可能的情况下，把整个抗美援朝战争的方方面面，从前线到后方，从战时到战后，从高层到基层的官兵，都涵盖进来"。

（四）追求审美价值，创新装帧设计

优秀的装帧设计不仅能在很大程度上提升书籍本身的审美价值和艺术性，还能吸引读者的注意力、激发读者的购买欲。因此，图书的装帧设计至关重要。对于再版书而言，需要摒弃的一种错误观念便是此类图书已拥有大批读者和良好口碑，装帧设计的存在便无足轻重。事实上，在视听媒介发达、媒介信息泛滥的当下，一套好的设计对于抓住读者的注意力来说是非常关键的。《长津湖》属于军事文学类小说，从读者群体来看，这类作品的受众主要由两类构成：一类是对军事感兴趣的中年群体，另一类是有拓展知识需求的学生群体。他们对纸质图书的偏好性明显，受网络阅读冲击也小。因此，编辑团队在装帧设计中考虑到了读者的实际情况。在封面设计中，书封整体使用蓝色作为背景，突出一种简约美，而书名采用了艺术字体的设计，字体红色与腰封的红底呼应，增强视觉表现力。腰封底部还印有一排雪白的冰雕，对应的正是长津湖战役中涌现出的"冰雕连"战士。在版式设计中，字体和字号等的使用恰如其分，便于引导读者更好地理解书籍内容。

四、案例分析

（一）把握时间节点，充分造势营销

虽然同电影相比，书籍这类文化产品的消费受时间节点影响较小，销售周期持续更长，但其出版上市仍然需要选择一个恰当的时机。特别是对于主题出版读物而言，往往需要巧借重大的时间节点展开宣传营销，以实现理想的出版效果和影响力。《长津湖》的出版正是北京十月文艺出版社提前策划选题、充分造势营销的有益尝试。2020年是中国人民志愿军抗美援朝出国作战70周年，在这一年10月北京十月文艺出版社便出版了王筠抗美援朝战争长篇小说系列的第二部作品《交响乐》，并邀请各方专家参与小说创作研讨会，新华社、《光明日报》等二十余家媒体对此进行现场报道。《交响乐》的出版为次年《长津湖》的再版打响了名声。2021年是建党100周年，9月30日是全国第八个烈士纪念日，10月1日是第72个国庆节。可以说，2021年是主题出版的"大年"，而10月又是此类读物集中上市的时段，小说《长津湖》选择在这一时间问世恰逢其时：一方面，人们高涨的爱国情怀有利于带动整个社会掀起一股阅读热潮；另一方面，繁荣发展的主题出版已形成颇为可观的规模效应和溢出效应，进一步吸引媒体关注和民众热议。2022年是中国人民解放军建军95周年，配合这一重要节点展开二次传播，有助于发挥图书营销的长尾效应。

（二）善用名家效应，开展立体营销

名家效应一直是图书出版领域中的重要营销手段，在注意力经济时代更是如此。长篇小说《长津湖》主打"名家＋名作＋名人推荐"最强阵容组合

牌，多个"名"字的叠加有利于整体提升图书的市场影响力、品牌价值。首先是名家。王筠是一位著名的军旅作家，多年的军旅生活和长期的创作生涯使他形成了自己的写作风格，先后创作了《长津湖》《交响乐》《阿里郎》等以抗美援朝战争为主题的长篇小说。《长津湖》通过全景式的壮阔描绘、生动形象的人物塑造与扎实沉稳的写实风格、宏观视野与微观笔法的巧妙结合，真实再现了长津湖之战。王筠不仅在军旅题材写作方面具有权威性、专业性，还非常有历史责任感，他在创作访谈中提到："作为一名军旅作家，应当有情怀、有担当，也有责任去书写这场战争，书写我们这个民族站起来的灵魂，把这段真实的历史告诉读者，告诉我们的子孙后代"。其次是名作。《长津湖》首版于 2011 年底推出，一经出版便先后荣获中宣部"五个一工程"奖、中国人民解放军文艺奖，并在出版后的十余年间一直常销，堪称一部真正的经典名作。最后是名人推荐。《长津湖》获得了李敬泽、朱向前、汪守德、王树增、徐贵祥、柳建伟等名人专家的联袂推荐，他们的专业背景带来的影响力不容小觑。

（三）同名电影热映，增强话题效应

近年来影视圈与出版业互动频繁，不少影视剧来源于热门图书，在影视剧热播后又反哺图书市场。王筠创作的长篇小说《长津湖》虽然并非电影《长津湖》的原著图书，但电影的热映实实在在地促进了同名图书的热销，这一时间"撞车"既是有意为之，也是一种巧合。《长津湖》电影于 2021 年 9 月 30 日在中国大陆上映，由陈凯歌、徐克等联合执导，兰晓龙、黄建新编剧，吴京、易烊千玺领衔主演。该片以长津湖战役为背景，讲述了一个志愿军连队在极度严酷环境下坚守阵地奋勇杀敌，为长津湖战役胜利做出重要贡献的感人故事。该片上映后，不仅稳坐国庆档电影首选，更是接连打破了多

项影史纪录。在如此高票房、高关注度的史诗级电影的加持下，相关图书的销售量明显上升。许多观众观影后希望通过文字去了解那段壮烈又感人的历史，多地书店、图书馆也都策划了以抗美援朝战役为主题的展示展销活动。与小说《长津湖》同一时段内出版，同样以长津湖战役为创作背景的还有现代出版社推出的战役纪实作品《血战长津湖》，以及人民文学出版社出版的原著小说《冬与狮》。能够在众多同类型题材著作中脱颖而出，离不开小说《长津湖》自身史实性和文学性兼备的高品质，离不开其出版十年在读者群中积累下来的好口碑。

（四）引发情感共鸣，实现价值共建

一本好书既能承载作者的思想意志表达，又能促成作者与读者之间的隔空对话。作者与读者的交流不仅是信息的传递，更多的是一种情感的交流。而图书营销的精髓，恰恰是对消费者情感需求的精准识别，让消费者在同一本书中产生情感共鸣，从而促成购买行为和阅读行为的发生。《长津湖》是一部虚构的长篇小说，但长津湖战役却是真实发生的历史，在处理真实历史和人物虚构的关系时，作者王筠找到了一个切入点：关注并且着力刻画人物的情感。朝鲜当地人民主动为志愿军贡献自己宝贵的食物，却死在美军战斗机的轰炸之下，只留下一个小女儿跟在志愿军的行军队伍之中。文工队队员蓝晓萍立志要为心上人织一件天蓝色的毛衣，但是当她终于织完时，毛衣的主人已经化为了永恒的冰雕，蓝晓萍因此织了一辈子的毛衣，都只有蓝色一种颜色。战争不只有残酷，也有温情，战争文学不应只重视宏大叙事，也要关注每一个具体的人。在王筠的笔下，他书写了一个个有血有肉、有悲有喜的志愿军战士，讴歌了在极度恶劣环境下熠熠闪光的人性和无坚不摧的信仰。《长津湖》的编辑团队力求通过营造情感共鸣，引发读者关注和购买，将产品

本身和读者的情感联系在一起。

（五）线上与线下结合，举办多场活动

线上与线下融合的图书营销模式在后疫情时代成为主流。一方面，越来越多的出版机构紧跟时代潮流，积极尝试全媒体矩阵式传播，如线上沙龙、直播带货等新鲜方式；另一方面，落地活动对增强读者黏度上更具优势，对于图书营销而言仍然不可或缺。《长津湖》再版后，作家王筠开始了一系列相当紧凑的宣传活动，包括媒体采访、作品分享会、主题讲座等。2021年10月16日晚，由北京十月文艺出版社、码字人书店联合主办的"重现长津湖战役：真实与残酷、冰雪与意志、信仰与归乡——王筠长篇小说《长津湖》分享会"在北京举行。文学评论家白烨，军史研究专家张明金、丁伟，以及此书作者王筠，在现场与读者交流分享了《长津湖》的创作故事与阅读感受。分享会后，王筠还就小说创作的真实与虚构、文学创作与影视改编的关系等内容与现场读者一一交流。2021年10月18日，作家王筠应邀来到北京市第十九中学，为同学们做以"穿越历史，感受信仰的力量"为主题的专题讲座，分享了自己十余年来创作《长津湖》及其抗美援朝战争长篇小说的心路历程。现场的千余名中学生，就长津湖战役、抗美援朝等与作者进行了深度交流。

五、案例启示

（一）打造优秀军事题材主题出版作品

出版社不应局限于传统选题思维，应调动内容资源优势，掌握文化市场动向，根据读者喜好出版一系列导向正确、内容优质、形式新颖的读物。主

题出版图书也不例外。主题出版是中国出版业在改革实践中探索出来的一条新路，是具有鲜明中国特色的一种出版形态。由于紧扣时代需要，军事题材的主题出版物在竞争激烈的市场中彰显出了明显优势，王筠的《长津湖》便具有代表性。

（二）挖掘经典优质图书进行二次开发

在近年年度新书品种数逐年下降的趋势下，主题出版选题和出书品种数不降反增。然而，每年出版的主题出版图书仍然存在选题同质化、热门板块选题扎堆现象明显等问题，其中不少属于低水平重复。北京十月文艺出版社另辟蹊径，将开发新选题与开掘旧版书相结合，选择著名军旅作家王筠抗美援朝战争长篇小说系列的开山之作《长津湖》进行再版，且于上一年出版了同系列中的另一部作品《交响乐》，均取得了较好的市场反响和社会评价。这样做，可以帮助这些"沧海遗珠"或是曾经的畅销书再次焕发生机，进而加入长销书的行列。当然，图书再版并不意味着仅仅简单地对封面、开本、定价进行调整，而是要根据社会发展和读者习惯，对图书内容做出相应的改进。这一过程有助于延长图书的销售周期，提升其品牌价值，从而为社会文化的发展提供新的基础性积累。

（三）借势同期影视做实做细图书营销

影视同期书是大众出版领域的一个特殊类别，是影视和图书两种媒介融合的产物。影视同期书的内容内涵和表现形式也随着媒介环境的变化和出版产业的升级而更加多样化。2021 年 9 月 30 日，电影《长津湖》上映，迅速带来了一场席卷全国的"长津湖效应"。与"长津湖战役"相关的书籍均出现了热销现象，例如《长津湖》《血战长津湖》《冬与狮》。王筠的长篇小说《长津湖》选择在这一时间再版，结果令人满意，北京十月文艺出版社的营销团队借影视最大限度地提高了图书的曝光率。

（董慧）

《觉醒年代》

一、图书简介

　　《觉醒年代》是 2021 年 12 月由安徽人民出版社出版的一部长篇历史小说。小说以时间为线索，以李大钊、陈独秀、胡适等人从相识、相知到分手，走上人生不同道路的传奇故事为基本叙事线，以毛泽东、周恩来、陈延年、陈乔年、邓中夏、赵世炎等革命青年追求真理的坎坷经历为辅线，着眼于 1915 年《青年》杂志问世到 1921 年《新青年》成为中共机关刊物这一时期的宏大背景，再现了从新文化运动到五四运动，再到中国共产党成立这三大历史事件所构成的历史巨变。① 它以"觉醒"串联全书，激情描绘了 20 世纪 20 年代中国共产党成立前后以国家、民族和人民深刻觉醒为根本特征的革命年代的社会风情和百态人生，生动再现了一百年前中国先进知识分子和热血青年不懈追求真理、实现理想的岁月，深刻揭示了中国共产党建立和马克思主义与中国工人运动相结合的历史必然性，将中国历史上几乎所有重大事件和重要人物融合成为一个独特整体，是一部优秀的历史题材文学作品。

二、市场影响

　　《觉醒年代》获国家出版基金资助，入选中宣部出版局"奋进新征程 建功

---

① 阎晶明：《激情书写"觉醒年代"宏大画卷——评长篇历史小说〈觉醒年代〉》，《新阅读》2022 年第 7 期。

新时代"好书荐读 3 月书单，2022 年 4 月又荣膺 2021 年度中国好书，成为
2021 年度中国好书主题出版类获奖图书。借助其同名电视剧，《觉醒年代》更
是在微博引发热议，仅 130 天便达到 14.7 亿次的微博话题量，豆瓣评分 8.4
分，其同名电视剧评分高达 9.3 分，属于高口碑主题出版类作品。2022 年 4
月首届全民阅读大会期间，"时代出版受邀参加主题为'品质出版引领品位
阅读'的'阅读+'论坛，围绕'高质量作品与现象级文艺传播'话题，以
《觉醒年代》影视与图书系统开发为案例进行交流研讨。除了良好的社会效
益，《觉醒年代》在市场口碑上也大获成功，上市仅 4 个月便销售超 10 万套，
成为现象级的主题出版作品，'觉醒'已成为文化热词"①。

三、编辑策划

2021 年革命历史题材电视剧《觉醒年代》掀起了现象级热潮，广大观
众包括年轻人纷纷高呼其台词振奋人心，文字化需求不断扩大。恰逢中国共
产党建党百年，以《觉醒年代》作为百年献礼阐述党成立前的历史将是极好
的机遇。而《觉醒年代》的作者龙平平本是安徽合肥人，书中提及的主人
公陈独秀、胡适、吴炳湘等先生也均是安徽人。基于这样天时地利人和的
背景，借助热播电视剧出版同名作品无疑可以获得双赢，安徽人民出版社
抓住机遇，争取到了图书的专有出版权，并精心策划了"《觉醒年代》出版
工程"。

（一）抓准时机：选题策划早于电视剧开播

早在 2020 年底，从时代出版传媒股份有限公司编辑委员会调到安徽人民

---

① 郑可：《〈觉醒年代〉：重大题材多元化开脱的探索与思考》，https://www.chinaxwcb.com/
info/579270，2022–05–10。

出版社任职副总编辑的何军民便收到消息称，央视即将播出大型电视剧《觉醒年代》，而安徽省委宣传部是电视剧拍摄的发起单位并参与了投资，但当时图书版权在作者手里。若能争取到专有出版权，在9个多月的短时间内推出有分量的作品作为建党百年献礼无疑是一件好事。但作为央视热播作品，版权竞争十分激烈；而将剧本转化为长篇历史小说，对作品和编辑团队而言都是严峻的考验。

时任社长陈宝红在接受采访时称，若像《觉醒年代》这般优秀的影视作品不能以图书形式呈献给广大读者，无疑是出版人的遗憾。同时，安徽作为陈独秀、胡适、吴炳湘、陈延年等革命先驱的家乡，《觉醒年代》以他们为主角，图书若不在安徽出版，将会是安徽人民出版社的遗憾。因此，他们通过省委宣传部主要领导，积极与《觉醒年代》编剧、著名党史专家龙平平联系，希望安徽人民出版社能够出版同名图书。或许是故土情怀浓厚，龙平平表示同意。①

《觉醒年代》图书出版的立项是偶然和必然的结合。偶然或许是得知电视剧《觉醒年代》的有关消息，但安徽人民出版社对市场的深刻洞察并及时抓住机遇，同时立足其多年来在主题出版领域持续深耕的宝贵经验，对电视剧《觉醒年代》的出版转化具有推进作用，这些无疑是必然。

（二）市场洞察：把握年轻受众需求

2021年2月，电视剧《觉醒年代》在央视首播，此间推出同名书最为理想。但龙平平奔波于全国各地，安徽人民出版社只能找机会和他沟通《觉醒年代》的创作、改编问题。电视剧《觉醒年代》主题色彩浓厚，考虑到年青

---

① 章红雨：《书稿落户安徽不是偶然——〈觉醒年代〉出版背后的故事》，《中国新闻出版广电报》2022年4月7日，第2版。

观众的反应，龙平平表示等电视剧播完后，根据年青观众的反应再启动剧本改造。

出乎意料的是，电视剧《觉醒年代》好评如潮，圈粉了无数年青观众，这超出了编辑和作者的预期。"觉醒年代""yyds""催更"等微博词条在《觉醒年代》播出过程中也成了2021年的网络热词。很多年青观众在追剧时，还提出了李大钊夫人的形象不够立体、陈氏兄弟和陈独秀的关系转变过程看得不过瘾等意见。捕捉到此现象，安徽人民出版社决定，立刻制定时间表和路线图，按照倒排工期的方式高强度地开启出版流程。党史党建出版中心主任朱虹亦带领两位年轻编辑陈蕾和左孝瀚组成精干专班，随时满足作者的需求。①

同时，安徽人民出版社在调研中发现，该剧的受众还包括许多中小学生，其中不乏由于家长老师的引导学习作用。由于相关历史知识的缺乏，他们往往会在观剧时通过网络检索的方式深入了解该段历史。但网上知识鱼龙混杂，真假难辨，因此以图书形式出版面向青少年群体的权威性解读版显得十分重要。在作者龙平平提议后，一本面向青少年的党史学习教育读本《细说觉醒年代》便诞生了。这也是后期"《觉醒年代》出版工程"的重要读本之一，为《觉醒年代》在青少年群体中的营销拓宽了市场。

（三）专业素养：过硬的主创团队

《觉醒年代》的作者龙平平在电视剧热播后便先后斩获上海电视节白玉兰奖、澳门澳莱坞金萱奖的最佳编剧奖，受到了专业人士的高度认可。同时，作为中共中央党史和文献研究院第三编研部主任，龙平平对党史颇有研究，

---

① 刘蓓蓓：《"〈觉醒年代〉出版工程"正在实施》，《中国新闻出版广电报》2021年8月30日，第6版。

具有过硬的专业能力。因此，选择原编剧作为《觉醒年代》的作者，更能保证电视剧—图书出版的有效转化，保证其权威性。

鉴于《觉醒年代》的特殊体裁形式，需要在保证其历史真实性的情况下增强小说作品的文学气质，安徽人民出版社特别邀请了专业领域的专家们组织成创作班子。首先，为了增强《觉醒年代》的文学气质，安徽人民出版社特邀张万金、许长勋两位作家担任第一轮特约文学编辑；和中国作协联合召开改稿会，对书稿提出了修改意见。作者根据专家意见完善后，出版社再次邀请周玉冰和张亚琴两位年轻作家对书稿进行细节处理，一是保证严谨性，二是为了进一步拓宽年轻市场。由此形成了"专家评议—编辑加工—作者完善书稿—专家细节处理"的良性路径。经过系列复杂程序后，最终呈现的书稿品质得到了各方认可。

（四）选题拓展："《觉醒年代》出版工程"

在策划《觉醒年代》出版过程中，安徽人民出版社同时策划了面向青少年群体的解读版《细说觉醒年代》和漫画版，与《觉醒年代》一同打造了"《觉醒年代》出版工程"，目的是辅助不同年龄段的读者研读历史，突出强调历史上的重大事件和重要人物，帮助读者更好地厘清《觉醒年代》的逻辑。因此，两本辅助读物在内容编辑上有所不同：第一，书稿内容以剧情故事为主，既要立足于剧情，又要帮助青少年解决阅读障碍；第二，以讲故事为主，拒绝说教，尤其是可能让读者感觉枯燥无味的说教，要注重用易于理解的内容、经典的案例、简洁生动的表达方式来实现传播效果；第三，把握住"青少年版"的定位，让读者读书就像在同书里的人物面对面聊天谈心，让他们读过之后还能细细品味。① 针对细分人群的解读版一经推出，线上线下均得到热销，这样系统的"出版工程"也带动了《觉醒年代》的营销。

四、案例分析

（一）抓住时代机遇，推动多元开发与选题策划相辅相成

2021 年是建党百年，抓住时代机遇确定好的选题，是以优秀作品向党百年华诞献礼的前提。国家新闻出版广电总局在《进一步做好庆祝建党 100 周年广播电视节目创作播出工作的通知》中指出，"建党百年主题节目要聚焦于中国共产党史的叙述上，讲好中国故事，讲好中国共产党的故事"。电视剧《觉醒年代》的面世和成功无疑是学习党的成长史、奋斗史和成功史的极好范例。作为电视剧的发起和投资单位，时代出版公司旗下的安徽人民出版社及时把握主流媒体对影视剧强档热播的节点，找准切入口，抢抓同名电视剧改编题材，做好了充足的谋划与落实。

首先，安徽人民出版社确定了选题策划的总体思路，即必须落实到五个点："一是必须在百年党史中拥有重要地位，二是必须在宣传百年伟业上发挥持续而深远的影响力，三是必须具有安徽地方特色，四是必须具有一定的艺术创作水平，五是必须符合当前市场受众的需求"；"结合这五个点，出版社开始谋准主题出版的重点题材——争取《觉醒年代》的专业出版权。《觉醒年代》兼具关键节点、关键事件、关键人物，是百年伟业的起点、红色初心的源头、伟大梦想的启航"。② 其次，编剧龙平平，作品中主要人物陈独秀、胡

① 刘蓓蓓：《"〈觉醒年代〉出版工程"正在实施》，《中国新闻出版广电报》2021 年 8 月 30 日，第 6 版。

② 郑可：《〈觉醒年代〉：重大题材多元化开脱的探索与思考》，https://www.chinaxwcb.com/info/579270，2022–05–10。

适、陈延年等人均是安徽人，这对于安徽人民出版社而言有着特殊的意义。独特而契合时代机遇的题材、合理的地方特色及作者的权威性创作是其选题成功的重要因素。最后，在合适的节点利用政策倾斜进行多元策划宣发，可以为图书的出版销售提供诸多便利。《觉醒年代》以电视剧为先导，深度开发多种艺术形式的竞品，如电视剧、图书、文创产品等。图书出版后，《觉醒年代》便入选中宣部 3 月荐读书单，后又获 2021 年中国好书主题出版类获奖图书，极大地促进了此书的销售，实现经济效益和市场口碑的双赢。后又构建《觉醒年代》产品矩阵，成功打造红色 IP 形象，带火了衍生产品的发展，提高了在受众尤其是年轻受众中的知名度，并依据青少年的需求，启动"《觉醒年代》出版工程"，拓宽了销售渠道和方式。

（二）打磨作品质量，推动热播影视剧向精品图书的高效转化

从电视剧剧本改编为长篇历史小说，是《觉醒年代》最大的挑战也是最大的创新和成功。它不是简单翻改电视剧剧本，而是在电视剧剧本的基础上对内容情节的再创作、对人物故事的再提升、对艺术品质的再升华、对历史细节的再打磨。

首先，《觉醒年代》把握时代精神，是生动传播党史的经典之作。小说相比电视剧，深化了故事的历史背景，用更为立体、细节、生动的写作手法全面呈现了"觉醒年代"的历史脉络，共同推进多条叙事线索，凸显更为宏大的历史主题。其次，刻画鲜活的人物形象，赋予其更具烟火气的身份。不同于以往的历史题材小说，《觉醒年代》除了呈现主人公们的革命故事，也以细腻的笔触描绘了他们同家人朋友的生活，使得人物更为饱满，更加触动人心。再次，准确把握静态的文字艺术，提升作品的文学气质。相较于影视剧的动态性和直观性，小说通过静态的文字叙述和细节描写，对故事情节、人物刻画进行了丰富与拓展，创造了一个可读、可想、可还原、可阐释的丰满叙事空间，激发了读者的想象力和创造力，保留了情绪渲染的空间，具有更高的艺术意境。最后，利用电视与图书的体裁互补，强化主题宣传。在"好看"的电视剧视觉化和"好读"的图书深度化之间，一方面是寓教于乐，另一方面是对经典的保存，观众与读者实现了互动阐释。《觉醒年代》的"金句"在小说中得到了更好呈现，"小说也对这段历史的阐述做了更丰满的补充，二者相辅相成，引领受众深刻体会到'觉醒年代'对新时代的深远影响"[①]。

（三）关注受众需求，推动主题出版类图书作品年轻态表达

《觉醒年代》借助年轻态表达和新媒体传播推广，深耕市场，时刻关注受众需求，真正做到了对主题出版主体多元化创作的及时回应，在引发了公共热议的同时还强化了情感动员，完成了对主流价值观的有效引领。

相较于老一辈的读者，青年读者更愿意以一种更为主动的方式积极参与到《觉醒年代》的讨论中，他们广泛表达自己的真切感受，并在电视剧热播后为小说改编提出建议。基于这种受众心态，《觉醒年代》小说的改编积极关注市场动向，不断运用新媒体平台和年轻化语态，应时代和读者的双重需求，制定内容和传播策略。[②]

一是内容创作求新。在《觉醒年代》出版前，编辑和作者便根据电视剧的受众尤其是年轻受众的反响进行小说改编，按照读者要求挖掘故事性，更着眼于青少年关注的职业道德、亲子关系、个人成长和理想逐梦等话题，使得历史故事鲜活立体、历史人物有血有肉，整体呈现"轻说教"风格，极

---

① 郑可：《〈觉醒年代〉：重大题材多元化开脱的探索与思考》，https://www.chinaxwcb.com/info/579270，2022–05–10。

② 刘子瑜：《〈觉醒年代〉的传播特色分析》，《新闻战线》2021 年第 16 期。

大满足了读者的阅读需求。其次，结合市场调研报告，针对青少年群体启动《觉醒年代》出版工程"，推出解读版、漫画版作为补充读物，丰富阅读形式，在帮助不同年龄段受众理解阅读的同时也收获了市场的高度认可，带动作品的整体销售。

二是传播渠道多元。新媒体时代，读者不再局限于线下购物或纸质阅读，通过线上线下多渠道方式进行宣发是《觉醒年代》畅销的一个重要原因。首先，在图书出版前，利用电视、互联网观影《觉醒年代》打造声势，为图书出版奠基；图书出版后，线下通过书店、高校宣讲会、图书博览会等渠道进行宣发，线上则积极拓宽当当网、淘宝等销售渠道，并冠以"2021年度中国好书"荣誉称号吸引读者购买。在图书形式上，则丰富了有声图书的传播，适应无纸化阅读的创新发展。在《觉醒年代》畅销的同时，出版社不断运用新媒体平台拓宽传播渠道、深化传播效果，如在小红书、微博等平台进行好书推荐，在抖音等短视频平台传播二次剪辑的影视剧内容同时附加图书链接，起到双向引流的作用。

三是传播过程互动。不同于以往主题出版类题材的严肃风格的聚集，《觉醒年代》通过跨媒介叙事，生动演绎了"红色文化"的精神符号，并由信息的被动接受逐步转向主动传播。[①]其在微博、微信、抖音、小红书等流量平台均引发了顶流话题，且拥有明显的长尾效应，至今仍有较大讨论量。如在微博平台，"#觉醒年代yyds#"的阅读量已超6亿次；在小红书对《觉醒年代》台词的传播也成大势，这也是许多读者期望出书的原因——为了更好地收藏台词。在《觉醒年代》的宣发过程中，用户通过社交平台积极表达对小说改编的期望，一方面为作者提供了借鉴，另一方面其评论形成了互动，不断发

---

① 章嘉奕：《〈觉醒年代〉的跨媒介叙事初探——以陈延年、陈乔年为例》，《新闻世界》2022年第3期。

酵，吸引相同偏好的受众纷纷主动转载，形成了叠加型的宣传效果。

四是衍生产品发展。"觉醒年代的续集就是我们现在的美好生活"这句话给无数人带来巨大的触动，引发无数读者纷纷线下打卡合肥"延乔路"、新文化运动相关旧址和博物馆等，更是衍生了《新青年》系列文创产品。《觉醒年代》对"红色IP"形象的打造，其长尾效应彰显出"红色文化"的强大生命力。可见，主题出版类的读物要提高在青年读者中的热度，除了叙事手法的创新，更要结合青少年读者的兴趣特点，生产一批主题鲜明、文质并茂、润物无声、青少年喜闻乐见的图书和融媒体产品。

五、案例启示

（一）重视读者需求

2021年众多主题出版类畅销图书尤其是党史相关的图书，其畅销的最主要原因，便是抓住了建党百年这一关键节点。建党百年之际，报纸、杂志、广播、电视、网络新媒体等对党史相关话题的多重报道，使得该话题的讨论热度不减，读者对党史类图书的阅读需求扩大，《觉醒年代》的出版恰好迎合了市场需求。在口碑方面，"2021年度中国好书"等重量级奖项也颁给了《觉醒年代》，带动了图书的销售。

（二）提升内容质量

图书的内容质量直接决定了《觉醒年代》的畅销。首先，在优质和准确性方面，图书由党史相关的专家撰写，具有权威性，并在撰写过程中设有专家小组层层评议和把关，确保了内容的质量。其次，在话语表达方面，主题出版类图书要引起青少年的关注，就需要使人物形象更为鲜活，更为真实地再现历史。

（三）打造"红色IP"

互联网时代带来了"红色文化"传播的新机遇。《觉醒年代》在前期造势上，可利用电视剧或其他相关系列的读物打造声量，为图书出版提供"热度"。出版过程中，注重线上线下渠道的结合，积极利用线下门店、宣讲会和发布会的形式打破熟人圈层，形成口碑传播；同时整合媒介资源，利用社交媒体参与互动、达人推广，增强传播的交互性和参与感，达到叠加型宣传效果。最后，抓住传播的长尾效应，关注网红周边产品的开发，积极塑造"红色IP"形象，让"红色文化"深入人心。

（李元园）

《二十四节气七十二候》

一、图书简介

　　《二十四节气七十二候》于 2022 年 2 月由中信出版社出版。这是一本用中国抽象绘画的语言来描述传统的二十四节气七十二候的书，主要内容根据季节—节气—物候的结构安排，分为春夏秋冬四章，通过 140 余幅抽象绘画作品和结合画作完成的 72 篇文字作品对每一个节气和物候进行深入解读，展现了中国历法中蕴含的自然美学、生命哲学和宇宙观念，充分展示了中国文化与中国智慧，是对中华优秀传统文化进行艺术化解读和现代化传播的一部作品。

二、市场影响

　　《二十四节气七十二候》一经出版，就受到了诸多媒体的好评和推荐，如入选《中国新闻出版广电报》2022 年 2 月的优秀畅销书排行榜、2022 年中国好书榜单、《中国青年报》"中青书榜 5 月好书"等。许多媒体、读书会推荐书目里都把这本书放在了重要的位置。《人民日报》《光明日报》《新华每日电讯》等也刊发书评予以重点推介。2022 年 9 月，该书入选中宣部 2022 年主题出版重点出版物。此书在豆瓣平台也获得了 8.1 分的高分。

三、编辑策划

（一）二十四节气：传统文化创新与作者专长的交汇

二十四节气被国际气象学界誉为"中国的第五大发明"，2016 年 11 月 30 日被正式列入联合国教科文组织人类非物质文化遗产代表作目录。

作者之一徐立京谈到这本书的创作缘起时表示，时代需要新的创作，作为新闻工作者，为优秀传统文化创造性转化创新性发展做出努力是一种责任，也是这本书的创作初衷。

徐冬冬是国画作者，他谈到自己的创作意图时说，以二十四节气七十二候为载体，使用中国抽象绘画的方式，以新的思考维度和抽象绘画语言的中国化，探讨建立融汇东西方优秀文化的中国式抽象逻辑思维。而由此产生的中国新型文化，将推动中国现代化科学体系和工业化、城市化的建设，并为引领未来全球发展变革和文化价值观的认同提供支持。[①] 明确的出发点和高品质的内容是图书获得认可的根本。

（二）图文融合：元符号推动中华优秀传统文化传播

《二十四节气七十二候》采用图画和文字融合的形式。比起简单地配以插画或者配图的形式，此书突破了文字为主、图画为辅的结构，反而突出了中国式的抽象绘画，而文字的部分是对绘画作品的解读。这不仅在国内传播的过程中有利于突破圈层的限制，给予读者更宽泛的理解空间，扩大传播范围，更在国际传播的场域中创造了一种元符号。

[①]《二十四节气七十二候：阐释中国人独有的诗意生命美学》，中国经济网百家号，https://baijiahao. baidu.com/s?id=1724811005474023153&wfr=spider&for=pc，2022–02–15。

《二十四节气七十二候》的内容和表现形式正是以元符号来向国际传达中国对于元问题的解答，从而传播中国话语的元价值。元符号即在符号之前的符号，可以被赋予解读意义的符号。从传统意义上来讲，抽象艺术或者说抽象美术被认为是一种西方流派，徐冬冬对中国抽象绘画的开创，创新了一种新的绘画艺术形式，成为中国绘画艺术在国际话语环境中表达自己的重要策略和方式。同时中国抽象绘画也打开了一种新的中西文化对话交流的通道。抽象画不是描写自然世界，而是以主观的方式，通过具体的形色表现出来，这也是艺术表现形式的一种超越表象，是面对实质的表现形式。这本书对这种艺术形式的运用有利于在国际传播的过程中降低读者的"戒心"，给予读者更多的解读空间和耐心，同时辅以文字的解读也有助于读者理解作者的意图。徐冬冬对气象和历法的抽象呈现使用了一种后现代性的方式，不给出对中国文化的标准定式，只是提供一种可供解读的文本和可对话的范式。

（三）出版准备：时间沉淀与推陈出新

《二十四节气七十二候》系列组画是徐冬冬《四季》系列的开篇之作，从2013 年到 2020 年，历经八年的实践，潜心创作完成。又经徐立京两年的写作，总共花费十年时间，才推出这本书。可见，一本书的创作、编辑和出版离不开具有专业能力的作者。

《二十四节气七十二候》的抽象画作并非一时心血来潮，徐冬冬对中国文化和中国艺术有着深刻的好奇心和深沉的热爱，通过中国抽象绘画表现中国哲思、用中国抽象的思维方式影响中国式抽象绘画的方式和风格是徐冬冬一直坚持做的事情。《二十四节气七十二候》的创作实现了推陈出新。

（四）出版时机：冬奥会的二十四节气表达

2022 年北京冬奥会开幕式倒计时以中国传统二十四节气为时序渐次展开，再一次将二十四节气带入全球观众的视野，全球主流媒体对此多有报道和解说，并给予积极评价。① 在这个国内外瞩目的赛事举办的独特时间段中，出版《二十四节气七十二候》一书，吸引更多国内和国外的目光关注这一作品，无形中借用了一次推广和营销的机会，是艺术的巧合，也是重要的宣传策略。而在后期对书籍的营销宣传中，也做到了内容与众多节气的联动，可以说是二十四节气这一主题的独特优势。

四、案例分析

（一）选题新颖：拓展传统文化类主题出版

《二十四节气七十二候》以二十四节气七十二候为切入点，传播中华民族的优秀传统文化。对二十四节气七十二候进行艺术化呈现和哲学化解读，是从中观的角度对中华民族时空观和人生观的再传播。二十四节气在人们日常生活实践中，在气象学领域发挥着重要的作用，还以时间观的形式融入中华民族的集体意识。古代中国人的时间意识以天时和人时的二重组合表现出来。从民众时间意识的起源上看，二十四节气既是一种对自然物象与生物物象的"精密测量"与"同声传译"，也是人们认识自然大地与天外宇宙的方法论与世界观，更是中国人与天地自然融合、物我为一的"人—自然—文化"哲学观。②《二十四节气七十二候》的选题既没有陷入冗长的历史梳理，也没有围

---

① 胡百精：《中华文化国际传播的战略思维与路径》，《对外传播》2022 年第 9 期。
② 张祖群：《二十四节气的认识视角：时空划分、文化传播与遗产保护》，《餐饮世界》2020 年第 6 期。

于宏大的史实歌颂，而是从每个人在生活中都能够感受到的气候变化切入，突破了说教性、艰涩性，增添了大众性、通俗性。

另外，在传统文化的范畴中，这一选题做到了既有意义又有趣味。徐立京和徐冬冬两位作者在专业领域的能力毋庸置疑，此书作为用中国抽象绘画语言完整描画二十四节气七十二候的系列艺术创作，巨大的体量和深入浅出的内容不仅做到了对七十二候完整和深入的阐释，同时也做到了人文与自然的结合。《二十四节气七十二候》突破了地域性理解的限制，是所有中华民族儿女都能切身感知到的变化，在吸引力、可读性和易理解的维度上为读者提供了便利。

（二）排版创新：博物馆浏览式读书体验

媒介考古学是一种以媒介物质为中心的"回溯—前瞻式"的研究取向，强调媒介的物质性对人的影响，主要从恢复物质性、寻访异质性和捕捉复现性三种方式展开对媒介的研究。从媒介考古的复现性角度来看，媒介的发展变化并非线性的，也不是媒介正史呈现的连续性叙事，而是零散的、星星点点的状态，在带给观看者体验的维度上存在复现的体验和瞬间。《二十四节气七十二候》在每一个节气和气候都使用"绘画 + 文字"的排版模式，以一种类似于"博物馆作品 + 讲解"的方式呈现，使读者在获得阅读快感的同时，也获得了观展的体验。翻书的动作类似自己亦步亦趋的位移，平面的内容在一定程度上被扩充为立体的空间，使自己置身于绘画和文字共同打造的展览空间。这种形式能给予读者更沉浸的情感体验，让读者不管是在认知还是在情感的维度上，都能够获得更丰富的内容和更深层次的感悟。

（三）多平台矩阵营销：触达用户，实现变现

2022 年立春当天，中信出版公众号发布了《立春了！中国人坚守了 3000 年的诗意生命美学，又回来了》一文，在独特的时间节点推广《二十四节气七十二候》。日常栏目"新书推荐"是其重要的内容影响形式，分别在《不可不看·每周新书 | 2022 年第 8 周》和《2 月新书推荐 | 28 本中信好书，本本精彩》两篇周推荐和月推荐文章中宣传此书。此书入选中宣部 2022 年主题出版重点出版物后，中信出版公众号再一次进行推广。在 2022 年 9 月 10 日中秋节，该公众号又一次在《放过月饼吧！看看别人的中秋节，都玩出花了！》中宣传此书，并附上购买链接。中信出版公众号在底部功能键处设置了热门书单和购买图书的链接，做到了内容集合、营销渠道和销售入口的集合。

而中信出版在微博平台上，则更加注重内容的互动性和效果的互动性，多次发布《二十四节气七十二候》的新书分享会、签售会、读书会等活动的预告，以"文字 + 海报 + 链接"的形式呈现。同时微博也借用一些节气的时间节点对此书进行宣传，在微博页面设置了"微博小店"的链接，促进注意力到行动力的转变，实现价值变现。

（四）多次开发：垂直化深挖内容价值

中信出版集团不仅出版了《二十四节气七十二候》的实体书，而且在中信书院 APP 上线了电子书和有声书，实现了纸声电一体化。其中有声书可试听 8 章，全书购买需要 84 元，会员免费。这种限定数量、计量付费的付费墙模式适用于数字内容的营销，在给予用户一定尝试空间、允许用户免费阅读、了解产品内容之后收取费用，能够较大程度吸引用户，促进公域流量转化为私域流量，提高产品收益和用户黏性。

考虑到书中绘画的独特观赏性和艺术价值，中信出版集团还联合便利的展览场地，举行新书签售会、读书分享会和绘画作品展览的融合活动。图书的表现空间是有限的，而和博物馆或者展览的联动，吸引了一批展览爱好者，扩大了潜在客户群体。利用小红书、大麦、摩天轮等多种宣传和售票平台，打破圈层限制，以年轻态的宣传语言和细分化的营销平台，带动书籍销售，扩大宣传范围。

（五）线上线下融合：时空超越与深度解读

中信出版集团对《二十四节气七十二候》进行了线下线上两方面的营销。线下活动包括 2022 年 3 月 13 日在北京中信书店（启皓店）举办的新书分享会，2022 年 4 月 23 日（世界读书日暨全民阅读大会）在北京图书大厦举办的签售活动，7 月 29 日在外图厦门书城举办的书籍解读活动。线上活动有 2022 年 6 月 18 日在"一刻 talks"APP 中徐冬冬进行的对此书绘画的解读直播活动。线上宣传和预告做到广而告之，推动相关关注者转化为书籍的购买者。线上直播与线下分享相结合，既可以借助直播间克服时空障碍，又可以通过面对面交谈深入交流。

五、案例启示

（一）媒介融合：用户与理念的融合

《二十四节气七十二候》的出版做到了出版内容的融合、出版渠道的融合、线上线下的融合。做好纸质书籍的出版，首先应该明晰当下的纸质书籍在互联网、移动社交媒体、可穿戴设备等众多媒介技术网络中处于怎样的位置，用户对纸质书籍有怎样的期待。基于用户的能动性和细分市场，制订书籍的策划和出版方案，才能更科学，才能获得更好的市场反馈。

《二十四节气七十二候》在艺术性、美学性和科学性三者融合的过程中，做到了既可以给读者适当的解读空间，又能围绕此书在读者中形成一种认同感、群体归属感。微博、豆瓣评论区的交流以及线下读书会、分享会的对谈，都可以围绕书籍的内容展开讨论，在交流和互动中加强对书籍的认同，促进读者对书籍自发的分享和宣传行为。

（二）产品定位：明确且简单的营销概念

由于当下人们处于传播过度的社会，面对媒体、产品和广告的爆炸性生产和传播，人的心智容易接受与其以前的知识与经验相匹配或吻合的信息，即选择性认知、理解和接受，因此需要新的营销方法，即定位。而定位不是去创造某种新的、不同的事物，而是去操控心智中已经存在的认知，去重组已存在的关联认知。因此，对产品或品牌的营销首先应该确立自身的定位，对图书的营销同样应该如此。

《二十四节气七十二候》在宣传中有相关的表达，比如"第一本用中国抽象绘画的语言来描述传统的二十四节气七十二候的书"，但是这句定位的代表性、简洁性、表达力和宣传性略有不足。对营销书籍的定位应该尽量做到简洁并具有针对性，具体来说，应该综合考虑书籍的内容、版面策划、审美艺术以及面向人群对书籍的期待，把握好用户群体的消费、语言和审美习惯等，才能进行精准营销。

（三）破圈传播：年轻态与细分宣传

主题出版不能忽视青少年群体。不管是内容传播还是变现能力，青年都是重要的目标群体。作为社交媒体的原住民和最活跃的用户之一，在青年群体中的营销可以在最大程度上发挥社交媒体的作用。《二十四节气七十二候》需要更加年轻态的话语和营销方式。比如此书的营销中发挥了诸多教授和专业人士等意见领袖的影响力，同时还可以发挥社交平台关键意见领袖的带动作用，比如哔哩哔哩、知乎、小红书等存在很多细分领域的关键意见领袖，他们不仅可以对书籍进行宣传，还可以发起转发赠书、每日打卡等活动，更有利于实现社群传播。

总之，纵然媒介环境发生巨大变革，各种已经得到应用和充满想象力的新技术层出不穷，但已有的媒介形式和媒介内容仍能够发挥作用，重点在于对技术的选择和使用能否基于自身产品定位和用户细分。以《二十四节气七十二候》为例，主题出版在内容上不乏精品，兼具艺术性、审美力、可读性的作品层出不穷，关键是如何让更多人了解和接受。一方面，对内容的研磨、形式的创新、渠道的融合不可或缺；另一方面，面对变化的用户市场和用户需求，应该利用大数据、社交媒体等方式做到精准推送和精准营销，在节约成本的同时提高营销效率。

（曹瑞颖）

《三江源的扎西德勒》

一、图书简介

　　《三江源的扎西德勒》是 2022 年 3 月由二十一世纪出版社出版的一部儿童文学图书，是作家杨志军继"藏地少年系列"《巴颜喀拉山的孩子》后的第二本。书中讲述了汉族男孩小海一家三代支援西部，为三江源的野生动植物保护贡献青春与热血的感人故事："我"与母亲和被救助的野生动物一道，前往雪山寻找失踪的父亲。在寻找父亲的过程中，"我"一边以孩子天真的目光，探寻着三江源神奇的自然风物，一边在与小动物们相伴的过程中，回忆"我"和父母救助野生动物的故事。这一路上，"我"获益颇多，与藏族、回族的孩子成了挚友，在广袤的三江源土地上茁壮成长，并继承父辈遗志，继续守护三江源上的野生动物。

二、市场影响

　　2022 年，《三江源的扎西德勒》被评为"中国好书"1—2 月榜图书，入选《中国新闻出版广电报》2 月优秀畅销书排行榜，入选《中华读书报》3 月月度好书榜，入选《中国出版传媒商报》3 月好书，入选《全国新书目》4 月荐书单，入选"新晨百道童书榜"4 月榜，入选"开卷少儿畅销书排行榜"，入选辽宁文学馆 2022 年度"夏天好书"暨小学生暑假书单。此书还入选中宣部 2022 年主题出版重点出版物，入选 2022 年"丝路书香工程"，等等。截至

2022 年 7 月，已销售近 4 万册。

三、编辑策划

（一）打造少儿主题出版

作为少儿出版工作的重中之重，少儿主题出版承担着向少年儿童传播主流文化、培育社会主义核心价值观、弘扬时代主旋律的重要使命。帮助少年儿童系好人生的第一粒扣子，是少儿主题出版的重要任务。

对于少儿主题出版，二十一世纪出版社做了较长时间的探索与实践。出版社就如何将深刻的主题、抽象的思想转化为生动有趣的故事，如何以少年儿童的视角看待主题出版中的大命题等问题进行了深入的思考和积极的探索，这次，他们又把策划目光投向了环境保护主题，出版了《三江源的扎西德勒》。

（二）三江源环境保护的主题创作

党的十八大将生态文明建设纳入了中国特色社会主义事业"五位一体"总体布局，"中华水塔"三江源生态保护、环境治理工作显得尤为重要。2016年，三江源成为首个国家公园体制启动试点。2021 年 3 月，习近平总书记对青海生态保护尤其是三江源保护提出明确要求。

确定好出版主题之后，编辑开始选择作者。作家杨志军出生于青海省，曾在三江源地区生活工作了 40 多年，他经常采访林业工作者和畜牧兽医站的医生，还喜欢跟生物研究所的人打交道，有时会参加他们的野外科学考察，著有长篇小说《藏獒》等，也很擅长撰写儿童文学，曾获中宣部精神文明建设"五个一工程"优秀图书奖、中国出版政府奖、全国优秀儿童文学奖等。

杨志军因其独特的生活经历、写作风格，以及与出版社过往合作的缘分，得到了编辑们的青睐。

（三）多环节合力精心打磨

为进一步提升文本质量，除了责任编辑、部门主任、分管领导仔细审读书稿外，出版社还邀请了多位资深出版人、儿童文学创作与研究专家、野生动物研究专家和三江源国家公园的工作人员把关内容，并且找了多名小读者试读。秉持着千锤百炼出精品的出版理念，编辑团队向杨志军提出了叙事节奏整体调整、局部情节精细处理等修改意见。作者根据审读意见又先后精心修改了三稿，终于在 2021 年 11 月定稿。

一本精品图书，不仅内容优质，装帧设计也同样讲究。为了帮助小读者对内容有更为直观的认知，编辑部请青年插画师郭牛绘制了两张三折大拉页，一张全景式展现了作品中主要刻画的 18 种动物，一张简洁明了地再现主人公小海到三江源寻找父亲的路线。作品的封面图邀请青年插画家叶露盈绘制，她以藏族地区常用和尊崇的白、蓝、红、黄、绿为主色调，绘制了一个藏族男孩手捧一条寓意为"扎西德勒"的哈达。哈达无限延伸，与广袤的草原融为一体，就像一条蜿蜒流淌的孕育着草原生命的母亲河。

四、案例分析

（一）第一阶段：线上宣传，做好预热

互联网的传播方式，使读者和图书出版的互动性更强。鉴于新媒体能够实时互动，编辑能够及时得到读者的回馈并对信息进行分析，让图书内容更有针对性、更加精准化，以满足读者需求。

1. 各渠道广泛宣传，做好预热

主题出版要考虑如何以丰富的文字、图片、视频，甚至现场直播等多媒体融合手段，借助新媒体技术，创新商业模式和传播形式，打造专业、客观、可读性强的产品，实现从传统出版的单向传播模式到"视、听、触"立体传播的模式转变。《三江源的扎西德勒》上市前，编辑团队就积极报送资料信息给相关媒体，在新华社、《中国新闻出版广电报》《潇湘晨报》《江西日报》《博尔塔拉报》《右江日报》、黑龙江新闻网等各大媒体、新闻网站，及麦田少年文学等公众号上发布书讯、新书推广软文和图书短视频等，为新书上市预热。

2. 发布 UGC 内容，新媒体平台引流

出版社在微博、小红书、抖音等自媒体平台上寻找读书博主和小读者提前试读，并发布视频、文字推荐，利用新媒体平台引流。如小红书平台的UGC 内容共获得 1000 次左右浏览量，小红书博主"小橙子吖"的图文分享帖获得 197 个点赞，在评论区有无数提问书籍相关的问题，可以看出分享帖起到了很好的引流作用。社交媒体平台上的 UGC 分享模式相较于官方推荐更加富有亲和力，对于浏览者来说推荐更易接受。

（二）第二阶段：线上线下联动营销，与读者建立连接

1. 举办线上线下研讨会，发布书评文章

新书出版后，邀请专家举办新书发布会暨作品研讨会是推广新书的重要途径。在《三江源的扎西德勒》出版后，由中共江西省委宣传部指导，江西省出版传媒集团有限公司和中文天地出版传媒集团股份有限公司主办，二十一世纪出版社承办的"书写三江源的绿色传奇——《三江源的扎西德勒》作品研讨会"通过云端形式举行。会上，近 20 位专家对《三江源的扎西德

勒》进行了深度点评。有评论家认为该作品是"伪装成童话的小说，伪装成小说的诗集"，实现了生态儿童文学国家战略高度、儿童叙事和思辨性的突破，称其为"我国原创儿童文学主题性写作走向成熟的标志性作品之一"。①新华社、《北京晚报》、光明数字报、中国作家网、腾讯新闻、凤凰网视频、新浪网、搜狐网、网易新闻、中国西藏网、中国教育新闻网、中文传媒等几十家媒体、网站都对研讨会内容发布了相关报道。

此外，各大媒体发布书评，如《光明日报》刊登《三江源：祝你幸福吉祥》，中国作家网发布《在递进的意蕴层次中叩响生命之义》，《辽沈晚报》发布《万物平等，和谐共生》等，有评论家认为其是"少有的内涵非常丰富和厚重，但同时表现形式又非常轻盈，也非常适合孩子阅读的优秀儿童小说"②。

2. 作者深度访谈，各地举办分享会

邀请权威媒体对作者进行深度访谈，是通过作家之口，深度介绍作家创作背景、思路、理念的方式。《中华读书报》对作者杨志军进行深度专访，发布《做一个对别的生命有用的人——访著名作家杨志军》，文中写到"一个作家的思维和经历决定其一生的创作方向，而杨志军的情感认知和情怀取向则都是从童年出发的"，介绍杨志军年轻时的藏地经历成为其日后创作的精神家园，介绍杨志军的文字内涵与精神"在行云流水般的文字里，我不光看到磅礴逶迤的藏地风光，更看到旖旎山色中那道曾经照耀在他身上的圣心之光"③。

此外，出版社在青岛、武汉、南昌等地举办读者见面会、作品分享会。作家和读者们面对面交谈，同时还邀请专家团队作为嘉宾到场参与分享。

---

① 《书写三江源的绿色传奇 ——〈三江源的扎西德勒〉作品研讨会顺利召开》，https://mp.weixin.qq.com/s/QPxB51RDv1ZacdcPMMZFHg，2022–04–23。

② 却咏梅：《来自三江源的绿色传奇》，《中国教育报》2022 年 4 月 27 日第 11 版。

③ 红娟：《做一个对别的生命有用的人——访著名作家杨志军》，《中华读书报》2022 年 5 月 18 日，第 20 版。

3. 在各地小学、社区图书馆组织图书"漂流"活动

出版社还针对书中的不同主题，联合不同学校组织了读书"漂流"活动。孩子们与家长、老师一起写读后感，开读书会，做手抄报。在同一本书上做批注，交流阅读观点。联合学校举办读书活动，能最大限度地提高孩子们的阅读率。写读后感、做手抄报这些活动也能够提高孩子们对书籍内容的接触度和理解度，图书"漂流"让更多小朋友互相交流自己的想法和观点。

精准营销提供了一个大人与孩子平等交流的平台，孩子们在阅读中体会到《三江源的扎西德勒》中蕴含的人文光芒，激发了他们对自然之敬畏、对生命意义的追问。

4. 开辟社群平台，进行密集宣传

自媒体平台是不同社群聚集的高地，自媒体用户实质上是一些固定的社群，他们是一群有着共同价值观与兴趣的团体，自媒体平台的崛起亦是社群的崛起，所以在一定程度上，自媒体平台的发展激活了图书的社群营销。在小红书、抖音、微博等平台有不少大 V 领读，以图片和视频的方式发布，累计点击量达 100 多万次。

二十一世纪出版社为《三江源的扎西德勒》的营销特意建立了读者分享群。编辑认为文学作品包括儿童文学的推广，必须打好"感情牌"。编辑通过提前发放试读名额，与读者拉近距离；每次的分享都由编辑根据读者反馈、专家反馈精心策划，通过点对点的"作业"检查，与读者进行深度交流。

（三）第三阶段：持续深入推广，深度挖掘图书价值

1. 组套营销

《三江源的扎西德勒》是杨志军"藏地少年系列"的第二本，而第一本《巴颜喀拉山的孩子》也广受好评，曾入选 2019 年"优秀青少年读物出版工

程"、第七届"中国童书榜"、国家新闻出版署"2020年农家书屋重点出版物推荐目录"、第五届中国出版政府奖获奖名单（图书奖）、第十一届全国优秀儿童文学奖小说奖等。因此，在营销上，出版社采取组套营销策略，在新闻稿件的宣传内容上多提及两本书的关系，且谓"后者较之前者，文章行进更为自如且内容更为丰富复杂"。组合营销的目的是运用第一本书的成功带动第二本书的畅销。

2. 推出有声书

有声阅读作为数字化时代的全新阅读方式，以其特有的强伴随性、沉浸式、便捷性等特征，通过技术革新打造全新阅读场景，吸引更多人热爱阅读、坚持阅读、创新阅读，成为推动全民阅读工作的重要力量，推动实现建成社会主义文化强国的远景目标。《三江源的扎西德勒》出版时，在喜马拉雅、蜻蜓FM、阿基米德、懒人听书、华为终端同步推出有声书。配音演员和背景音乐共同营造出紧张的探险氛围，较之纸面书籍来说，更加吸引小朋友们沉浸其中。喜马拉雅平台收获1.6万次播放量，评论区也好评如潮。

3. 积极推进作品"走出去"

以纸质图书为主的出版"走出去"作为中国对外传播的重要组成部分，肩负着提升我国话语权及舆论引导的重大责任。《三江源的扎西德勒》实现了法语、波斯语、阿拉伯语等语种的版权输出，作品"走出去"成效显著。

五、案例启示

（一）选准切入口，将宏大主题巧妙融入儿童文学叙事中

主题出版是围绕国家政治、经济、文化、社会等方面的工作大局，就党和国家发生的一些重大事件、重大题材等主题进行的出版活动，其主题一般

比较宏大，而少儿图书面向的是年龄小的读者。如何将宏大的主题与符合少年儿童审美阅读心理结合、让小读者喜欢阅读并读懂，是出版社要解决的重要难题之一。少儿主题出版在内容表达上应将深刻、富有思想性及隐喻性的主题转化为富有故事性、艺术性、具象性的表述，在叙事视角及呈现方式上都要与儿童视角紧紧贴合。《三江源的扎西德勒》是一部格局宏大、主题深刻、内容厚重的作品，是一部关于人与自然关系、人与动物关系、人与人关系的作品，其之所以成功，是因为从选题策划到内容把关都紧扣"少儿"与"主题出版"两个关键词，很好地做到了宏大主题与少儿文学的有机结合，以孩子们喜闻乐见、充满了童真童趣的语言和插图叙述故事，渗透宏大的主题，将野生动物习性与故事情节完美融合，使得作品既具有思想性、知识性，又具有可读性。

（二）少儿主题出版要重视编辑与作者的密切合作

少儿主题出版对编辑的专业能力、文化修养和政治素养提出了更高的要求。要做好主题出版，编辑应当不断完善自身知识结构，注重对国家相关政策的了解和学习，既要保持对宏大主题和热点事件敏锐的洞察，又要增强对稿件的润色能力以及书籍的装帧呈现能力。同时，编辑还应严格坚守文学品格，回归童书创作的本质。

编辑在选题策划之初就要积极有效地介入作家创作，有针对性地协助作者创作。要充分了解作家擅长的领域，对其发展潜力要有综合评估。此外，重要的选题应当成立相应的项目小组，编印发等所有环节的工作人员都参与其中，对作家创作、作品呈现、内容增值、推广形式等提前做好规划。

（三）精准营销，力争社会效益和经济效益双丰收

作家创作主题出版应当形成良性循环，既形成当下的短期社会效益，又能够长期地影响和引领读者的文化养成。因此，作品出版后的精准营销显得尤为重要。例如，线上线下协同发力。在线下，开展举办作品研讨会、作者演讲会、读书分享会等活动，对作品进行重点展示和推介；同时，寻找卖点，利用已有畅销书带动新书的方法，打包宣传，组合销售，互相借势借力，激发媒体和读者的关注。在线上，积极拥抱融媒体技术，打造独具特色的宣传推广活动。如《三江源的扎西德勒》的营销，注重申报各类图书榜单和登上阅读书目，招募网络读者试读，在微博、微信公众号、抖音和小红书上进行阅读分享与推介等，都取得了很好的成效。

（杨子仪）

《我用一生爱中国》

一、图书简介

天地出版社出版的《我用一生爱中国——伊莎白·柯鲁克的故事》(以下简称《我用一生爱中国》)是一部反映中华人民共和国友谊勋章获得者伊莎白·柯鲁克一生的报告文学。此书描绘了伊莎白·柯鲁克坚定地选择中国、扎根中国的非凡人生,以个人视角展现出星火燎原、抗日救国、解放战争、建立新中国、全面建设社会主义、改革开放、迈入新时代的辉煌历史。伊莎白作为人类学家、国际共产主义者、教育家、新中国英语教学拓荒者,与中国人民一道,献身革命、建设新中国,用自己的一生向世界展示了一个真实生动的中国,传播了和平美好的中国声音。2019年伊莎白成了中国对外最高荣誉勋章——友谊勋章的第八位获得者。伊莎白曾说"我没有那么伟大,就是每次都选择了中国,选择留在自己喜欢的地方,选择和喜欢的人民在一起"。[1]伊莎白发自肺腑的一句话,充满了对中国人民的深情。

二、市场影响

《我用一生爱中国》被评为中宣部第十六届精神文明建设"五个一工程"入选作品。曾入选中宣部2022年主题出版重点出版物、2022年国家出版基

---

[1] 李桂杰:《伊莎白·柯鲁克:百年人生,每一次选择都是中国》,http://news.youth.cn/jsxw/202204/t20220411_13601535.htm#,2022–04–11。

金资助项目、中宣部出版局"奋进新征程，建功新时代"好书荐读书单（5月），2022年中国好书月榜图书（4月）、新华荐书2022年第13期推荐书单，还入选了四川省2019年至2022年度重点图书出版规划项目、2021年度四川省重点出版物补助资金资助项目、2021年度四川出版发展公益基金出版资助项目。在"走出去"方面，此书目前已经签订了英文版、法文版、俄文版、拉丁文版等十个语种版权输出协议。[①]

三、编辑策划

党的十八大以来，主题出版呈现良好发展态势。《出版业"十四五"时期发展规划》把"做强做优主题出版"作为"专节"加以论述，要求"进一步完善主题出版选题策划机制，优化主题出版选题结构，提升选题质量。鼓励创新表达方式和传播手段，增强主题出版物的吸引力感染力影响力，打造一批双效俱佳的主题出版精品"。做好主题出版需要高质量的选题策划，编辑不仅要关心关注时政，还要有敏锐的感知力，善于从鲜活、生动的人物和故事中发现选题线索，选好角度，精准策划，从而使主题出版真正实现"双效"统一。《我用一生爱中国》这本优秀主题出版物自策划缘起到正式出版共历时3年，在此过程中既可以看到出版社敏锐捕捉、精心策划的努力，也可以看到作者与编辑在创作过程中并肩作战的身影，出版社与作者两方的紧密配合是《我用一生爱中国》诞生的基础与前提。

（一）策划缘起

天地出版社发现这一选题并非偶然，而是立足于出版社丰富实践经验基

---

① 《我用一生爱中国，央视〈读书〉栏目带领观众阅读伊莎白·柯鲁克的故事》，https://mp.weixin.qq.com/s/n7c85Ob8AxfumcpPYpQ-8A，2022–10–14。

础上开辟的主题出版策划思路——从四川地方元素出发，以小见大，发掘精彩可信的中国故事。第一，丰富的主题出版实践基础。天地出版社重视主题出版并形成了自身特色，秉持"从鲜活、生动的地方故事中寻找和开掘重大主题，坚持原创，追求首创"的出版理念，曾出版了荣获中宣部精神文明建设"五个一工程"优秀作品的《让兰辉告诉世界》《雷锋》；入选中宣部主题出版重点出版物目录的《古路之路》等优秀主题出版图书，在讲好中国故事、弘扬民族精神方面有着深厚积淀。第二，精准定位自身差异化出版主题——地方故事。2017 年，在国家出版基金项目"华西坝文化丛书"的策划过程中，伊莎白这位生于成都、长于华西坝、扎根中国大西南的人类学家就进入了天地出版社的视野。书写这位共产主义斗士的百年人生诗篇，成为《我用一生爱中国》的策划缘起。第三，敏锐捕捉图书策划的时机与灵感。2019 年9 月 29 日，104 岁的伊莎白在人民大会堂金色大厅接受中华人民共和国友谊勋章，出版社以此次授勋为契机，决定采用报告文学的形式真实反映老人不凡的一生，以真人真事、真情实感向全球展现一个真实的中国。正如北京师范大学新闻传播学院教授秦艳华在 2022 年 5 月 13 日由《文艺报》社、四川新华出版发行集团有限公司主办的报告文学《我用一生爱中国》研讨会上所谈，伊莎白亲历了中国百余年的历史巨变，与中国人民同呼吸、共命运，为中国革命和建设做出了重大贡献。用报告文学的形式，真实记录为中国革命和建设、新中国教育事业、对外友好交流无私奉献的百年人生，无疑是一个很好的主题出版选题。事实证明，这部书通过记述伊莎白的百年人生，展现中国共产党百年奋斗历程和中华民族的伟大复兴之路，也向世界传播了和平美好的中国声音，讲述了一个真实生动的"中国故事"。

由于伊莎白年事已高，写作工作既紧迫又艰巨，出版社最终决定计划用 3年时间完成选题策划、资料收集、内容写作，在 2022 年党的二十大召开前出版，献礼党的二十大。

（二）作者选择

选择作者，这是内容写作阶段面临的第一个问题。作家谭楷走进了出版社的视野。首先，谭楷于1963年就开始发表作品，有丰富的文学创作经验，写作了《西伯利亚一小站》《孤独的跟踪人》《不准擦粉的女工》等，作品荣获《人民文学》创刊45周年报告文学奖、《萌芽》奖等众多奖项，《让兰辉告诉世界》就是与天地出版社合作的主题出版图书，荣获中宣部精神文明建设"五个一工程"奖。其次，谭楷专注于主题出版的创作，虽然年近80岁，但他对国家与人民的热忱更加炽热，探索出了自己的写作方向——以记录典型人物的报告文学作品以小见大，讲好新时代生动活泼、真实可信的中国故事。这也正符合《我用一生爱中国》的体裁要求。最后，伊莎白扎根大西南又是研究"兴隆场"的人类学家，具有极强的四川地方文化烙印，华西坝在她的生命中具有非凡的意义，而谭楷是四川中江人，正如他在书中写到的："我有一点底气，因为我是伊莎白的华西坝老乡，我对她的成长的环境，以及她做人类学田野调查的那条藏彝走廊比较熟悉。"[1] 这种作者与传主人生轨迹、生长环境的重合，也为真实生动的作品的诞生提供了可能。

（三）内容写作

写作什么内容，这是要面对的另一个难题。由于伊莎白老人已年逾百岁，无法口述一本回忆录了，这为此书的写作带来了很大的困难。如何在传主提供信息十分有限的情况下完成一本传记，谭楷对此颇有感悟："一本回忆录是

---

[1] 谭楷：《我用一生爱中国——伊莎白·柯鲁克的故事》，天地出版社2022年版，第351页。

一片昨天的云",那么伊莎白是"一朵令人景仰的云,被中国革命的风暴托起","再现这朵昨天的云,确实是很大的挑战"。[①]写作前充分的准备工作则是应对这一挑战的重要方案,要深度挖掘传主的人生经历,获取其中珍贵的历史资料以支撑传记内容,确保作品的真实性与生动性。最终,谭楷这位年近80岁的老人踏上一位年逾百岁的老人的人生征程——重走伊莎白的人生之路。他先后到四川汉源、理县,重庆璧山,河北十里店,及加拿大多伦多等多地实地考察,采访了伊莎白和其家人,以及大量的亲历者、见证者,将众多第一手访谈资料与珍贵历史资料融于一书。重走之旅与责编相伴而行,编辑与作者并肩战斗,共同打磨作品,使全书紧扣"用一生爱中国"这一核心主题。因而作者谭楷才将创作过程称为寻觅百岁老人的足迹,重读中国近现代史的发现之旅和学习之旅。如何创作一本成功的主题出版图书,避免假大空、脱离群众,重走之旅可能提供了一种解答——朝花夕拾,融入传主曾经路过的空间去感受那个特殊的时代。作者与编辑全身心地感悟,用深度挖掘、精细策划、精心创作来打磨作品,将灵魂与热情倾注其中,终于打造了一部优秀之作。

四、案例分析

主题出版有其特殊的政治性,但不可辩驳的是,它最终依然要以商品的形式进入市场,通过经济领域的交换行为或传播领域的注意力消费来实现自身价值,因此营销是必不可少的。此书采用了市场经营模式,顺应市场规律,将传统营销与数字营销相结合,积极追求社会效益与经济效益的结合。

---

① 谭楷:《我用一生爱中国——伊莎白·柯鲁克的故事》,天地出版社2022年版,第352页。

（一）传统营销：严肃的广告

《光明日报》曾评价"《我用一生爱中国》成了一本超越故事逻辑，超越时空，完成了传主、作者和读者精神和鸣的精品佳作"。①《中国青年报》对此书进行报道，提出："这本书写了伊莎白·柯鲁克对中国的热爱、深爱、挚爱，堪称爱国主义的生动教材。"②《文艺报》也曾发表题为"百年传奇人生，百年中国情"的新闻报道对此书进行介绍与推荐。除传统新闻报纸媒体外，众多新闻网站也对该书进行了广泛报道，既有光明网、中国新闻网、中国日报网、海外网等权威网站，也有川观新闻、澎湃新闻、腾讯网等地方或商业新闻媒体。多层次、全类型的新闻媒体围绕此书的相关活动、传主介绍、好书推荐、读后感想等多种内容进行了广泛的报道。充分利用新闻资源进行宣传，把握并发掘主人公伊莎白自身的新闻性，并将其与此书的出版相结合，依靠新闻的高真实度、强影响力与深思想性，推动了此书的销售。

2022 年 10 月 1 日，国庆节当天 CCTV-10 科教频道《读书》栏目播出特别节目，带领观众品读《我用一生爱中国》，同期节目在央视网、央视频上线。《读书》是一档用丰富的电视手段传递书中精华和资讯、与大众共享好书的栏目。节目全面呈现了伊莎白·柯鲁克传奇的一生，还为此书做了一次有效的电视广告。节目开头直接用全屏呈现此书，主持人李伟手持书籍进行展示，节目结尾时作者谭楷对书籍进行介绍，外加主持人的娓娓道来，生动地展示了图书的魅力。电视媒体、央视频道、栏目定位三重"光环"相叠加，

---

① 光明日报：《我用一生爱中国：伊莎白·柯鲁克的故事》，https://baijiahao.baidu.com/s?id=1732822898332734684&wfr=spider&for=pc&qq-pf-to=pcqq.c2c，2022–05–15。

② 蒋肖斌：《报告文学〈我用一生爱中国〉讲述"友谊勋章"获得者伊莎白·柯鲁克的百年人生》，https://baijiahao.baidu.com/s?id=1732808598096072857&wfr=spider&for=pc&qq-pf-to=pcqq.c2c，2022–05–14。

为此书注入了强效宣传力，达到了商业电视广告所无法触及的广告效果。主题出版图书鲜见于电视媒体，一是由于图书的产品呈现形式，无法支付电视广告的高额成本；二是自身的严肃性，不适宜电视广告的商业模式，而此书所采用的与电视节目相结合的宣传模式则开辟了另一条路径，以社会效益支付宣传成本，在电视媒体一端进行了爱国主义教育，在出版社一端达成了电视广告的宣传效果，电视媒体与出版社实现了双赢，这也是未来主题出版可以尝试采用的模式。

此书的营销活动总体上来说主要具有三个特点。第一，导向性。此书的营销活动关注导向性与思想性，采用了发布会、研讨会、诵读会、读书分享会等具有高专业性的活动形式，如 2022 年 5 月 13 日举办的报告文学《我用一生爱中国》研讨会，7 月 2 日谭楷苏州"书"说伊莎白阅读分享会等，传递出一种深刻而又严肃的声音，追求社会效益第一，而非经济效益。第二，权威性。5 月 13 日的研讨会邀请了 107 岁的伊莎白·柯鲁克及其儿子柯马凯出席，对图书进行专业的评价与解读。5 月 27 日举办的成渝两地分享会，作者谭楷出席。众多权威人士以严谨客观的研讨与评价的方式，对该书进行解读，强调了主题出版的专业性，突出了该书的权威性。第三，系统化。首先，活动的规模采用大、中、小型活动配套开展的模式，既有之前提到的大型活动，也有以进驻苏州展会的阅读分享会为代表的中型活动，同时也开展了如"伊莎白故乡行"阅读分享系列活动，推进图书进社区、进学校，全方位、多层次的活动，有效地提升了图书触达受众的人数。其次，对开展活动的时间日程进行了系统性规划。《我用一生爱中国》为献礼党的二十大的主题出版图书，因此从 2022 年 4 月出版到 10 月之间，营销活动有序排布，又重点关注了世界读书日、国庆节等重要节点。这种双维度的营销活动系统化顺应了主题出版图书营销的必然趋势，有助于更好发力。

（二）数字营销：专业化的营销矩阵

《我用一生爱中国》使用网络新媒体进行宣传，采取数字化的营销手段，呈现出矩阵化与正式化的特点。

第一，形成了多平台、多账号的矩阵营销格局，在抖音、快手、今日头条、微信公众号、微博等不同类型的互联网平台中，使用了短视频、软文广告、音视频结合等不同形式进行广告宣传。在平台内又并非只在单一账号中进行宣传，而是选择使用众多不同影响力的账号。以今日头条为例，既选择了拥有224万粉丝具有广泛社会影响力的"光明日报"账号、192万粉丝的"上游新闻"账号发布图书简介广告，又在拥有43万粉丝的"重庆日报"账号、18万粉丝的"第一读者"账号等具有地方影响力的融媒体账号进行宣传，同时也选取了"品鉴彭州""方志四川"等基层账号。这种层级化的矩阵营销网，大大拓展了此书在网络平台的影响力。

第二，严格把握选取的新媒体账号的专业性，保证宣传渠道的正式化。以微信公众号为例，除"文艺报1949""文学报"等权威账号外，其余选择的账号也是专业的、严肃的，如"华和西一家人""书之元宇宙""长安街读书会""新华文轩"等，这确保了主题出版物的严肃性不被数字化的渠道消解。总体来说，数字营销的开展顺应了当下读者的媒介使用习惯，借助网络渠道的流量入口和传播方式进行营销，体现了出版机构主动向新媒体平台拓展。然而，这种数字营销方式虽然是一种突破，但营销重点仍局限于今日头条、微信公众号等文字类平台，对于具有广泛影响力的抖音、快手等短视频平台重视程度有待提高，对豆瓣、知乎等互动性较强的新媒体平台也需加强关注，这也是未来可以深入发展的方向。可尝试进行短视频推广、组建豆瓣图书标签与发表书评等，使数字营销更贴近媒介受众尤其是青年群体，推动图书营销与网络发行渠道相结合、出版机构与新媒体平台深入合作。

（三）媒介融合：创新呈现形式

图书出版"从长远趋势来看，传媒数字化是必然的，多媒体出版也是必然的，趋势即命运"。[①] 在图书媒介深度融合发展的今天，《我用一生爱中国》把握了当下多介质传播的趋势。一方面，出版社选择了目前已经广泛采用的电子书的呈现方式，不仅在掌阅、微信读书等传统在线阅读平台推出该书，还上线了时政类综合平台"学习强国"。作为"立足于党员，面向社会"的现象级 APP，学习强国的平台定位决定了用户使用动机与行为——以汲取红色知识为目标。这正契合了此书的受众定位，在"学习强国"APP 上线此书，能够满足平台用户的阅读兴趣，也有效地提升了此书目标受众的触达率。同时，在"学习强国"平台角度，《我用一生爱中国》电子书的上线丰富了爱国主义教育的内容。"学习强国"肩负着教育人民的重任，需要提供知识以教育广大党员干部与群众，伊莎白的生命史正是生动的教育资料，能够满足爱国主义教育的目的。这正启发着主题出版与"学习强国"平台相结合的数字出版路径：能够达成双向共赢的结果，实现图书的社会价值与平台的教育目标。另一方面，《我用一生爱中国》又进行了有声书呈现的创新。虽然有声书对于畅销书来说已经是比较成熟的图书媒介融合呈现形式，但对于主题出版物来说，这仍然是一个创新性突破，面临着选谁为诵读者，如何用声音进行呈现的问题。此书选择了"喜马拉雅"音频分享平台，与拥有 35.7 万粉丝的女性音频主播"简夫人 77"合作，采用边读边讲的形式进行展示。从受众的反馈来看，这无疑是一次成功的尝试，截至 2022 年 10 月 23 日，该专辑总播放量

---

① 聂震宁：《媒介融合：图书出版业独特融合之道》，《科技与出版》2014 年第 9 期。

已达 660.3 万次，听众打出了 9.9 分的高分，160 条评价几乎都为积极评价，这证明了主题出版这种优质的传播内容在与有声书呈现方式相结合后，能够爆发出强大的生命力。传统纸媒与互联网音频平台的媒介融合所带来的加持为主题出版传播的成功"保驾护航"。

五、案例启示

（一）选题方向：要贴近群众，更接地气

主题出版必须真正洞察人民的阅读需求，也只有这样才能真正实现主题出版的社会效益。做强做优主题出版，坚定不移地把"以人民为中心"作为主题出版的出发点和落脚点，就能进一步树牢导向意识，始终站在人民的立场上，表现人民的生活，传播人民的声音，用心用情用力为人民抒写、为人民抒情、为人民抒怀。[①]《我用一生爱中国》的选题策划和文本价值，从一个侧面说明只有从最广大人民群众的阅读需求出发，挖掘出"有趣、有料、有思路"的选题，才能使主题出版成为广大人民群众的常备读物，成为群众喜闻乐见的读物。

（二）内容创作：要真切具体，有策划含量

《我用一生爱中国》的写作工作持续了 3 年，编辑与作者共同踏上重走之路，深刻了解写作的主题与传主的精神，是作品内容质量的保证。内容写作要做到言之有物，讲好真实的生动的故事，避免脱离现实，任意歪曲杜撰。在叙事风格上，能够将宏大的、深奥的、复杂的重大问题以简单易懂、亲切

---

① 秦艳华、路英勇：《做强做优主题出版推动新时代文学精品不断涌现》，《中国出版》2022 年第 11 期。

自然的语言呈现出来，这样读者才能读得下去、读得进去，真正实现主题出版的导向价值和教育意义。

（三）营销手段：要与时俱进，协同配合

市场需求的蓬勃发展带来了营销环境的持续向好，这要求出版机构转变思路，正视市场营销。在实际的主题出版实践中，出版机构往往是主题先行、内容为重，忽视宣传发行，常常陷入"叫好不叫座"的状态。《我用一生爱中国》的营销创新实践打破了这种"出版即完成"的固有思维，积极"打广告"，用持续的传统媒体、新媒体等营销手段将图书推入市场，借助权威的、有影响力的营销渠道，实现良好的经济效益。

（四）媒介融合：要深入发展，不断创新

媒体融合，正是出版业转型升级的关键。早在 2015 年 4 月，国家新闻出版广电总局联合财政部就发布了《关于推动传统出版和新兴出版融合发展的指导意见》，为出版业融合发展指明了方向。电子书、有声书、"互联网＋出版"等媒介融合方兴未艾，这就要求主题出版在创新内容生产和服务、拓展传播渠道、拓展新技术新业态等方面，必须做到顺势而为、有所作为。《我用一生爱中国》多媒体传播实践为出版融合发展提供了很好的借鉴。

（梁泽龙）

《下庄村的道路》

一、图书简介

　　《下庄村的道路》是由作家出版社与重庆出版社联合出版的一部以"全国脱贫攻坚楷模"毛相林为主人公的报告文学作品。重庆市巫山县竹贤乡下庄村位于秦巴山区腹地，被称为"天坑村"，周围山壁环绕，道路崎岖，交通不便。1997年，村党支部书记毛相林开始带领村民修路，历时7年，在绝壁上凿出了8公里的"天路"。公路修通后，毛相林又带领村民经过15年探索试验，培育出富有特色的"三色"经济：劳务输出（蓝色）、西瓜种植（绿色）、柑橘种植（橙色）。2016年，下庄村成为全县率先实现脱贫的村庄。《下庄村的道路》一书正是讲述了在"当代愚公"毛相林的带领下，下庄村人不畏艰险、敢于拼搏、实现脱贫奔小康的故事。

二、市场影响

　　《下庄村的道路》自出版以来获得多项荣誉，赢得市场和业界的双重认可。2021年8月3日，《下庄村的道路》获得由《人民文学》杂志社与郎酒集团合作主办的《人民文学》年度奖之非虚构作品奖。2022年8月19日，图书评论学会发布了2022年7月中国好书榜单，《下庄村的道路》上榜。2022年9月，中央宣传部办公厅公布2022年主题出版重点出版物选题160种，其中图书选题140种，《下庄村的道路》名列其中。2022年10月，《下庄村的道路》获得中宣部第十六届精神文明建设"五个一工程"入选作品。

三、编辑策划

（一）推动主题出版高质量发展

2021 年 12 月，国家新闻出版署印发《出版业"十四五"时期发展规划》，提出"出版业'十四五'时期要以高质量发展为主题，以深化供给侧结构性改革为主线，以推动改革创新为根本动力，以多出优秀作品为中心环节，以满足人民日益增长的学习阅读需求为根本目的，为人民群众提供更加充实、更为丰富、更高质量的出版产品和服务"，强调"要做强做优主题出版、打造新时代出版精品，明确出版业'十四五'时期发展的指导思想、基本原则、目标要求、重点任务、保障措施，描绘了出版业发展蓝图和工作方向"。这体现了党和国家对主题出版领域的高度重视，表明主题出版图书在未来将大有可为。政策环境鼓励优质主题出版图书的创作，市场呼唤内容精良、有价值深度且能满足人民群众阅读需求的优质读物，因此策划主题出版图书是大势所趋，也是时代命题。

2021 年 9 月，党中央批准了中央宣传部梳理的第一批纳入中国共产党人精神谱系的伟大精神，脱贫攻坚精神名列其中，全党、全国、全社会逐渐形成大力弘扬脱贫攻坚精神的浓郁氛围。《下庄村的道路》中毛相林带领下庄村人民修路致富的故事，是中国大地上轰轰烈烈的脱贫攻坚战的缩影，下庄村战胜了前进道路上的诸多困难和风险，不断夺取伟大胜利，体现了共产党人与人民群众团结一新、英勇奋斗的精神风貌，是乡村振兴事业最生动的素材。《下庄村的故事》从选题策划、主题立意到精神价值等各个层面都契合时代脉络，同时又具有深远历史意义。

（二）紧扣时代主题，书写山乡巨变

书写伟大人民，沉入生活深处、扎根新时代的山乡大地、投身山乡巨变的写作，描绘来自基层的、奋斗在脱贫攻坚和乡村振兴一线的鲜活故事，创作出有时代温度的精品力作，这是时代的呼唤、人民的呼唤。正如作家出版社董事长路英勇所说：为反映我国脱贫攻坚的历史性伟大成就，近几年，作家出版社共出版脱贫攻坚主题图书 20 余部，其中多为精品力作。比如，"脱贫攻坚题材报告文学丛书"（10 部）入选中宣部 2020 年主题出版重点出版物选题目录，《十八洞村的十八个故事》被评为 2020 年度中国好书；《暖夏》入选中宣部 2021 年主题出版重点出版物选题目录，并被评为 2021 年度中国好书等。[①] 作家出版社在选题策划上，通过小切口准确把握时代脉搏，致力于凸显强烈的时代气息，以现实题材的小说出版作为工作重点，积极推出塑造有血有肉的人物形象、描摹祖国大地上波澜壮阔的脱贫攻坚征程、充分勾勒新时代农村伟大变革的文学精品。2022 年 4 月作家出版社联合重庆出版社又推出了《下庄村的道路》这部反映新时代乡村变革的优秀文学作品。

（三）故事有代表性，精神有感染力

毛相林带领全村人打通了一条致富之路，他的事迹受到了各界广泛关注，并获得了"时代楷模""最美奋斗者""全国脱贫攻坚奖奋进奖""感动中国2020 年度人物"等多项荣誉，还受到中央广播电视总台春晚节目组邀请，登上了春晚的舞台。2021 年 2 月 25 日，党中央、国务院决定，授予毛相林等10 名同志"全国脱贫攻坚楷模"荣誉称号。毛相林第一个上台，接受习近平

---

① 张清俐、张杰：《见证新乡村文学时代的蓬勃到来——访作家出版社有限公司董事长路英勇》，《中国社会科学报》2022 年 12 月 9 日，第 5 版。

总书记颁发奖章和证书。诸多荣誉加身，毛相林和下庄村的故事已经在全社会流传开，并不断获得多家有影响力的主流媒体的宣传报道。

毛相林的事迹感动了亿万国人，毛相林也被形象地誉为"当代愚公"。毛相林四十三年坚守初心的奉献精神，下庄村人向绝壁开路的不屈精神、攻克贫困的奋斗精神，最终汇聚成了"下庄精神"。"下庄精神"不仅属于下庄村人，也代表了一代代中国共产党人拼搏奋斗的进取精神，是党和国家"奋进新征程"的精神号角，也是"建功新时代"的启航风帆。新的历史征程，奋进是主旋律，下庄村的故事是有深度、有广度、有温度的典范，具有高度的精神价值，有助于传递积极的思想观念。

当下的读者，是新时代美好生活的建设者，时代呼唤更贴近百姓生活、反映人民进取奋斗精神的主题出版读物。下庄故事能够引起读者的共鸣，值得挖掘探索和讲述。因此从选题策划的角度看，策划《下庄村的道路》不仅有思想价值，也有市场前景。有价值、有潜力的选题是图书畅销的前提，但将故事讲好是一本图书成为优质畅销书，甚至是长销书的关键。

（四）作者在深入生活的基础上创作

作者罗伟章本着现实主义精神，广泛搜集资料，客观打量、深刻把握毛相林的事迹，在了解了下庄村人艰难的生存条件，以及下庄村人在毛相林的带领下创造出脱贫硕果之后深受震撼。2021 年春天，罗伟章深入巫山县下庄村，进行实地调研，深入人民群众中间，采访当地的父老乡亲们，收集素材。此后，经过数月的创作，这部作品刊载于《人民文学》2021 年第 6 期上。罗伟章笔下的故事励志感人，人物鲜活有力，这部作品可以扩充写成一本书，让更多人得以看到。作者罗伟章也认为，"他应该更加充分地把毛相林和下庄村人的精神内涵提取出来，下庄村人的内在精神，在脱贫攻坚中发挥了巨大的激励和鼓舞作用，在乡村振兴和以后的奋斗进程中，也能熠熠生辉"。2021年冬天，罗伟章完成了17万余字的长篇报告文学作品《下庄村的道路》，作品于2022年4月出版。罗伟章通过《下庄村的道路》一书让脱贫攻坚前线上的一个个坚韧不屈、砥砺奋进的鲜活个体跃然纸上，深刻诠释了感人励志的"下庄精神"。

四、案例分析

（一）原型人物及其事迹被广泛报道

2021年5月起，中国文明网推出"奋斗百年路 启航新征程·数风流人物"系列报道让读者从中感悟英模人物的高风亮节，汲取英模人物的精神力量。其中，毛相林作为时代楷模也获得了各级媒体的广泛报道。多次媒体正面曝光，促使"当代愚公"与下庄村的故事在图书出版前已被大众所熟知，为图书出版后的宣传营销做了坚实的铺垫。

例如，在主流媒体方面，2021年11月CCTV-4《国家记忆》栏目推出《根脉 脱贫攻坚精神》，这期节目讲述了当代愚公毛相林是如何带领整村人实现脱贫，走上致富的康庄大道；《人民日报》刊发《毛相林：绝壁凿通幸福天路》等多篇文章，颂扬毛相林带领村民凿山开路，实现下庄村脱贫摘帽的先进事迹。其他专业媒体，如澎湃新闻、上游新闻等媒体也对毛相林的感人故事进行报道，并宣传下庄村人的精神品质；在自媒体方面，微信、抖音、微博等新媒体平台用户充分利用技术条件，积极点赞评论，并自发转载相关报道，主动剪辑毛相林相关的图文视频素材，标注上"传承文化""传递正能量""振兴乡村"等标签，在用户群体中形成二次传播，进一步扩大该故事的社会影响范围。

毛相林和下庄村人的事迹在我国受到了各大媒体多层次的、正面的报道，已成为一个知名度较高，且兼具文学故事性、高度精神价值和深刻历史意义的正能量主题出版类故事 IP。

（二）媒体与文学名家积极宣传

多家媒体的宣传报道有力地提升了图书的知名度。《下庄村的道路》出版后，得到《重庆日报》《文艺报》、新华网、重庆文艺网、上游新闻、川观新闻、大众报业等多家媒体的宣传报道，进一步提升了图书的知名度和社会影响力。

名家评价推介提高了图书的美誉度。有专家评论道："只有报告文学才能更好地展现下庄村的精神，让读者感受到这种震撼，罗伟章做到了。只有真的走过下庄村人肩挑担抬修出来的那段路，才能有笔下打动人心的《下庄村的道路》"；"罗伟章在长篇纪实《下庄村的道路》中所书写的当代愚公毛相林和他带领的下庄村人勇毅坚韧开凿天路、摆脱贫困的故事，鼓舞和激励了周边及更多地方的人们振兴乡村建设家乡的热情，彰显了文学扎根人民服务人民的力量"。

（三）多种媒介联合推广

《下庄村的道路》出版后，作家出版社在相关网站官方微信公众号、抖音平台、今日头条等多个媒体账号进行宣传。例如，截至 2022 年 11 月 10 日，在作家出版社官方微信一共发布了 9 篇与该图书相关的文章，向读者展示图书的内容，概述下庄村的故事，并通过对作者罗伟章的访谈，让读者了解图书背后的创作缘由、价值理念等，进一步使图书触达读者。在今日头条账号，作家出版社也发布了《从〈下庄村的道路〉谈起罗伟章：我深入现实肌理的机会》一文，将图书宣传视频同步至抖音平台，向读者介绍图书背后的创作故事和作家的价值理念，充分利用短视频平台的社交属性，激发读者对此书的讨论、分享。

除了作家出版社外，中国作家协会在其网站"中国作家网"的理论评论版块推出《下庄村的道路》写作手记；重庆出版集团也在官方微信公众号上对图书进行了推广宣传。在抖音等短视频平台，重庆新华传媒、封面新闻等媒体对该书和作者进行了一系列的宣传报道。从电脑网页端到社交媒体，再到短视频平台，《下庄村的道路》一书的宣传融合了多种媒介，形成了传播矩阵，扩大了图书的影响力和传播效果。

（四）纪录片、影视剧宣扬主旋律故事

同期影视剧与畅销书之间能够相互促进，深化传播效果，提高 IP 的市场变现效果。除了对人物故事的报道外，毛相林故事也以纪录片和影视剧的方式搬上荧幕。相较于纸质书籍，纪录片、电视剧及电影等形式的媒介呈现方式会拥有更广泛的受众群体，这既能提高故事本身的知名度，也能激发潜在读者对图书内容产生阅读兴趣，进一步扩大图书的销售潜力和市场影响力。

2021 年 12 月，以毛相林及下庄村人为人物原型的电影《开山》在重庆巫山开机，这部由重庆电影集团、恒业影业、重庆日报报业集团等联合出品的电影集结了一线演员及创作团队。据了解，为了讲好下庄村的故事，主创团队曾先后组织两批次、四组编剧团队到下庄村实地采风。剧本历经三轮策划、六版大纲、十余次会议才最终敲定，并获得国家电影局、中宣部电影剧本规划策划中心、中国电影评论学会的高度肯定。作为备受关注的主旋律励志影片，电影的开机及相关宣传引发了观众热议，为后期图书出版后的推广预热造势。

2022 年 10 月，由国家广电总局网络视听司、湖南省委宣传部、湖南省委网信办、湖南省精神文明办、湖南省广播电视局等多个部门联合指导、芒果TV 精心打造的微纪录片《这十年》播出，其中第 46 集《"天路书记"的披荆斩棘》讲述的正是毛相林带领全村人攻坚克难、谱写当代"愚公移山"新篇章的故事。同一时期，由重庆广播电视集团（总台）制作的微纪录片《下庄村的年轻人》也在全国各省级卫视和重点网络视听平台上线，该片同样讲述了下庄村人不畏艰险、不怕牺牲，最终实现脱贫致富的传奇故事。不同的是，全片采用多种叙事视角，聚焦年轻人创业群体，不同的主角以第一人称口吻讲述自己与下庄村的故事，并以毛相林为纽带有机衔接起来。多维视角交织、结构布局巧妙、情感化叙事、内容真实动人使得下庄村的故事极具情感冲击力，进而扩大了其传播影响力，令观众深受震撼。这几部优质主旋律微纪录片能够借助芒果 TV 的市场影响力、省级卫视的触达率、年轻人的创意活力和艺术表现力等优势，迅速"破圈"，吸纳更多年轻观众群体，提升《下庄村的道路》这本当代愚公故事的传播力、大众关注度，进而在年轻读者群体中扩大图书销量。

五、案例启示

（一）主题出版图书的选题策划

1. 拓宽选题来源，凸显时代风貌

近年来，随着主题出版图书市场的繁荣，题材新颖、内容丰富的主题出版图书越来越多，在选题策划上并不局限于党政历史科普类、时事热点解读类的读物，体裁也从相对严肃的社会历史类读物的形式更偏向于文学色彩浓厚、故事可读性强的纪实文学作品。在进行图书策划编辑过程中，应不拘泥

于传统框架，要积极拓宽选题来源，打造精品图书。

另外，选题应该紧扣时代脉搏，展现时代风貌。《下庄村的道路》真实反映脱贫攻坚这个伟大历程，充分展现了文学别样的在场，书写脱贫攻坚成果，具有一定的典型性和代表性。[①]虽然毛相林开始带领下庄村人开凿"天路"的故事已过去十数年，但正是得益于这条"天路"，巫山县能够不断输出劳动力和农产品，从而实现整村脱贫。党的十八大以来，我国全面打响脱贫攻坚战，其间不断取得了伟大的历史性成就。2022 年，党的二十大报告指出，经过党和人民的接续奋斗，我国打赢了人类历史上规模最大的脱贫攻坚战，全国832 个贫困县全部摘帽，近 1 亿农村贫困人口实现脱贫。完成脱贫攻坚不是结束，而是新时期的起点，是新生活的起点，是新奋斗的起点。下庄村人的伟大事迹只是脱贫攻坚历史征程的一个缩影，不怕牺牲、不畏艰险、奋斗进取的"下庄精神"折射出新时代的社会精神风貌，换言之，下庄村的故事虽然是"过去式"，脱贫攻坚虽然是"完成时"，但"下庄精神"所体现的奋斗底色却永远是"进行时"。《下庄村的道路》的成功策划说明了主题出版既要关注国家和社会的发展问题，也要发掘能反映中国社会历史发展和时代变迁的题材，充分展现当下的时代特色，让主题出版作品更贴合时代命题，彰显新征程新风貌。

2. 及时捕捉先进事迹背后的创作潜力

如何才能找到有价值的选题，策划出反映时代的深度好作品？《下庄村的道路》提示出版人，要注重图书的出版价值，顺应国家的发展战略，及时捕捉先进事迹背后的创作潜力。

2016 年毛相林带领下庄村人民实现整村脱贫，此后下庄村的故事被媒体

[①] 张清俐、张杰：《见证新乡村文学时代的蓬勃到来——访作家出版社有限公司董事长路英勇》，《中国社会科学报》2022 年 12 月 9 日，第 5 版。

争相报道，当代愚公的非凡事迹传播开来，中国作协及时抓住该先进事迹背后的创作潜力，致电罗伟章邀请他进行创作，2021 年《下庄村的道路》在《人民文学》发表，作家出版社立即联系作者，联合重庆出版社于次年 4 月出版这一作品，出版过程用时短，效率高。在图书策划出版过程中，作家出版社和重庆出版社等相关主体的市场敏感度高，故能及时发现好故事，策划出这一精品图书。

人民群众创造美好生活的探索实践是主题出版类图书创作的不竭素材，年度"感动中国"人物、"时代楷模"等荣誉的背后，是一个个生动具体的实践过程，也是一个个有价值、有深度的故事，出版社应该多关注这些具有创作潜力的先进事迹，挖掘出符合时代主题的选题线索，及时将先进事迹转化为强有力的故事 IP。

3. 小切口，大主题

近年来的主题出版市场上百花齐放，畅销书类型、风格、题材各有特色，而且越来越多的纪实文学作品、报告文学作品受到读者青睐。没有采用宏大的视角，反而是聚焦到某个个体或群体相对微观的视角，彰显社会发展成就和人民群众的精神面貌，以小切口彰显大主题。

毛相林与下庄村的故事既有个性又有共性，在我国脱贫攻坚、乡村振兴的征程中还有无数的"毛相林"和"下庄村"，因此虽然此书描绘的是下庄村人的"天路"，但折射的却是我国更广阔群体的脱贫致富之路，从下庄村相对微观的切口进入，引出更宏大壮阔的脱贫奋斗主题。通过这种文学作品体裁、叙事视角、风格等特色，更能够找到与读者的连结点，进而打动读者，激发读者的情感共鸣。由此可见，主题出版类图书要"叫好又叫座"，除了要选好题材、选好故事，重要的是要使图书内容和形式都能接地气，满足人民群众的阅读需求，使主题出版类图书不再"曲高和寡"，真正能"飞入寻常百姓家"。

（二）主题出版图书的营销推广

1. 技术赋能，构建数字化营销矩阵

5G 时代，社交媒体、短视频、直播平台等新媒介形式不断涌现，技术赋能，使得图书营销逐渐从传统的实体书店走向线上线下一体的融合媒介营销，数字场景构建新的营销业态，数字化营销极大释放读者的消费活力。以《下庄村的道路》为例，作家出版社和重庆出版社综合运用各种新媒介，如微信、今日头条、抖音等多个平台，在上面发布有关图书的宣传信息，分享此书作者的创作经历等，充分调动社交媒体、新闻资讯类平台、短视频应用等渠道的特性进行图书推广，形成新媒体的营销矩阵。

借助新技术，在图书营销过程中应转变思维，逐渐从传统的向读者推广图书到与用户产生深层的情感连结转变。首先，打开信息传播通道，铺设营销矩阵。技术赋能背景下，许多出版社都开始着力搭建自己的新媒体传播矩阵，在各种平台创建账号进行宣传营销或者直播销售，不断扩大市场。其次，洞悉读者偏好，满足用户需求。大数据、算法等技术的出现，使得"消费者""读者"与"用户"之间的边界渐渐消弭，出版方在图书策划、编辑、出版、营销过程中也应具备用户思维。在未来，出版方应该布局选题策划精准化、出版营销精准化，利用算法技术构建其读者画像，结合读者的兴趣、偏好等背景，及时捕捉图书市场的动态，精心策划符合市场偏好同时又能反映时代主题的图书，并通过技术赋能的营销矩阵进行高效的、个性化的推介，提高图书营销效能。

2. IP 赋能，借势同期影视剧

内容 IP 化和 IP 内容化对于主题出版类图书来说，都有助于促进图书与

其他媒介产品的良性互动，打造畅销书和长销书，实现图书的价值外溢和价值转化。主题出版物既要走内容高质量发展之路，也要走市场一体化营销之路。在主题出版图书市场上不乏优质 IP，要更充分挖掘 IP 的市场潜力，延长产业链，如开发有声书、电视剧、电影、游戏等文创产品。IP 的优势在于其本身自带流量，拥有一定粉丝基础，在进行其他介质的产品宣传时，能够有效"引流"，将原有 IP 所携带的粉丝群体嫁接到新的文化产品上，提升新产品的知名度和市场表现力。例如《下庄村的道路》在正式出版前，已有不少相关的电视节目，为故事的推广做了铺垫，为图书销售储备了一定的潜在消费群体；图书面市后，相关纪录片也陆续上线，待电影《开山》正式上映时，在进行图书营销时也可以在合适的时间节点借势影视剧做进一步宣传。

此外，主题出版图书拥有大量优质的 IP 宝库，在内容和社会导向上均有推广的价值，因此应该着眼于 IP 的开发，完善内容生产和产品制作链条，将纸质图书延伸至影视剧、游戏、广播剧、有声书等领域，通过 IP 孵化和宣传造势，获取更多的讨论度和占有更多的市场份额。未来，主题出版类图书的营销应打通上游内容宣发和下游 IP 开发的一体化市场营销之路，突出主题出版的优势和核心竞争力，最大化主题出版图书的市场影响力和社会传播力。

（张诗悦）

"中国关键词"系列图书

一、图书简介

　　"中国关键词"系列图书自2016年首次面世以来已出版纸质版8本，分别是《中国关键词（第一辑）》《中国关键词："一带一路"篇》《中国关键词：十九大篇》《中国关键词：治国理政篇》《中国关键词：新时代外交篇》《中国关键词：精准脱贫篇》《中国军事关键词》《中国关键词：生态文明篇》，后续还将推出《中国关键词：文明理念篇》《中国关键词：中国式现代化篇》等专题作品。该系列图书由新世界出版社出版，是以多语种关键词的形式向国际社会解读、阐释当代中国的发展理念、发展道路、对内对外政策、思想文化核心话语的国家级重点项目"中国关键词多语种对外传播平台"的成果，是促进世界各国平等对话、合作的权威读本，是构建融通中外政治话语体系的有益举措和创新实践。目前，"中国关键词"已经成为新世界出版社主题出版业务板块的重要产品线，在国内图书市场树立了品牌。

二、市场影响

　　"中国关键词"系列图书自出版以来，取得了良好的社会效益和经济效益。2020年11月4日，第三届中国国际进口博览会在中国上海开幕，该系列图书成为展会最受关注、销量最高的出版产品之一。

　　截至2021年6月，当代中国与世界研究院累计对外发布1万余条多语种

"中国关键词"，涵盖中文、英文、法文、俄文、西文、阿文、日文、韩文、德文、葡文、意文、土文、泰文、越南文、印尼文、老挝文、哈萨克文、巴西葡文、西里尔蒙古文等 19 个文版。[①]有图书、电子书、有声书、微视频等多形式、多语种外译传播产品，多次在全国两会、"一带一路"国际合作高峰论坛、亚洲文明对话大会、金砖国家治国理政研讨会、当代中国与世界论坛、中韩媒体高层对话、中国—东盟媒体合作论坛、中国—东盟媒体智库云论坛、全球减贫伙伴研讨会等国内国际重要会议中首发亮相，并在中国国际进口博览会、中国国际服务贸易交易会、中国—东盟博览会等大型国际性展会上推介展示，多国展商及宾客现场询问该系列图书专题篇目、词条选取、内容编写、翻译流程以及如何购买本国语言图书等事宜，表现出浓厚兴趣，系列图书取得了良好的传播效果。例如，《中国关键词：精准脱贫篇》泰文版发布后，受到泰国军界和学术界的高度关注，泰国国防部及泰国主要军事战略智库研究机构、军事院校将包括此书在内的"中国关键词"系列作为其对华学术研究和相关课程教学用书。

据不完全统计，"中国关键词"系列成果的引用率达 70%，其中，"人类命运共同体""一带一路"等词条英文表达已被联合国翻译处、欧盟翻译总司等官方机构作为权威表达采用[②]，成为国家高访外宣和重大外事活动的主要外宣品。此外，该系列图书多次入选中宣部对外采购类出版推荐项目、国家重点出版物出版专项规划项目，并已成为国内外语类高校学生提升专业能力的热门学习读物。

---

① 申阳：《开展人文交流促进新时代中国话语国际传播》，http://www.china.com.cn/opinion/think/2021-07/14/content_77626295.htm，2021–07–14。

② 申阳：《开展人文交流促进新时代中国话语国际传播》，http://www.china.com.cn/opinion/think/2021-07/14/content_77626295.htm，2021–07–14。

三、编辑策划

（一）策划缘起：顺应时代发展要求，加强对外话语建设

改革开放以来，中国经济快速发展，国际地位不断提升，世界对中国也越来越关注，其中不乏一些误解与偏见，因而迫切需要让世界倾听中国声音，正确认识中国发展理念、发展道路、思想文化等，帮助各国的政要、媒体和研究机构更全面和客观地了解中国。2013年，习近平总书记在全国宣传思想工作会议上明确指出，"要精心做好对外宣传工作，创新对外宣传方式，着力打造融通中外的新概念新范畴新表述，讲好中国故事，传播好中国声音"①，进一步对我国宣传工作尤其是对外宣传工作的方向目标和重要任务提出了新的要求。

长期以来，中国重要的党政文献和领导人著作的外宣翻译多选择系统完整的著作或篇章，这些译文对国外的智库和研究人员具有重要的参考价值，但是对于想要快速了解中国的国外媒体、普通民众等群体而言，则篇幅过长且内容过多。"中国关键词"系列图书正是结合外国受众的关切和阅读习惯，内容紧扣新一代中央领导集体执政治国的核心思想，向国际社会传递中国理念，加强对外话语建设。

（二）策划过程：组建专业作者团队，精雕细琢优质内容

在《出版业"十四五"时期发展规划》中，"做优做强主题出版"被摆在突出位置。实现这一要求，需要对图书出版全流程进行深度谋划。

---

① 倪光辉：《习近平：胸怀大局把握大势着眼大事 努力把宣传思想工作做得更好》，《人民日报》2013年8月21日，第1版。

1. 需求牵引，讲求时效，创新内容和形式

随着图书市场的发展，读者阅读品位不断提升，主题出版图书走"亲民"路线，用读者喜闻乐见的形式创新内容表达才能受到广泛青睐。"中国关键词"系列图书自推出以来，在国内外引起较大关注，成为我国主题出版"走出去"的成功案例，这与其优质内容和创新形式密不可分。一方面，优质的内容是出版"走出去"必不可少的基础，也是架起海外读者了解中国的桥梁。"中国关键词"系列图书标题一目了然，吸人眼球，在内容安排上也分门别类进行整理，便于读者根据需求选择相应篇章。在文字写作上，一改以往严肃正式的话语风格和浓厚的说教意味，采用生动活泼的叙事方式和更为灵活的写作方法，更加平易近人，兼顾权威性与可读性。除了内容的可读性之外，图书内容与时俱进也是主题出版物在策划时必须考虑的因素。主题出版物时效性强，许多主题出版图书只有在相关时期内，才会产生较大需求与影响。这段时间，媒体也会主动关注，一旦过了这段时间，读者的需求就大大降低，图书的影响力也会受到影响。"中国关键词"系列图书项目致力于突出内容的时政性、时效性、权威性，精选党政文献中的最新核心词汇，适时推出"一带一路""精准脱贫""十九大"等关键词，及时回应国际关切，将中国故事第一时间讲给国内外受众，向世界说明当代中国的发展思路和理念。调查显示，2018 年至 2021 年上半年，海外社交媒体推特、脸书用户对"China Keywords"标签本身的关注度逐年递增，评论反馈以正向居多，接受度或认同度较高[①]。由此可见，该项目及时对外国媒体、民众关心的热点进行解读，取得了良好的外宣效果。

另外，"小而精"的创新形式也是其策划获得成功的重要因素。不同于

---

① 申阳：《开展人文交流促进新时代中国话语国际传播》，http://www.china.com.cn/opinion/think/2021-07/14/content_77626295.htm，2021-07-14。

"大部头""大题材"类的主题出版物，"小而精"的图书在一定程度上更受读者喜爱。"中国关键词"系列图书使用关键词加核心思想解释的方式，组成其重要内容，阐释中国的发展理念、发展道路和内外政策，篇幅短小，便于读者在最短时间内获取最重要的核心信息，从而快速了解中国。在设计上采用小开本形式，既降低了读者阅读大而厚的图书的心理压力，又便于读者携带，有利于提升传播效果。

2.精心打磨，权威翻译，创新话语生成机制

解决好出版物"走出去"面临的传受双方间的话语体系偏差和文化差异是选题策划成功的关键。在跨文化传播问题上，"中国关键词"系列图书项目组深入了解了输出国的经济、政治、文化等方面的特色，从内容到形式上都尽可能本土化，推出适应不同国家受众的多语种版本。为达到最佳传播效果，项目在实施过程中摒弃了以往中文专家撰稿、外国专家翻译的传统编辑模式，在中文的编写过程就引入对外传播方面的编辑和翻译专家，从跨文化对外传播的角度进行策划，做到了话语创新方和编辑翻译方的创新联动。另外，成立诸多语种的翻译团队，邀请长期从事对外翻译的资深翻译家、审定稿人员，以及外语是母语的外籍专家，制定了翻译、改稿、核稿、定稿四道程序，并多次组织翻译团队就翻译中的共性和各语种特色问题进行研讨，形成原则性意见指导翻译过程，也最大限度地贴合了外国受众的阅读习惯。

此外，为了保证多个团队编写图书的内容质量和统一规范，项目组制定了《中国关键词中文词条编写规范》及《中国关键词外文翻译规范》。在实施过程中，出于对词条的权威性和解读的准确性的考量，项目组特别邀请了中央党校、中央党史和文献研究院、中央政策研究室、中国外文局对外传播研究中心等机构的专家和翻译领域的专家，共同参与编撰词条的中文稿，并多次召开专题研讨会。

新世界出版社精心挑选编译团队，打破传统编辑流程，有力推动了"中国关键词"系列图书获得海内外读者的欢迎，最大限度地贴合了受众阅读习惯，激发受众阅读兴趣，取得了良好的传播效果。

四、案例分析

在新媒体环境下，出版市场竞争激烈，图书出版宣传只有与时俱进，不断拓宽宣传渠道，利用技术赋能，才能实现宣传效果的最大化。在具体实践中，"中国关键词"系列图书创新宣传理念，打造中国版"维基百科"品牌，开拓了"一国一策"的营销新模式，为向海外传播好中国声音提供了优秀范例。

（一）"平台 + 出版"的创新模式，打造中国版"维基百科"品牌

在媒体融合和"互联网 +"的时代背景下，出版业"走出去"的环境发生了巨大变化，需要更加科学合理地开拓海内外互联网平台，积极响应海外需求，尝试更为新颖的模式与途径进入海外读者圈，扩大出版传播力。就该系列图书而言，通过打造"平台 + 出版"的全新模式，增强了内容获取的便捷性，也进一步提升了出版物的知名度与社会影响力。在创立之初，项目组就进行了出版全流程的布局。2014 年 7 月，中国外文局成立了中国翻译研究院，旨在全力打造对外话语体系创新平台。同年，"中国关键词多语对外传播平台"正式启动，并成立了由十几个语种专家组成的专家委员会。该平台正是中国外文局和中国翻译研究院围绕话语体系建设、创新对外话语实践进行的一次有益尝试，也是"国际传播能力建设项目"《中国特色话语体系外译传播工程》子项目之一。"中国关键词"多语平台在设计之初就以检索功能为主，网页中的大面积空间设计为导航栏和搜索框，网友可依据个人

喜好选择各语种进行搜索，同时网站按专题对词条进行分类，方便网友迅速了解感兴趣的领域。多语平台上的专题除已出版的系列图书外，覆盖面更广泛，包括国际形势和外交战略、中美关系、民族和宗教、核工业、抗击新冠疫情等。"平台＋出版"的全媒体融合形式，详细阐述了中国发展理念、发展道路。可见，"中国关键词"系列图书不仅将书籍作为内容载体，还将其打造成了以内容为基础的全媒体平台，使之成为世界了解中国的"维基百科"。这一全新的搜索引擎平台模式有效提升了传播速度与效果，助推图书市场化。

（二）开展全媒体碎片化传播，"可视化＋互动性"吸引受众

做优做强主题出版，就要实现作品社会效益和经济效益双丰收。实现传播效果的最大化，就需要出版者充分考虑市场热点、受众需求。"中国关键词"系列图书充分考虑到了新媒体时代受众碎片化阅读的特征，对关键词词条的解析大多在500字左右，注重内容在移动应用端、社交媒体等平台进行碎片化传播，通过微博、微信、Facebook、Twitter等国内外社交媒体上推广宣传。创建了面向海外用户的"中国关键词"APP，用户通过APP可以获得中国特色词汇的多语种表达，同时配以全面权威内容的融媒体呈现，专注进行国际传播。在多语种平台网站上，开设有"网友之声""延伸阅读""热词"等特色栏目和其他相关链接，及时收集网友的反馈意见，与网友保持互动，对网民关心的问题给予积极回应。发布系列双语视频解读关键词条，读者可通过视频专栏进行查看。与此同时，传统媒介渠道也持续发力，《北京周报》《今日中国》《人民中国》等外宣期刊积极推广。

通过多媒体、多渠道、多形态的联合发布机制，利用图表、微视频等形式进行可视化呈现，以及时、便捷、碎片化的方式向国内外传播，扩大了传

播路径和传播效果，吸引了更多读者阅读与购买。

（三）遵循"一国一策"营销原则，开拓中外跨界传播新模式

在国际传播方面，"中国关键词"系列图书项目组创新跨界传播国际合作机制，在智库思辨、媒体传声、出版落地、研讨反馈、知识分享等各环节释放能量，积极参加线下首发式、推介会、智库、研讨会以及公共外交活动等，多方面尝试"走出去"的新思路和新方法，探索出本土化翻译—出版—发行的"最大限度本土化"模式。如《中国关键词："一带一路"篇》泰文版图书的编辑出版与发布联合了泰国国家研究院、泰中记者协会等泰国最具权威性的智库和媒体组织，在曼谷举办了首发式暨中泰高端智库对话会系列活动，开辟"智库＋媒体＋出版"的融合传播新形式，成为2019年度预热第二届"一带一路"国际合作高峰论坛的亮点活动之一，获得泰国各界人士的热烈反响和积极反馈。同年10月，在泰国举办的庆祝中华人民共和国成立70周年学术研讨会上，进一步对该图书内容进行交流讨论。

又如，当代中国与世界研究院主动面向东盟十国使节官员、智库和主流媒体开展《中国关键词：精准脱贫篇》智库研讨，有力弥补了有关东盟语种权威主题读物的空白。多国驻华使馆和主流媒体代表主动扫码阅读、转发推荐，并请求定期推送"中国关键词"系列图书，以供研读使用。[①]

"中国关键词"系列图书紧密结合各国文化传统、舆论环境以及受众需求等因素，借助本土化权威意见领袖和媒体，遵循"一国一策"的对外传播原则，创新中外合作模式，实现面向海外受众的精准投放，为推进海外深度传

---

① 申阳：《开展人文交流促进新时代中国话语国际传播》，http://www.china.com.cn/opinion/think/2021-07/14/content_77626295.htm，2021–07–14。

播创造有利条件。

五、案例启示

（一）以内容为导向，充分挖掘优质选题，打造"亲民"读物

高质量的内容永远是出版物走向成功的根本保证，内容表达通俗成为当下主题出版物的必然要求，主题出版的内容不仅要宣传国家战略思想，同时也要满足人民群众的阅读需求。"中国关键词"系列图书要遵循"内外有别""外外有别"的原则，深入剖析不同国别受众的差异化需求，充分调查读者的阅读需求、兴趣、偏好等，优化外宣翻译读物表达，用"本土化"读物满足海外受众对中国故事的好奇心，这为引导外国受众读懂中国、消除隔阂与偏见、助推主题出版"走出去"创造了先决条件。

（二）组建优质的作者队伍，实现出版物权威性、通俗性、贴近性的统一

不同于一般出版物，主题出版物具有鲜明的政治性与权威性，是对当今中国发展理念与发展道路的呈现，也是一些党政机关、科研院所的学习读物，因此对作者有更高的要求。保证精品图书出版的前提和必要条件是作者队伍的建设和优化。组建并维系作者队伍需要出版社长期努力，图书编辑需深耕主题出版领域，掌握相关的学科知识、发展动态以及市场需求等，特别是了解该领域的专家情况，对其专业特点、出书意向高度关注。"中国关键词"系列图书的成功实践表明，作者队伍的组建，既需要具有较高学术水平和较大影响力的权威学者，又要关注写作水平较高但知名度不太高的普通作者，以达到满足不同层次读者需求为目的，按书体选择合适的作者。编辑应以高度

认真负责的专业精神与作者展开沟通，对待稿件严肃认真，及时传达市场需求。还要加强对装帧设计的学习，了解目标受众的审美偏好，实现图书在内容质量与装帧印刷等方面的融合与协调，提升图书的品质。

（三）重视图书品牌建设，扩大海外传播影响力

党的十八大以来，主题出版在走出去、跨文化交流、跨国沟通对话方面实现了新突破。图书贸易、版权输出、出版合作、人才培训、投资合作等都取得长足发展。随着出版业改革不断深化，品牌建设逐渐成为企业重要的战略规划和日常业务。在市场竞争愈来愈激烈的今天，消费者面临可选择替代的产品愈来愈多，产品拥有了品牌，就具备了核心竞争力。[①]"中国关键词"系列图书已成为出版社品牌，出版社应该据此品牌有针对性地开展相应工作，比如建设专业化平台，积极拓展品牌线做好对外增值服务；在"中国关键词"同一产品线形成多个具有高度品牌影响力的产品，以产品为依托，奠定产品线品牌价值；在众多"中国关键词"优质产品与多条或单一产品线加持下，形成出版社的品牌影响力等，以品牌延展海外传播影响力。

（四）加强跨界协同合作，持续优化出版流程

出版社要拓宽跨界合作思路，探索通过版权合作、项目共建等方式，整合更多优质内容资源，形成品类齐全、内容丰富的出版融合发展资源池和项目库。"中国关键词"系列图书另辟蹊径创新跨界合作传播方式，形成了中外"智库＋媒体＋出版"跨界合作传播机制，有助于开展政策解读、知识分享、经验互鉴，实现了辐射普通民众的效果；在对外讲好中国故事时，要创

---

① 秦艳华、赵玉山：《出版品牌建设的基本逻辑和创新之道》，《出版广角》2022 年第 18 期。

新"走出去"思路，进一步巩固和拓展国际合作机制，提升本土化运营能力，切实扩大中国主题出版图书海外影响力，在全球话语治理中把握主动权。

（李一凡）

附 录

2012—2021 年主题出版研究综述

主题出版在我国出版业中占有重要地位，2003 年国家新闻出版总署开始实施主题出版工程，并指出主题出版即"围绕国家政治、经济、社会、文化等方面的工作大局，就党和国家发生的一些重大事件、重大活动、重大题材、重大理论问题等主题而进行的选题策划和出版活动"。主题出版并非近年来突发产生的新概念，而是深植于时代与现实的需要，被重新发现。从历史上看，出版业一直有服务于社会时代主题出版的传统。百余年前，面对积贫积弱的中国，仁人志士以图书为武器来唤醒民智、救亡图存，出版了一批新式教材、国外科学技术书籍等。[①] 出版业也一直有围绕党和国家的中心工作出版的传统。约从 1958 年起，每逢新中国成立十周年，出版业都会策划出版相应的书籍。[②] 从现实来看，近年来我国主题出版高速发展，取得了突出成就。我国政府相继出台了一系列规划通知明确主题出版的地位，如《出版业"十四五"时期发展规划》等通知文件。从市场表现来看，根据开卷数据，我国主题出版市场码洋规模由 2017 年的 19.84 亿元上升至 2021 年的 28.87 亿元，占大众图书市场码洋规模也从 2.47% 上升至 3.18%。[③]

主题出版工程实施以来，历经倡导和指引（2003—2007 年）、支持和强调

---

① 于殿利：《主题出版的时代与现实逻辑》，《出版发行研究》2022 年第 6 期。
② 周蔚华：《主题出版及其在当代中国出版中的地位》，《编辑之友》2019 年第 10 期。
③ 谭晓予：《2021 主题出版影响力报告》，https://mp.weixin.qq.com/s/36two3vG3fwf 02LXefg0VQ，2021-07-01。

（2008—2012 年）两个阶段后，自 2013 年开始，进入强化和拓展的新阶段。[①]
近十年来，主题出版领域的研究文献数量激增，但以量化方式衡量本领域的
发展状况的总结性文章寥寥。习近平总书记在参加党的二十大广西代表团讨
论时强调，要牢牢把握过去五年工作和新时代十年伟大变革的重大意义。"过
去五年的工作和新时代十年的伟大变革"，是党的二十大报告的第一部分内
容。面向未来发展，必须总结过去取得的伟大成就，学术研究亦不例外。

我们以中国知网数据库为样本数据检索源，具体检索方法为：主题为
"主题出版"，出版日期为"2012—2021 年"，检索日期为 2022 年 11 月 13 日，
范围选择全部期刊，共检索得到 964 篇学术文章，剔除期刊征稿、政策、新
闻报道等非学术性文章并去重后最终获取到 727 篇研究文献。

我们以文献计量学（Bibliometrics）中的文献计量法为研究方法，文献计
量法是一种以各种文献外部特征为研究对象的量化分析方法，借助文献的各
种特征数量，采用数学与统计学的方法来描述、评价和预测科学技术的现状
与发展趋势。[②] 采用文献计量软件 CiteSpace 进行知识图谱的绘制。知识图谱
是显示科学知识的发展进程与结构关系的一种图形，[③] 是将人类积累的知识资
源及其载体进行可视化描绘，通过数据挖掘、绘制图形来揭示科学技术知识
及彼此的相互关系，在知识体系中创造共享环境以促进科学知识的研究与深
化。[④] CiteSpace 绘制知识图谱已被广泛地应用于文献计量，涵括多个学科，
包括图书馆学、教育学、体育学、金融学、管理学和新闻传播学等领域，被

---

① 谢清风：《主题出版的提出、发展、问题和展望》，《现代出版》2018 年第 6 期。
② 郑文晖：《文献计量法与内容分析法的比较研究》，《情报杂志》2006 年第 5 期。
③ 陈悦、刘则渊：《悄然兴起的科学知识图谱》，《科学学研究》2005 年第 2 期。
④ 刘则渊、陈悦、侯海燕：《科学知识图谱：方法与应用》，人民出版社 2008 年版，第 385 页。

学界所普遍接受。[①]

一、主题出版研究的学术版图

主题出版的整体研究状况可以从时间和空间两个维度来把握。从时间维度来看，"文献发表年度数量分布能够简洁直观地反映出研究主题在整体研究中的位置以及受学者关注的程度等，从而能够在一定程度上推测出未来这一研究主题的发展趋势"[②]。从空间维度来看，又可以分为核心作者与研究机构，核心作者是"推动研究领域或学科发展的主要力量，研究机构是研究人员的主要集聚地。对核心作者和研究机构的测定和分析，有助于了解主题出版的主要研究力量及其分布，并从整体上把握学科间的知识互动"[③]。

（一）时间维度

从整体发文数量来看，2012—2021 年主题出版文献整体呈上升趋势（见图 1），2012 年发文量仅 13 篇，2021 年已达到 197 篇。从不同时间阶段来看，党的十八大之后五年（2012—2016 年）累计发文量 92 篇，2017—2021年累计发文量高达 635 篇，两个时间段发文量差异显著，这一趋势与我国主题出版的政策导向和行业发展趋势相符合。2010 年全国出版工作会议的主题报告中明确提出"精心策划和组织实施重大主题和专题出版工作"。2013 年国家出版基金单列、单独评选主题出版资助项目，且出版社不受申报名额限制。2016 年，"十三五"国家重点图书出版规划项目发布，主题出版单独列出并排

---

① 刘光阳：《CiteSpace 国内应用的传播轨迹——基于 2006—2015 年跨库数据的统计与可视化分析》，《图书情报知识》2017 年第 2 期。

② 邱均平：《信息计量学》，武汉大学出版社 2007 年版，第 270 页。

③ 徐丽芳、周伊：《我国数字阅读研究知识图谱分析——基于 CSSCI 期刊论文》，《出版科学》2021 年第 6 期。

在所有规划项目之首。在我国政府的重视倡导下，主题出版的理念深入人心，"'十三五'时期，主题出版从以往的倡导和强调阶段发展到如今的积极响应和拓展强化阶段"①。从发文数量增长来看，2019—2020 年发文量涨幅最大，增长 71 篇。这或许是由于从 2019 年开始接连迎来重大时间节点：2019 年新中国成立 70 周年和 2021 年中国共产党建党 100 周年。前已述及，围绕这些重大时间节点，我国出版机构有出版高质量主题出版图书进行迎接的传统，业界的活跃带动学界的关注，主题出版研究发文数量在 2020 年迎来大幅上涨。

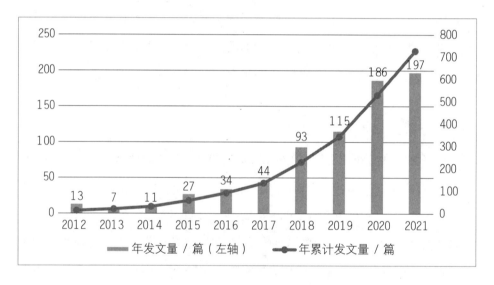

图 1　2012—2021 年主题出版文献年度分布

（二）空间维度

1. 主题出版文献核心作者

核心作者是指论文发表数量多、影响力大的作者。在科学研究中，洛特

---

① 谢清风：《主题出版的提出、发展、问题和展望》，《现代出版》2018 年第 6 期。

卡发现高科学生产率的核心作者的倒数平方定律，又称洛特卡定律，用以描述科学工作者人数与其所著论文数量之间的关系，即发表 1 篇论文作者的数量约占所有作者总数的 60%。2012—2021 年间共有 240 位作者在主题出版研究领域发表学术性文章，发表 1 篇的作者人数有 167 人，占 69.6%，高于定律描述的 60%；发表 10 篇及以上的仅有 2 人，分别是韩建明（19 篇）、李婷（10 篇），可以判断本领域核心作者群较为薄弱。进一步地，普莱斯定律在洛特卡定律基础上关注研究中的高产作者，根据定律，本项研究中高产作者最低发文量按 $M \approx 0.749\sqrt{N_{max}}$（其中 N_{max} 为最高产作者的发文量，即 19 篇）计算得出 $M \approx 3.26$，那么高产作者最低发文量为 4 篇。据此，共有 11 名作者符合高产作者的指标，高产作者发文量共计 82 篇，仅占总发文量的 11.3%，远低于普莱斯提出的标准（50%）。综上可见，我国主题出版研究领域尚未形成核心作者群，且高产作者在领域内的深耕程度不足，高产作者的论文发表量有待提升。

具体来看，在合作图谱中，主要形成了两个作者合作网络：第一个作者合作网络主要是以韩建明、郝振省等为核心。韩建民为杭州电子科技大学融媒体与主题出版研究院院长。杭州电子科技大学融媒体与主题出版研究院于 2018 年 6 月成立，以主题出版为研究核心，2022 年 6 月入选国家新闻出版署 2022 年度出版智库遴选培养名单，2022 年 10 月与浙江出版联合集团共建中国主题出版发展研究院。郝振省为中国编辑学会会长，为出版专业学科带头人之一。由此，这两位核心作者在主题出版领域发表了多篇学术论文。第二个作者合作网络主要是以刘峥、张晓斌、原炜、孔娜和夏秋娥等为核心，这些作者因合作撰写《2014 年新闻产业分析报告（节选）》和《2015 年新闻产业分析报告（节选）》形成合作网络。每年年底，国家新闻出版署都会发布"新闻出版产业分析报告"，主要由中国新闻出版研究院撰写完成，报告详细客观地反映了新闻出版产业的发展变化及趋势，因此往往需多人合作共同完成。由此，这些作者在主题出版领域形成了作者合作网络。进一步地，从发文时间来看，第一个作者合作网络发文持续时段较长，多年来持续在主题出版领域深耕。而第二个作者合作网络发文集中在 2015 年和 2016 年，且大部分作者在主题出版领域仅发表了上述两篇产业分析报告，其合作具有暂时性，大部分作者现已转移了研究方向，不再探究主题出版领域。

表 1 2012—2021 年主题出版文献核心作者统计

序号	发文量	中心性	作者姓名
1	19	0	韩建民
2	10	0	李婷
3	9	0	周蔚华
4	8	0	何军民
5	8	0	郝振省

2.主题出版文献研究机构

根据 CiteSpace 统计数据，主题出版文献样本发文量排名前列的研究机构主要有杭州电子科技大学融媒体与主题出版研究院、中国新闻出版研究院和人民出版社等（见表 2），主要以高校出版研究院和出版社为主。可以看出：第一，从发文频数来看，杭州电子科技大学融媒体与主题出版研究院 2012—2021 年发表 18 篇主题出版文献位列第一。进一步地，可以发现各研究机构主题出版研究涉及方面多样，包括主题出版的历史内涵、问题与出路、全民阅读与走出去等方面，这表明各研究机构并未形成自身独有的具体研究领域。第二，中心性节点是知识图谱中具有关键作用的节点，在不同节点之间扮演

"枢纽"的角色，可以用来衡量某一节点对其他节点的影响力和在学科知识流通网络中的地位等，中心性数值大于 0.1 被认为是高中心性节点。由此可见，主题出版文献各研究机构的中心性较低，甚至为 0，各研究机构影响力均较低。第三，研究机构合作图谱松散，未形成合作网络，大部分主题出版文献仅是同一机构作者间的合作。

表2　2012—2021 年主题出版文献核心研究机构统计

序号	频次	中心性	年份	机构
1	18	0.01	2018	杭州电子科技大学融媒体与主题出版研究院
2	17	0.01	2014	中国新闻出版研究院
3	13	0	2014	人民出版社
4	13	0	2016	上海交通大学出版社
5	11	0	2019	中国人民大学新闻与社会发展研究中心
6	11	0	2019	中国人民大学新闻学院
7	9	0	2019	中国少年儿童新闻出版总社
8	8	0	2016	上海人民出版社
9	8	0	2012	中共党史出版社
10	7	0	2015	中国人民大学出版社

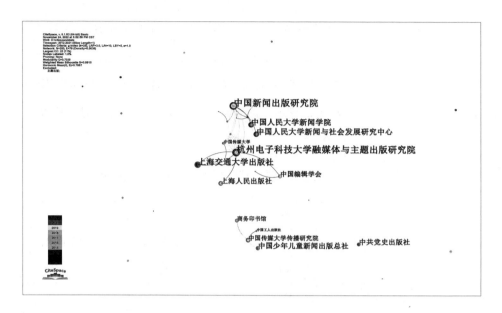

图 2　2012—2021 年主题出版文献研究机构合作网络

二、主题出版研究的知识结构及演进趋势

关键词是把握、追踪科学动向与研究热点值得信赖的指标，可以帮助我们识别研究领域的热点议题及变化趋势。运用 CiteSpac 软件进行高频、高中心性关键词分析和聚类时间线分析，有助于从整体上把握主题出版领域的知识结构。进一步地，结合各聚类时间线分析和关键词突现性分析有助于认识该领域演进趋势，识别研究前沿。

（一）高频和高中心性关键词分析

绘制主题出版关键词知识图谱，以每年作为一个时间段进行分析。在初次运行得到的图谱中，"主题出版"出现频次最高，考虑到与本研究采用的检索词相同，因此决定剔除"主题出版"一词后再次绘制关键词共现图谱，图谱显示共出现 277 个关键词，其中关键词的节点大小代表出现频次的高低。然而，词频只能代表某一个词出现的频率，其在整个学科中是否起到关键性的桥梁作用则未必。在引文分析领域中，越来越多的人以中心度来评价某一文献、作者或主题是否重要。数据显示，有 5 个关键词兼有高频词和高中心性（中心性数值大于 0.1）的双重特征，分别是"新时代""选题策划""出版业""出版物""数字出版"。值得注意的是，"社会效益"和"创新"两个关键词，虽然出现频次较高，有一定的讨论热度，但并未成为高中心性节点，说明与其他关键词之间连接较少，影响力有限。

表 3　2012—2021 年主题出版文献出现频次排名前十的关键词

序号	频次	中心性	关键词
1	32	0.27	新时代
2	26	0.13	选题策划
3	24	0.19	出版业
4	21	0.1	出版物
5	21	0.04	社会效益
6	18	0.06	创新
7	16	0.11	数字出版
8	15	0.08	出版社
9	15	0.04	少儿出版
10	14	0.05	文化自信

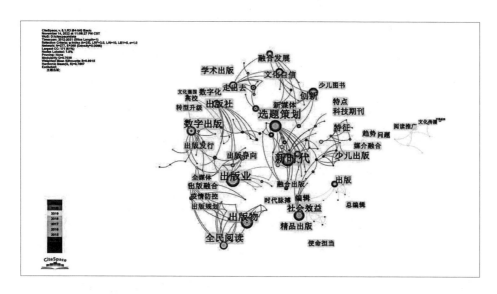

图 3　2012—2021 年主题出版文献关键词共现图谱

（二）关键词聚类分析

对高频次、高中心性关键词进行分析，可以了解主题出版领域的研究热点话题。但由于图谱中呈现的关键词较多，仅直观观察关键词仍无法在整体上了解健康传播的知识结构。为了更清晰地呈现关键词的学术意义，我们通过 CiteSpace 软件对关键词图谱进行聚类分析。其中，Modularity 聚类模块值 =0.7039>0.3，说明聚类结构显著；Mean Silhouette 聚类平均轮廓值 =0.8915>0.5，说明聚类情况合理，聚类内部的同质性较高。如表 4 所示，共有 11 个主要聚类显现出来。结合重点关键词和主要聚类归纳来看，当前的研究领域可以从马克思主义哲学的本体论、认识论、方法论、价值论四维层面来划分。①

表 4　2012—2021 年主题出版文献关键词聚类表

聚类编号	聚类名称 LLR	节点数	轮廓值	聚类内最高被引关键词（出现频次）
0	走出去	23	0.877	创新（18）；文化自信（14）；走出去（14）
1	社会效益	21	0.91	社会效益（21）；发展趋势（8）；特点（6）
2	选题策划	19	0.803	选题策划（26）；精品出版（9）；学术出版（9）
3	全民阅读	18	0.897	出版物（21）；全民阅读（12）；疫情防控（6）
4	出版社	17	0.817	出版社（15）；出版导向（6）；数字化（5）
5	新时代	16	0.839	新时代（32）；少儿出版（15）；主题阅读（8）
6	数字出版	13	0.99	数字出版（16）；图书出版（5）；融合（3）
7	出版业	13	0.948	出版业（24）；出版价值（4）；文化强国（3）
8	出版	12	0.975	出版（9）；编辑（7）；使命担当（3）
9	利润总额	12	0.88	路径（5）；融媒体（5）；发展路径（5）
10	阅读推广	7	1	中国股市（4）；阅读推广（4）；文化传播（4）

---

① 刘建江、赵士发：《习近平同志关于马克思主义哲学重要论述的四个维度》，《毛泽东思想研究》2021 年第 4 期。

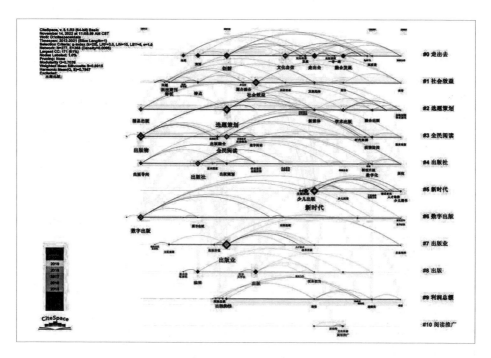

图 4　2012—2021 年主题出版文献关键词聚类分析

　　本体论维度是对主题出版研究概念的探讨，尤其是结合新时代国家出台的各项政策来对这一领域发展方向进行分析，这一维度主要包含聚类 3 "全民阅读"、聚类 5 "新时代"、聚类 10 "阅读推广"。新时代以来，党中央高度重视全民阅读，2012 年 "开展全民阅读活动" 被写入党的十八大报告，全民阅读正式上升为国家战略。自 2014 年起 "全民阅读" 连续九年被写入政府工作报告中。在大力号召全民阅读的背景下，出版活动成为阅读服务的重要抓手。主题出版和全民阅读因其内核和宗旨的高度一致，相互影响和促进，共同提升了社会的文化氛围。主题出版解决导向性问题，全民阅读则解决落地性问题。主题出版能够为全民阅读提供正确的导向和丰富的载体，因此需要大力发展面向大众的主题出版，同时全民阅读应呼应国家各类主题，为早日实现中华民族文化的伟大复兴、建成"书香中国"的宏伟目标做出更大贡献。[①] 阅读推广则是在解决落地性问题的基础上，利用传播渠道全方位联动，切实提升主题出版物的感染力、吸引力、影响力，提升主题出版的阅读率。在时代背景和政策导向下，聚类当中的细分关键词充分体现了主题出版的政治性与时效性紧密结合：2015 年，中宣部、国家新闻出版广电总局召开纪念抗战胜利 70 周年出版工作专题会，"抗战胜利"关键词在同年凸显；2019 年在新中国成立 70 周年之际，相关话题的主题出版迎来讨论热度；疫情防控、脱贫攻坚、工匠精神等关键词的出现节点无不印刻着时代特色；少儿出版和少儿阅读、少儿图书在"新时代"这一聚类中占重要位置，也正是因为国家对青少年红色教育的高度重视，主题出版的实践范畴不断扩大。

认识论维度是对主题出版具体现象的认识和对出版过程中呈现出的具体规律的归纳总结，包括聚类 4 "出版社"、聚类 7 "出版业"、聚类 8 "出版"。出版业兼具意识形态属性和产业属性，面临党的十九大提出的高质量发展的重要课题。有研究者指出，出版社作为社会文化提供主体之一，是阅读文本的生产者和提供者，其位于全民阅读产业的中上游，能够直接促进全民阅读的发展。[②] 近年来，主题出版对出版业的影响重大，出版业内人士对主题出版进行了深入探究，如对近年来开展主题出版活动的总体情况进行概述，分析主题出版的工作特点和存在的问题，并从选题方向、呈现方式、运营模式和宣传推广等方面给出了具体的策略和建议。在相关聚类中，"出版规划""出版导向""出版结构""转型升级""高校""编辑责任""精品力作"等关键词出现

① 韩建民、熊小明：《新时代主题出版如何助力全民阅读》，《中国出版》2018 年第 16 期。
② 宋华丽：《全民阅读，出版业何去何从——对全民阅读与出版业关系的思考》，《出版广角》2016 年第 10 期。

频次较高。可以看出，相关研究既有从社会层面对出版业的认识与思考，如对新时代背景下实现主题出版高质量发展路径的思考[1]，也有从出版行业层面进行的分析，如从业人员对本社主题出版整体情况或某一主题出版物开展个案分析，还有研究者对新时代编辑出版从业人员应具备素质的探讨。有研究指出，"十四五"时期出版业需在主题出版、全民阅读和出版产业数字化等方面进行长远筹划，在推动产学研合作、培养编辑出版人才队伍、建立现代出版企业制度等方面集中发力，[2] 主题出版是当代出版人不可推卸的使命与担当。

方法论维度是对主题出版认识论的进一步深化，强调主题出版在深度认识出版现象与规律的基础上，顺应时代大势，进一步提高选题策划水平、拓展出版载体和传播方式，推动数字出版深入发展，真正实现主题出版在内容、载体、传播渠道全方面高质量发展。在这一维度下，聚类 0 "走出去"、聚类 6 "数字出版"、聚类 2 "选题策划"成为核心领域。首先，选题策划是创新生产内容的关键要素。在出版市场竞争加剧和读者阅读方式多元化的大环境下，主题出版面临新的挑战，需始终秉承内容为王的宗旨，通过选题策划的不断创新，才能使主题出版物畅销又长销。多数研究指出了主题出版选题策划的切入点：了解国家层面的各项政策，把握主题出版的"风向标"；选题内容要有独特性，表现形式上要有多样性；组建一支具有权威性的作者队伍；出版理念要创新，善于将资源整合化；[3] 抓住重要节点时机，适时出版等。"精品出版""学术出版""融合出版""学术期刊"等关键词的出现说明了无论出版物的具体内容或载体是什么，选题策划在打造出版精品方面都发挥着重要作用，

---

① 秦艳华、秦雪莹：《主题出版：新时代、新作为、新气象》，《中国出版》2019 年第 11 期。

② 郝振省、宋嘉庚：《从文化强国的远景目标看"十四五"时期出版业的发展指向》，《现代出版》2021 年第 5 期。

③ 肖林霞：《论主题出版的选题策划及创新》，《出版发行研究》2015 年第 12 期。

要做强做优主题出版，推动新时代文学精品不断涌现。[①] 其次，数字出版丰富了主题出版的载体形式，拓宽了主题出版的产业边界。利用新技术创新主题出版产品形态，有助于缩短严肃内容与普通读者间的距离感，使其更加生动。"十三五"期间，国内数字出版产值屡创新高，突破 8800 亿元。"主题出版＋数字技术"将是大势所趋，融合发展将成为出版领域转型的关键，融媒体将成为出版物重要的产品形式。不少研究者都对如何让出版主旋律更加响亮、正能量更加强劲提出了建议：如大力发展融媒体技术在主题出版领域的应用，打造形态多样、手段先进的产品；加强基地与智库建设，共同研究创新策略，推进融合发展等。[②] 最后，主题出版要拓宽传播渠道，"走出去"不仅是提升主题出版经济效益的新路径，也是建设文化强国、讲好中国故事的关键。随着"一带一路"倡议向纵深发展，我国主题出版迎来了新的发展机遇，成为我国文化输出的主要发力点，构建立体化国际出版体系成为大趋势。未来，主题出版应当整合国际资源，在国际上持续发力。具体来说，要始终严把出版质量关，调研目标国消费群体的需求，充分尊重文化差异，塑造积极正面的大国形象和正能量。[③]

价值论维度则着重对主题出版物价值取向进行分析，即社会效益和经济效益，包括聚类 1"社会效益"和聚类 9"利润总额"。2014 年，习近平总书记在文艺工作座谈会上强调，"一部好的作品，应该是把社会效益放在首位，同时也应该是社会效益和经济效益相统一的作品"。当前，出版市场有数量缺质量、有"高原"缺"高峰"等问题还未解决，主题出版也面临时效性与长

---

① 秦艳华、路英勇：《要做强做优主题出版，推动新时代文学精品不断涌现》，《中国出版》2022 年第 11 期。

② 郭永超：《5G 时代下主题出版的融合发展新思考》，《出版广角》2020 年第 1 期。

③ 王晓荣：《"一带一路"视域下主题出版走出去路径探究》，《中国出版》2019 年第 5 期。

远性兼顾不够、内容和形式创新不够等发展瓶颈。[①] 主题出版既要强化使命担当的社会效益，发挥党的宣传思想文化主阵地作用，又要具备问题意识，深入探析实现"两个效益"相统一的实践路径。当两者冲突时，在具体落实的路径上，要坚持党管出版原则，发挥政府在主题出版"两个效益"相统一中的重要作用，深化出版企业改制，加快推进信息技术应用。[②] "媒介融合""融媒体""营销""多元化"等关键词展现出研究者在融媒时代探索主题出版的多元化营销方式和创新思路，借助形态丰富的融媒产品提升主题出版物的经济效益，以解决主题出版叫好不叫座的困境，提升宣传效果，实现"双效"统一。

（三）突现性关键词分析

突现强度与突现时间是突现性的两个维度，如果一个学科或领域在某一时段受到格外关注，那么突现性指数就会高。因此，突现性历时曲线能够反映出前沿热点的动态变化。我们将突现 y 值调整为 0.8 后检测出 6 个突现词，"出版发行""出版物"在 2015 年至 2016 年期间相关研究较多，着重关注主题出版行业和出版物整体情况，并提出发展策略。"走出去"在 2018—2019 年间颇有研究热度。2018 年，《标准联通共建"一带一路"行动计划（2018—2020 年）》提出在"一带一路"建设上推动人文领域标准化合作，促进文明交流互鉴。其中，出版活动是推动人文领域合作的重要途径，相关研究者从不同角度出发对出版"走出去"开展了集中研究，如出版"走出去"的重要意

---

① 申永丰、辛露露：《以统筹两个效益为抓手开启主题出版新征程》，《中国出版》2017 年第19 期。
② 周长美：《融媒体时代主题出版"两个效益"相统一的路径探析》，《出版广角》2018 年第22 期。

义和路径等，"走出去"因受政策导向而成为研究热点话题。2018—2019 年，"主题阅读""阅读推广"成为研究热点。研究者指出，党的十九大的召开，为主题阅读丰富了思想、精神、资源，明晰了任务、要求、标准，确定了方向、领域、战略，提供了路径、策略、方法。[①]"融合发展"自 2019 年至今始终保持较高的研究热度，全媒体时代的来临深刻改变了主题出版的出版物形态、传播媒介、出版理念和内容资源开发利用方式，[②]以新主题、新思维、新传播手段做好主题出版工作成为研究者的共识，多数研究者对此提出了对策与建议，如何深化主题出版融合发展是当前以及未来一段时间需重点研究解决的命题。

三、存在的问题和建议

2012—2021 年，我国主题出版领域相关研究文章呈上升趋势，研究者数量较多，过去五年发文量显著高于党的十八大到十九大期间，相关研究与主题出版行业发展趋势相一致，而这也与多数研究者为出版业界人士有一定关联。分析显示，在出现频次最高的十家核心研究机构中，出版社占据 6 家。主题出版对于我国话语体系构建具有重要意义，当前研究虽数量多但仍有不足，主要存在以下问题：

一是研究深度有待加强。现有研究多停留于个案论述层面，缺乏对出版产业的导引和出版物独具规律和策略的考察与分析。如对主题出版"走出去"的现状探讨，多以个案数据说明主题出版"走出去"的局部表现情况，缺乏宏大概貌性叙述维度，对于主题出版"走出去"所表现出的深层次特征与存

---

① 谢清风：《新时代主题阅读的问题和出路》，《中国编辑》2019 年第 1 期。
② 陈光耀：《以"四个延伸"推动全媒体时代的主题出版融合发展》，《中国编辑》2019 年第 11 期。

在问题缺乏总结归纳；[①] 缺乏对融媒技术运用的深入研究，主题出版作为出版业的重点内容亟待融合发展，但主题出版作为我国特有的出版物类型，起步晚、发展快，具有鲜明的政治性，普通的数字出版产品对其借鉴性不强。目前多数研究集中于对普通出版物尝试数字出版的探讨，然而不同类型的出版物对数字化产品适用性不同，欠缺借鉴意义。相关研究对主题出版融合发展模式的探讨停留于数字出版中的对策建议部分，如出版社推出主题出版物时可以尝试运用 VR、AR 等技术实现出版融合，对具体的融合发展模式研究还不够深入。

二是合作网络有待拓宽。知识图谱当中的连线可以呈现出各节点间的合作情况。分析显示，主题出版领域的研究者以及研究机构所形成的合作图谱均较为松散，学术共同体和学术权威合作网络尚未形成，多数作者在这一领域并未深耕，很快便转移了研究方向。当前，主要的研究机构多为出版社和新闻传播、出版学院，这在一定程度上导致研究视角和内容比较集中，研究成果的重复度高，如在主题出版"走出去"方面的研究集中于"一带一路"沿线国家，其他大多数研究则基于出版社从业人员的实践总结类思考。然而主题出版涉及领域众多，并非出版领域特定的研究命题，现有研究在合作规模、跨学科交叉研究等方面略显不足。

三是研究方法有待丰富。既有研究大多注重理论分析、政策导向分析，以思辨为主，实证研究则聚焦于个案探讨，尤其是对某一出版社或某一主题出版物的编辑策划过程进行分析，鲜有开展对出版后的实际阅读效果、推广效果等的定量分析，尚不能为相关研究提供更加可信、合理、科学的数据支撑。概言之，研究采用传者视角多，从受众视角研究较少；对主题出版的传

---

① 姜兴黔、张志强：《主题出版"走出去"研究现状及其思考》，《编辑学刊》2022 年第 5 期。

播路径研究较多，传播效果研究较少。

　　总之，我们通过知识图谱分析发现，主题出版研究应在以下几方面进一步深入：一是加强研究者之间、研究机构之间、跨学科之间的多方合作，形成有规模的合作网络，群策群力，推动我国主题出版研究走深走实。二是关注传播效果研究。研究者不仅要关注出版过程，也要关注出版后实际的传播效果、阅读效果。通过采用定量研究方法，以规范严谨的研究设计对受众阅读效果开展调研与分析，为主题出版未来发展提供有数据支撑的对策建议。三是进一步研究融媒技术如何赋能主题出版。"融媒发展"是近年来的突现词，代表了当下的研究前沿与热点话题。伴随数字时代来临，主题出版研究要注重探讨与科技融合的有效方式，以数字技术丰富出版形态、优化阅读体验、提升传播效果。

（秦艳华、李一凡、闫玲玲）